江苏省"十四五"时期重点出版物出版专项规划项目

中华民族音乐传承出版工程
精品出版入选项目

中国音乐经济史

远古至汉代卷

韩启超 著

苏州大学出版社
Soochow University Press

图书在版编目(CIP)数据

中国音乐经济史. 远古至汉代卷 / 韩启超著. --苏州：苏州大学出版社，2023.6
中华民族音乐传承出版工程
ISBN 978-7-5672-4403-0

Ⅰ.①中… Ⅱ.①韩… Ⅲ.①中国经济史-关系-音乐史-古代 Ⅳ.①F129②J609.2

中国国家版本馆 CIP 数据核字(2023)第 087795 号

书　　名：	中国音乐经济史·远古至汉代卷
	Zhongguo Yinyue Jingjishi · Yuangu Zhi Handai Juan
著　　者：	韩启超
主　　审：	秦　序
责任编辑：	孙佳颖　吴　钰
助理编辑：	陈昕言
装帧设计：	吴　钰
出 版 人：	盛惠良
出版发行：	苏州大学出版社(Soochow University Press)
社　　址：	苏州市十梓街1号　邮编：215006
网　　址：	http://www.sudapress.com
邮　　箱：	sdcbs@suda.edu.cn
印　　装：	苏州工业园区美柯乐制版印务有限责任公司
邮购热线：	0512-67480030　销售热线：0512-67481020
网店地址：	https://szdxcbs.tmall.com/(天猫旗舰店)
开　　本：	718 mm×1 000 mm　1/16　印张：15.25　字数：258 千
版　　次：	2023 年 6 月第 1 版
印　　次：	2023 年 6 月第 1 次印刷
书　　号：	ISBN 978-7-5672-4403-0
定　　价：	68.00 元

凡购本社图书发现印装错误，请与本社联系调换。
服务热线：0512-67481020

序 言

越是基础越需重视,越是艰险越要向前
——为音乐经济研究的开展鼓与呼

秦 序[①]

一

以韩启超教授为代表的几位青年学者,敢于探索创新,编撰了《中国音乐经济史》,即将出版,嘱我写一点文字作为序文。

我当然义不容辞,因为是我鼓励他们开展这方面研究的。多年前,我所带中国艺术研究院的硕士研究生曹丽娜,受我的指定和影响,以《唐代民间营利性乐舞的生产与流通》为题,撰写了硕士论文。她顺利毕业后,通过选拔进入北京戏曲艺术职业学院任教,并且较快晋升为副教授。她的这篇文章,也很快引起了学界关注。尤其是上海音乐学院洛秦教授(现任中国音乐史学会会长),就曾在一次综述中国音乐史研究成果的会上,专门介绍了该文,并给予了很高评价,这也令我信心倍增。之后,我又先后指导中国艺术研究院和南京艺术学院的多位硕士、博士生,以不同时段、不同内容的中国古代音乐经济事项作为研究对象撰写学位论文,并均通过答

---

① 秦序,1948年生。中国艺术研究院音乐研究所原研究员、博士生导师;兼南京艺术学院教授、博士生导师;另兼浙江师范大学音乐学院教授。

辩顺利毕业。现在，在韩启超博士的带领和推动下，这些成果得以编写成书，并能奉献于世，当然是值得高兴的一件好事。

我相信中国古代音乐与经济关系的研究，一定会迎来新的发展和机遇。

二

回想这些青年学子尝试进行音乐经济方面的研究，从开始直到现在，在获得鼓励表扬的背后，也曾遭遇种种困难和诘难。

比如，这几位青年学子，甚至是我，原来学的都是音乐艺术和音乐学，没有接受过经济学方面的专业知识教育，非常缺少相关研究的学术"支持系统"和学识储备。这当然是一时难以逾越的巨大困难。

又如，古代音乐与经济的关系，自古以来并没有得到应有的重视，相关文献材料和实物史料不仅稀少，还零散难觅。显然，不可能在这些有限的资料上，运用现代经济学家们爱用的"总量分析法""个量分析法"，或分析研究其中的经济"模型"和"统计方法"所积累的数据，更不可能采用黄仁宇先生所主张的"数字化管理"之类标准来考量。

再比如百年来，马克思的辩证唯物主义和历史唯物主义思想，早已是我们党和国家的重要指导思想，"经济是基础"应成为一般人的常识。但翻检已有的中国古代音乐史研究论著，虽常提及每一时代音乐艺术所赖以生存的经济基础和政治、文化环境，但往往"远景"与"近景"、经济基础与音乐艺术两者各表，其皮、毛关系若即若离、似有似无，并没能深刻揭示出相互间的内在联系，以及彼此之间的密切互动，更无从展示每一时代音乐经济的多样性、丰富性和时代特色。

虽然缺少必要的、可以直接参考和依据的前人相关研究成果，研究起来自然困难重重，但是这些青年学子仍筚路蓝缕、勠力前行。

三

他们的尝试和努力，除了必须面对的主客观困难外，还有诸多因不解而引发的疑问：

你们不是学经济的，懂什么经济，研究什么经济呢？

音乐是音乐，艺术是艺术，经济是经济，怎么能扯到一起呢？

研究经济离不开数据和数学，没有数据，怎么能研究经济呢？你们拿得出多少古代的、翔实可靠的音乐经济数据呢？你们懂数学（尤其高等数学）吗？

你们知道古代一场演出，成本多少钱、票价多少钱吗？

……

这些疑问，还比较容易解释回答（详后）。更难的是他们还遭遇了种种诘难和反对，甚至连使用"音乐经济""音乐经济学"等概念，也遭到批评。比如，有人认为，因为"这一概念目前尚未形成"，可以用"音乐的产业""音乐的商业化"，甚至可以用"音乐的经济学"，但不能采用这种"A＋B"式命名的"音乐经济学"。

四

如果缺少相关文化历史知识，甚至没有经济学常识，对中国古代音乐与经济的关系不甚了解，从而提出若干疑问，甚至某些责难，都好理解。不知者，不为怪嘛。

那么，我们能不能研究音乐与经济的关系？能不能探索音乐经济学？

科学研究发展的历程表明，各种科学学科，是不断发展、不断深化的；同时，也有新的学科、新的分支学科不断涌现。另外，不同学科之间也会相互交融、渗透，从而产生种种新的边缘学科和交叉学科（诸如生物化学、音乐治疗学等）。

据网络数据，今天的学科数目已经从20世纪80年代的5 000多个发展到了10 000多个，并且还在不断增加。

音乐经济学，是音乐学与经济学两大常见学科相互结合的交叉学科，是已经在我国出现了几十年的艺术经济学的一个分支学科。

况且，科学的探索、发展，本来就没有任何禁区，也没有最后的止境。

德国著名哲学家卡尔·雅斯贝尔斯在《哲学与科学》一文中明确指出：

对于近代科学来说，"没有什么是无足轻重的"。每一个事实，甚至最微小的、最丑恶的、最遥远的、最疏离的事物，在现代科学看来都是合法的研究对象——因为它的存在。科学已变为真正普遍的。没有哪一件事物能够逃避它。没有哪一件事物必须被掩藏或悄然逝去；也没有哪一件事物必须保持一种神秘。①

音乐与经济的联系，当然不是"最微小的、最丑恶的、最遥远的、最疏离的事物"。即便后面种种事物，也都有研究的必要，也都不能保持其神秘。那么，我们尝试研究中国古代音乐与经济的关系，有何不可？

因为科学研究没有任何禁区，所以去研究音乐与经济的关系，也就是开展一点音乐经济学的研究，哪怕简陋粗浅，也是可贵的尝试和探索，不足为奇。

当然，要进行任何一种科学探索，都需要一定的主客观条件，需要具备相关的基础知识，掌握一定的研究方法。但人非圣人，都非"生而知之"者，都是学而后知的人。那么，为什么不可以让好学的青年学人通过不断的努力学习，从而掌握从事某类科学研究的一定基础能力呢？

五

这里，我想大声为音乐经济学研究鼓与呼：

越是基础越需重视，越是艰险越要向前！

经济基础对上层建筑的决定性作用，是我们应该掌握的基本常识。不妨重温一下马克思的开创性论述：

> 人们在自己生活的社会生产中发生一定的、必然的、不以他们的意识为转移的关系，即同他们的物质生产力的一定发展阶段相适应的生产关系。这些生产关系的总和构成社会的经济结构，即有法律的和政治的上层建筑竖立其上并有一定的社会意识形态与之相适应的现实基础。物质生活的生产方式制约着整个社会生活、政治生活和精神生活的过程。不是人们的意识决定人们的存在，相反，是人们的社会存在决定人们的意识。②

---

① 卡尔·雅斯贝尔斯. 智慧之路：哲学导论［M］. 柯锦华，范进，译. 北京：中国国际广播出版社，1988：104-105.

② 中共中央马克思恩格斯列宁斯大林著作编译局. 马克思恩格斯选集：第2卷［M］. 北京：人民出版社，1972：82.

恩格斯晚年也强调指出：

政治、法、哲学、宗教、文学、艺术等等的发展是以经济发展为基础的。但是，它们又都互相作用并对经济基础发生作用。①

因此，研究艺术，研究艺术史、音乐史，不能只看艺术、音乐本身，必须也看到艺术、音乐作为一种上层建筑，离不开经济基础的影响，离不开社会经济文化活动的影响。

艺术、音乐与经济之间，存在密切关系。聪明的中国古人早已发现，并留下许多重要记述。比如，墨子为什么提出"非乐"？

《墨子》非乐篇就认为：仁者是为天下考虑的，不是"为其目之所美，耳之所乐，口之所甘，身体之所安"，若"以此亏夺民衣食之财，仁者弗为也"。②

墨子强调自己之所以"非乐"，是因为"非以大钟、鸣鼓、琴瑟、竽笙之声以为不乐也；非以刻镂华文章之色以为不美也……虽身知其安也，口知其甘也，目知其美也，耳知其乐也，然上考之不中圣王之事，下度之不中万民之利"。③

墨子当然知道"大钟、鸣鼓、琴瑟、竽笙之声"的优美动听，知道各种感官的美好享受，但他反对的是统治者们为了追求这些享受，而去"亏夺民衣食之财"。

墨子还指出，音乐不能使民众得到衣食，不能解除"饥者不得食，寒者不得衣，劳者不得息"之三患。他还从制器、奏乐、听乐三方面指出，音乐会成为天下之害。制造昂贵的乐器，必将"厚措敛乎万民"，"亏夺民衣食之财"。④奏乐者、表演者，也要吃好穿好，"食必粱肉，衣必文绣，此掌不从事乎衣食之财，而掌食乎人者也"。⑤听乐还会让人耽误工作，而追

---

① 中共中央马克思恩格斯列宁斯大林著作编译局. 马克思恩格斯选集：第四卷 [M]. 北京：人民出版社，1995：732.
② 方勇. 墨子 [M]. 北京：中华书局，2015：273-274. 编辑说明：书中引文均对引用文献进行原文摘录，与现代汉语用法规范不一致之处，不再进行修改批注。
③ 方勇. 墨子 [M]. 北京：中华书局，2015：274.
④ 方勇. 墨子 [M]. 北京：中华书局，2015：274-275.
⑤ 方勇. 墨子 [M]. 北京：中华书局，2015：278.

求浩大的音乐表演,会使"国家乱而社稷危","仓廪府库不实","菽粟不足","布缣不兴",甚至亡国。①

因此,墨子看到了经济基础对兴礼乐具有的重要作用,而过度追求乐舞的宏大壮观,费时费财,"夺民衣食之财以拊乐"②,将会造成过度浪费,将会把经济基础压塌。

墨子的批评,也反映出"礼崩乐坏"的当时,各国统治者追求奢华乐舞,力求"大其钟鼓",从而造成了大量浪费,造成经济的入不敷出。这些描述从侧面反映了当时音乐生产的繁盛,离不开经济实力的支持。经济是为上层社会进行艺术表演的重要基础。

湖北随县战国早期的曾侯乙墓,出土了大量珍贵音乐文物,包括重达2 500多公斤的错金青铜编钟,其规模空前辉煌和宏伟。若没有发达的经济条件支持,绝不可能出现这样的音乐艺术奇迹。

汉代太史公司马迁也独具经济学眼光,《史记》中专设"货殖列传"。《广雅》云:殖,立也。孔安国注《尚书》云:殖,生也,生资货财利。因此该列传专门记载各地物产和经商活动。文中明确记述:"今夫赵女郑姬,设形容,揳鸣琴,揄长袂,蹑利屣,目挑心招,出不远千里,不择老少者,奔富厚也。"③ 说明当时赵、郑等国,多有擅长才艺、弹琴的貌美女子。她们远嫁或不远千里提供乐舞服务,以追求富贵生活。这些乐舞人是一种当地的"出产""土特产",而她们的学艺和技艺推销,也是一种目的性很强的商业经济行为。

《史记》卷一百二十九"货殖列传"还记述,"中山地薄人众,犹有沙丘纣淫地馀民,民俗懁急……为倡优。女子则鼓鸣瑟,跕屣,游媚贵富,入后宫,遍诸侯"。④ 土地贫瘠、人多地少的中山国,培养从小唱歌、跳舞和演奏琴瑟等乐器的歌儿舞女,他们同样是当地重要的"出产"。他们学成以后,向各国输出,为社会上层提供乐舞服务。太史公显然是从各地出产

---

① 方勇. 墨子[M]. 北京:中华书局,2015:279-280.
② 方勇. 墨子[M]. 北京:中华书局,2015:278.
③ 司马迁. 史记[M]//中华书局编辑部. "二十四史"(简体字本). 北京:中华书局,2000:2473.
④ 司马迁. 史记[M]//中华书局编辑部. "二十四史"(简体字本). 北京:中华书局,2000:2468.

和商品交易的角度,来分析记述这些文艺人才的培养和流通的。

如上所述,聪明的我国古人,早就以敏锐的经济学眼光看待艺术活动。为什么在音乐学界,很多人听到有关音乐与经济关系的话题,还会感到意外呢?

六

又如,一些学者问,没有大量数据,没有收入开支的明细数据,怎么能进行经济研究呢?

换句话说,这些学者认为,如果没有大量数据与公式,便不能研究中国古代音乐与经济的关系。

其实,只有大量数据、数学公式、各种统计表格等,才是经济学的研究,这是对经济学研究的一种误解。

史学界和经济学界,对远古时代"狩猎经济""游牧经济""小农经济"的判断与定性,能有多少可靠的、明晰的统计数字?这些重要判断,难道不是从经济学角度做出的吗?

古人云,"大军未动,粮草先行"。今人说,"什么问题最大,吃饭问题最大"。虽无具体数字,但不也蕴含着非常深刻的经济学道理吗?

亚当·斯密及其时代,把经济学看成人文科学。当时的经济学研究中,数学公式和数据不多。数学公式和数据,是从19世纪末开始才在经济学研究中大量出现的,的确非常重要。

在19世纪末,经济学发生了重要的"边际革命",边际观念的引入,使经济学得以脱胎换骨。研究边际观念,就必须运用微积分中的增量分析方法,特别是偏微分中的增量分析。而数学一旦进入经济学,也立刻发挥了巨大的作用。

正因为数学对经济学的贡献很大,近代经济学也越来越离不开数学。自从1969年诺贝尔奖开始颁发经济学奖后,得奖的经济学家大多数是精通数学者,有的人本来就是数学家。[1]

今天,经济学有许多不同类别,有很多不同的分支学科,比如出现了

---

[1] 茅于轼,岑科. 人文经济学:不用数学的经济学[M]. 广州:暨南大学出版社,2013:1-2.

宏观经济学、微观经济学、文字经济学、数理经济学等。有的经济学分支学科大量采用数学和公式，但也有少用甚至不用数字和数学的经济学分支学科。

我国著名经济学家茅于轼就曾写出《生活中的经济学》一书。此书通过讲述作者在美国这个高度发达的市场经济国家中生活的点滴经验，说明市场经济是如何运作的。书中很少有枯燥的数据，甚至没有什么艰深的数学公式或数学模式，但它确实做到了把深奥的经济学还原为浅显易懂的事理常规这一点。该书不仅非常热销，也产生了很大的社会影响。[1]

茅于轼先生指出，19世纪末以来，经济学研究越来越数理化，逐渐形成了一种"数理经济学"，也使经济学越来越接近自然科学。经济学的这种发展，却越来越偏离了创造主流经济学的亚当·斯密及其时代把经济学看成人文科学的本义。数理经济学力主用客观的、自然科学的立场和方法去研究市场。由于自然科学中没有"是"和"非"的价值判断，只有"对"和"错"的逻辑判断，所以，清华大学的一名经济学教授樊纲公然说："经济学不讲道德。"

他所说的"经济学"，应该就是这种自然科学式的数理经济学。[2]

2013年2月，茅于轼先生与岑科合作出版了一部新的经济学专著，叫作《人文经济学——不用数学的经济学》。

茅先生说写作该书的本义，就是要使经济学回归人文科学，建立人文经济学。人文经济学主张以人的立场来研究市场，其要回答的问题是，人应该建立什么样的价值观，人和人的关系应该是怎样的，自利是不是一定会害人，社会和国家应该按照什么原则建立，什么样的制度能实现全社会的福利，人如何认识自己的人生，人生的目的是什么，等等。显然，人文经济学具有超出单纯自然科学的视野，"这种研究已经跨越纯经济学，进入哲学、社会学、政治学等学科的交叉领域"[3]。

因此，该书干脆在副标题中点明，它是一本"不用数学的经济学"！

---

[1] 茅于轼. 生活中的经济学：第二版［M］. 广州：暨南大学出版社，2003.
[2] 茅于轼，岑科. 人文经济学：不用数学的经济学［M］. 广州：暨南大学出版社，2013：3-4.
[3] 茅于轼，岑科. 人文经济学：不用数学的经济学［M］. 广州：暨南大学出版社，2013：5.

看来，确实有很多人需要这种"不用数学的经济学"，以便让更多的人进一步了解、学习经济学。

茅于轼先生还强调指出：

我们相信，再复杂的数理关系也能通过语言把它说明白。而且经济规律未必一定要用数学才能证明，我们的生活也提供了丰富的素材来说明经济规律。所以人文经济学也可以说是"不用数学的经济学"。①

我们能够因为这些著述少用甚至不用数字和数学公式来谈论经济，便可以说它们不是经济学著作吗？

英国学者哈耶克撰写的《通往奴役之路》，是世界经济史、思想史上的名著，在哈耶克学术生涯中占有极其重要的地位，为他赢得了世界性的声誉。

1974年，鉴于哈耶克在经济学界拥有自亚当·斯密以来最受人尊重的道德哲学家和政治经济学家至高无上的地位，他与冈纳·缪尔达尔一起，荣获当年的诺贝尔经济学奖。

这部诺贝尔经济学奖获得者的代表性著作，也没有高深数学和大量数据。

难道，能因为这部代表作少用甚至不用数学数据和表格，便否认它是经济学方面的巨著吗？

七

反对使用"音乐经济学"的学者，说"这一概念目前尚未形成"，认为只能用"音乐的产业""音乐的商业化""音乐的经济学"，但不能用这种以"A＋B"式命名的"音乐经济学"。这种说法值得商榷。

其实，"艺术经济学"一词，至迟于20世纪80年代，就已在中国学界有所运用，学者们也先后发表、出版了诸多艺术经济学论文和著作，不可谓艺术经济和艺术经济学概念"尚未形成"。② "音乐经济"和"音乐经济

---

① 此段文字引自《人文经济学——不用数学的经济学》封面。
② 我国学者李书亮等在20世纪80年代就提出建立艺术经济学的观点。顾兆贵从1987年便开始讲授艺术经济学课程。

学",也只不过是"艺术经济学"的合理发展与具体延伸。

反对"音乐经济学"而主张采用"音乐的经济学"之名,后者不也是"A+B"式?大而言之,为什么音乐考古学、音乐声学、音乐心理学、音乐美学、音乐人类学、音乐图像学,或民族音乐学、音乐上海学、音乐北京学等,均可以采用"A+B"式命名;为什么中国古代的"琴学""书学""诗学""曲学"等,也都可以采用"A+B"式命名,且今天仍继续沿用,但偏偏不允许"音乐经济学"也采用"A+B"式命名呢?

如果说"音乐经济学"不能用"A+B"式命名是因为"这一概念目前尚未形成",那么其他"A+B"式命名,包括上述种种学科名称,难道都是"概念"已经形成之后才出现的吗?它们都是形成了"A+B"式概念之后,才有"A+B"式命名的吗?

是先有事实还是先有概念?如果不允许尝试,不允许探索,甚至不允许失败、犯错误,上述大量"A+B"式命名,又从何而来?它们不都是概念"尚未形成"时,便开始有学科结合,开始有"A+B"式的探索吗?

大家知道,早在汉代文献中,就已出现了"琴道"这种"A+B"式命名。桓谭便著有《琴道》,蔡仲德先生认为它是"中国历史上第一篇完整的琴论"[1]。说到"道",孔子曾说,"朝闻道,夕死可矣"。那么,在汉代人心目之中,难道"道"能比"学"低吗?当时桓谭提出"琴道",就运用了"A+B"式命名。如上所述,这既然是第一篇完整的琴论,也是迄今最早提出"琴道"的文章,难道也是这一概念已经形成之后,才允许它"出现"的吗?有什么材料证明这一概念早已形成?当时,又是谁来允许、批准"琴道"这一概念可以适用"A+B"式命名呢?

古代当然没有"生产力""生产关系"等近现代学术词汇,但如果因为它们是近代或现代词汇,后人就不能用来研究远古以来世界各国经济和社会的发展变化吗?如果没有可以直接替代的"历史上既有的概念",后人就不能创造、运用新的能说明问题、能包容古代内涵的学术概念吗?

固然,中国古代有"艺术""经济"等"既有的概念",但它们也不能严格等同于我们所运用的"艺术""经济"等现代词汇。那么,我们今天就

---

[1] 蔡仲德. 中国音乐美学史[M]. 北京:人民音乐出版社,1995:397.

不能运用这些现代词汇的"艺术""经济"来描述古代的事项吗?

再广而言之,古代当然也没有地球、世界、人类、现代化等现代词汇,那我们就不能谈论古代的地球、世界和人类,以及他们的"前现代化"了吗?

八

众所周知,法国艺术史家丹纳的《艺术哲学》是一部非常重要的具有示范意义的艺术史、美学史著作。丹纳对意大利文艺复兴时期的绘画、尼德兰的绘画、古希腊的雕塑进行了深入细致且极其精彩的分析研究。他认为物质文明与精神文明的性质、面貌,都取决于种族、环境、时代三大因素。他努力复活承载着、影响着上述不同时期艺术的具体文化背景与生活场景,指出每种艺术品种和流派只能在特殊的精神气候中产生,从而说明艺术家必须适应社会环境、满足社会要求。他所标榜的种族、环境、时代三大影响因素,在艺术史上产生了深远影响,为许多学者所遵循。

但正如该书译者、翻译家傅雷先生所指出:丹纳所揭示的时代与环境,还只限于思想感情、道德宗教、政治法律、风俗人情,总之是仍属上层建筑的东西。丹纳还是忽略了或不够强调最基本的一面——经济生活。因而傅先生认为,尽管该书材料非常丰富,论证非常详尽,但仍不免有不全面之感。①

傅雷先生的这一批评,对我们学习丹纳《艺术哲学》的成功经验,以提升对中国音乐史、艺术史的研究,是不能忽视的忠告。

我们还需要加强经济是基础的认知,而越是基础,就越需要人们的重视。我们研究作为社会上层建筑和意识形态之一的音乐艺术,怎么能脱离具有着深远影响的经济基础和社会经济行为呢?光亮的舞台之下、舞台之后,以及环绕着音乐艺术的方方面面,无不受到经济的影响,都有一双看不见的经济大手、市场大手,在影响和支配着艺术的传播和发展。

想想当年我们刚开始尝试音乐史学的研究,杨荫浏、李纯一、黄翔鹏等前辈对我们的点滴粗浅探索,热情鼓励、勉慰有加。我们应学习继承他们科学探索的宝贵成果和成功经验,也应学习他们对青年学人的支持和激励。我们何不给关心艺术经济基础研究的青年学子们多一些帮助,多一些

---

① 丹纳. 艺术哲学 [M]. 傅雷,译. 北京:人民文学出版社,1963:4–5.

掌声和支持呢?

对有志探索音乐经济研究的青年学人，我想借此机会也对你们说几句心里话。

近代科学诞生之际，为了追求客观真理，比如为揭示地球围着太阳转，有多少前辈科学家，敢冒天下之大不韪勇敢向前。意大利伟大的科学家布鲁诺甚至为此献出了宝贵生命，被活活烧死在罗马的鲜花广场上。

我们一定要努力学习音乐学与经济学研究的相关知识，打好进一步深入研究的"支持系统"。我们前期的研究成果能够结集出版，要看到成绩，也一定要看到诸多不足。要认真聆听社会各界的批评指正，继续努力，不断完善自己的研究，以创造更大、更多的成绩。尤其要努力学习、继承并发扬光大前辈科学家们不畏艰险、勇敢追求真理的伟大探索精神。

今天，有人提出各种疑问，我们不必多虑计较，应将更好地解释、说明作为自己重要的义务，也将这些疑问和建议当作继续探索的动力。

目 录

序　言 / 1

第一章　远古时期的音乐经济 / 1

第一节　远古时期的音乐生产 / 5

第二节　远古时期音乐的传播、消费 / 21

第三节　远古时期音乐经济的总体特征 / 27

第二章　夏商周时期的音乐经济 / 32

第一节　夏商周时期的音乐生产 / 33

第二节　夏商周时期的音乐传播、消费 / 58

第三节　夏商周时期音乐经济的总体特征 / 70

第三章　春秋战国时期的音乐经济 / 74

第一节　春秋战国时期的音乐生产 / 76

第二节　春秋战国时期的音乐传播、消费 / 118

第三节　春秋战国时期音乐经济的总体特征 / 132

第四章　两汉时期的音乐经济 / 138

第一节　两汉时期的音乐生产 / 140

第二节　两汉时期的音乐传播、消费 / 192

第三节　两汉时期音乐经济的总体特征 / 217

后　记 / 223

第一章 远古时期的音乐经济

社会生产伴随着人类的产生而形成，而具有典型意义的商业经济萌芽、发轫于何时，似乎已经无从可考，尤其是文字尚未诞生的远古时期。后世文献也仅仅对稍晚时期的社会经济活动进行了零星记载，如：

《尚书正义》卷第十二"洪范"载，远古三代之时有"八政"："一曰食，二曰货……正义曰：食，教民使勤农业也。……货，教民使求资用也。"①《汉书》卷二十四上"食货志"对此解释云：

> 食谓农殖嘉谷可食之物，货谓布帛可衣，及金刀龟贝，所以分财布利通有无者也。二者，生民之本，兴自神农之世。……"日中为市，致天下之民，聚天下之货，交易而退，各得其所"，而货通。②

《史记》卷三十"平准书"太史公云：

> 农工商交易之路通，而龟贝金钱刀布之币兴焉。所从来久远，自高辛氏（帝喾）之前尚矣，靡得而记云。……虞夏之币，金为三品，

---

① 《十三经注疏》整理委员会. 十三经注疏·尚书正义 [M]. 李学勤，主编. 北京：北京大学出版社，1999：305.
② 班固. 汉书 [M] // 中华书局编辑部. "二十四史"（简体字本）. 北京：中华书局，2000：943.

或黄，或白，或赤；或钱，或布，或刀，或龟贝。①

由此可见，社会商品经济生产与流通至迟在夏代已经产生。至于更早时期社会生产、经济活动具体如何，《周易正义》卷第七"系辞上"中已有明确记载："包牺氏没，神农氏作……日中为市，致天下之民，聚天下之货，交易而退，各得其所，盖取诸噬嗑。"② 这虽不能作为信史，但结合《史记》卷三十"平准书"所云，说明远古时期的经济活动已经出现，并成为社会发展的重要内容。正如王孝通先生所说，市廛即立，交易益便，于是有贮藏以待人之需要者，是为商业交易。③

当然，"远古时期"的时间范围相对宽泛，既可以指从人类诞生到第一个奴隶制国家形成这一漫长历史时期，也可以指从有史料（包括口传资料、传说等）记载以来的人类社会活动开始，下与商周对接。根据人类学、社会学和考古学的研究成果，一般是指人类产生至夏之前的社会阶段，这一漫长历程大致可以从以下几个维度进行分期：从生产力发展角度分为旧石器时代（约180万年前—1万年前，也称为"远古人类"）、新石器时代（约前10000年—前3500年）、铜石并用时代（约前3500年—前2000年）；④ 从社会性质角度可分为母系氏族社会（旧石器时代中、晚期，距今约7 000—6 000年前）、父系氏族社会（新石器时代，约5 500—4 000年前）；依据考古学的文化属性归类，这一时期又可分为仰韶文化、后岗一期文化、早期大汶口文化、早期大溪文化与马家浜文化等；而史料传说中常常将这一时期的社会更替划分为伏羲、神农、黄帝、少昊、颛顼、帝喾、尧、舜等部落首领统治时期，也即"三皇五帝"时期。

当然，从音乐考古发现来看，远古时期华夏先人的音乐行为可以从公元前9000年或更早时期开始，其主要根据是1978年河南舞阳贾湖遗址出土的贾湖骨笛。据测定，贾湖骨笛距今有9 000多年的历史，属于新石器时代裴李岗文化前期。而根据部分保存相对完好的贾湖骨笛来看，其开口处有精准的制作刻度痕迹、完整吹奏六声音阶的气孔形制和功能，可见先人的

---

① 司马迁. 史记［M］//中华书局编辑部. "二十四史"（简体字本）. 北京：中华书局，2000：1219 – 1220.
② 《十三经注疏》整理委员会. 十三经注疏·周易正义［M］. 李学勤，主编. 北京：北京大学出版社，1999：298 – 299.
③ 王孝通. 中国商业史［M］. 北京：团结出版社，2007：3.
④ 白至德. 远古时代：白寿彝史学二十讲［M］. 北京：中国友谊出版公司，2010：1.

音乐行为显然更早。实际上，早在山顶洞（旧石器时代晚期，距今约3.4万年—2.7万年）里就已经发现了有刻纹的鸟骨管，同时还有一些其他原始装饰品，如砾石、钻孔的小石珠、青鱼眼上骨、挖空的兽牙和磨孔的海蚶壳等。这些装饰品的出现标志着它们大多经历了选材、打制、钻孔、研磨、着色（有的装饰品用赤铁矿染成红色）等制造环节。① 这需要耗费大量的人力、物力。我们虽然不知道山顶洞里有刻纹的鸟骨管是否与后来的贾湖骨笛有着类似的工艺或者属于一脉相承的制作工艺，是否属于因社会分工而形成的专人制作，但是到裴李岗文化（距今约8 000—7 000年）前期，黄河流域的中下游地区普遍存在的农业文化遗存，表明贾湖骨笛的产生及其相关的音乐行为是有着深厚的农业经济基础和物质条件的。

从更广泛的视域来看，整个新石器时代，由于自然地理环境的不同形成了三个巨大的经济文化区：华中、华南的水田稻作农业经济文化区；华北和东北南部的旱地黍作农业经济文化区；东北北部、内蒙古高原、新疆和青藏高原的狩猎采集经济文化区。② 这些不同地域的经济生产特征，不仅可能导致文化的多样性，而且为地域音乐的生产、传播、交流奠定了基础。

当然，仰韶文化所代表的母系氏族社会（包括细石器文化、仰韶文化、马家窑文化）集体劳动和生产资料共有的性质，决定了母系氏族社会的产品分配必然是由全体氏族成员共同消费的。

裴李岗遗存的很多墓葬中已经普遍出现随葬不同的生产工具，说明这一时期在生产劳动中已经出现按性别形成的分工。白寿彝先生进一步断言，这种分工由来已久，也许正是这种形成定制的劳动分工，使得一部分人在生产中的地位不断上升，其社会地位亦随之提高，从而导致了人们在财产占有及社会地位上的差别越来越大。③

龙山文化时期的父系氏族社会（包括龙山文化、齐家文化、屈家岭文化、青莲岗文化、良渚文化和大汶口文化）生产力的发展主要体现在农业、畜牧业和以轮制陶器、冶铜为标志的手工业技艺水平的提高。这是原始社会向奴隶社会过渡的阶段，畜群成为最主要的私有物，占有奴隶是社会中的普遍现象，各地区的氏族部落则流行以猪腭骨作为衡量财富的标尺，因

---

① 白至德. 远古时代：白寿彝史学二十讲[M]. 北京：中国友谊出版公司，2010：29.
② 白至德. 远古时代：白寿彝史学二十讲[M]. 北京：中国友谊出版公司，2010：82.
③ 白至德. 远古时代：白寿彝史学二十讲[M]. 北京：中国友谊出版公司，2010：42.

此，私有制、贫富分化、阶级分化成为标志。① 大汶口文化墓地已经明显出现贫富分化，并出现了人奴役人的现象，人们被分为不同的等级或阶级，这是私有制出现的最好证明。

从公元前3500年开始，我国的远古文化进入了新的时期，即铜石并用时代，其结束于约公元前2000年。这一时期的齐家文化墓葬考古表明，父权社会已达到一定高度，父权、夫权支配着妻子、子女和一定数量的奴隶，并对他们握有生杀之权。因此，这对于音乐人员也不例外，其仅作为父权者个人的私有财产。更为重要的是这一时期墓葬中出现的礼乐器，说明音乐已经成为一种财富标志。

考古证明，在铜石并用时代初期出现了大量的中心聚落，到晚期其发展为城堡。虽然这时期的城堡与国家诞生之后的城邦还有很大差别，但是已经不同于一般的村落，是部族主要的聚集之地，② 而这种群聚式城堡的形成也构建了远古音乐生产、消费的主要场所。

类似巫觋的宗教活动，在这一时期已经发展到一定规模。红山文化的坛、庙、塚和仰韶时代晚期大地湾带有地画的大房子，③ 这类宗教性建筑的存在表明较复杂的宗教礼仪、引领宗教活动的巫觋已经产生。

总之，由于远古时期人类文明尚处于起始阶段，这一时期的音乐活动也处于萌芽阶段，所以音乐也具有典型的初级形态特征。诸如歌舞一体；巫舞不分；音乐与人们生产劳动密切相关；歌舞内容简单，曲调短小，表演形式朴素；音乐创作者、表演者、接受者之间并没有明显的界限，音乐生产的社会分工并不明确；④ 等等。从经济学角度及马克思艺术生产理论来看，原始音乐属于社会生产的一部分，与当时的生产力状况、所有制状况、社会经济状况和社会分工状况相适应，并作为一种独特的生产资料参与社会分配。

---

① 白至德. 远古时代：白寿彝史学二十讲［M］. 北京：中国友谊出版公司，2010：60.
② 白至德. 远古时代：白寿彝史学二十讲［M］. 北京：中国友谊出版公司，2010：273.
③ 白至德. 远古时代：白寿彝史学二十讲［M］. 北京：中国友谊出版公司，2010：74.
④ 曾遂今. 音乐社会学［M］. 上海：上海音乐学院出版社，2004：345.

第一节　远古时期的音乐生产

一、音乐的生产者

作为远古文化的重要表征，远古音乐与人类的活动密切相关，是人类思维观念、情感的外在表现形式，与社会经济发展密切相关。因此，探索远古音乐与社会经济的关系，先要探究远古音乐的生产者。当然，由于远古史的研究还处于"朦胧"状态，缺乏可靠的文字记载，考古证据又无法全面翔实地揭示社会生活的方方面面，因此，本章在考古资料的基础上，结合文献史料和历史传说进行综合论述。

（一）部族首领

音乐起源的主要观点之一是"劳动说"，即音乐起源于生产劳动。既然音乐是在生产劳动中产生的，这就说明从事社会劳动的生产者本身也是音乐的生产者。从现有文献来看，并非所有的生产者都可以"发明"音乐，文献所记载的有关音乐起源的历史传说，大多表明远古音乐（包括乐器）的生产者是原始社会中的部族首领。

1. 部族首领创造生产乐器

例如，箫，《世本八种》卷第一曰："伏羲作箫。十六管。"①；陶埙，《拾遗记校注》卷一曰："均土为埙"②；鼓，《世本八种》"作篇"云："夷作鼓"；③琴，《礼记正义》卷第三十八"乐记"载："昔者，舜作五弦之琴以歌《南风》"，"神农作琴"④，《世本八种》"作篇"云："伏羲作琴"；⑤瑟，《世本八种》"作篇"云："庖栖氏作瑟"，"神农作瑟"；⑥《通历》甚至说："帝喾平共工之乱，作鼗、挖揭、埙篪。"⑦

---

① 宋衷. 世本八种 [M]. 秦嘉谟，等，辑. 北京：中华书局，2008：23.
② 王嘉. 拾遗记校注 [M]. 萧绮，录. 北京：中华书局，1981：2.
③ 宋衷. 世本八种 [M]. 秦嘉谟，等，辑. 北京：中华书局，2008：40.
④ 《十三经注疏》整理委员会. 十三经注疏·礼记正义：上、中、下 [M]. 李学勤，主编. 北京：北京大学出版社，1999：1099.
⑤ 宋衷. 世本八种 [M]. 秦嘉谟，等，辑. 北京：中华书局，2008：35.
⑥ 宋衷. 世本八种 [M]. 秦嘉谟，等，辑. 北京：中华书局，2008：35.
⑦ 马总. 通历 [M]. 太原：山西人民出版社，1992：229.

2. 部族首领创造生产音乐

《山海经》卷七"海外西经"载:"刑天与帝争神,帝断其首,葬之常羊之山。乃以乳为目,以脐为口,操干戚以舞。"①

《吕氏春秋》载:"夏后氏孔甲田于东阳萯山……子长成人,幕动坼橑,斧斫斩其足,遂为守门者。孔甲曰:'呜呼!有疾命矣夫!'乃作为《破斧》之歌,实始为东音。"②

由文献可知,伏羲,部族首领,被誉为三皇之首;庖牺,黄帝之前的部族首领,一说指伏羲;帝喾,号高辛氏,部族首领,黄帝的曾孙,前承炎黄,后启尧舜;黄帝,号轩辕氏,部族首领,五帝之首;夷,部族首领,黄帝之子;舜,远古三代时期的著名部族首领。刑天,炎帝的大臣;帝,部族首领黄帝;孔甲,夏时期的部族首领。

显然在远古时期,由于生产力低下,群居成为当时社会的主要生存方式,而部族首领往往被认为是具有超乎寻常能力,甚至是能与神灵沟通的人,或者说是神人一体。因此,人们常常在传说中将音乐的发明、生产、传播归因于这些部族首领。当然,从另外一个角度来说,远古时期的部族首领在拥有人们所希冀的超常能力的同时,更主要的是拥有强大的社会财富支配权,在社会生产和消费中具有决定性作用。因此,在远古时期没有出现专门的音乐生产者(乐人)之前,部族首领往往在音乐生产、传播中具有决定性作用和支配性地位。

(二) 巫觋

"巫术说"也是原始艺术起源的重要一元。从文字学角度来看,"巫""舞"不分,卜辞中的"舞"(介)字逐渐演变为小篆中的"巫"(巫)字,后又变成楷书中的"巫"字。从甲骨文角度来看,"舞""巫"像一个人手执着两根牛尾,因此,古代"巫""舞"相通表明远古时期巫师既是占卜等宗教活动的主宰者,又是音乐的生产者、表演者。

从现有考古资料来看,与巫觋相关的原始宗教活动渊源极早,至迟在公元前4000—3000年之交,已经发展到一定规模。如在辽河流域的红山文化遗址(约前4000—3000年,跨母系氏族与父系氏族社会,或细石器时代到新石器时代),发现有红山文化时期的坛、庙、塚。同时,在属于黄河流

---

① 方韬. 山海经 [M]. 北京:中华书局,2011:231.
② 吕不韦. 吕氏春秋 [M]. 郑州:中州古籍出版社,2010:82.

域的仰韶文化后期的很多地方，都发现有这样大型的宗教活动遗址。这类宗教性建筑遗址的发现，表明当时存在着比较复杂的宗教礼仪。与之相适应的是当时已经存在某种形式的巫师，他们或许已经经历了一个从"业余"到"专业"的发展途径，① 从瑶山良渚文化祭坛遗址中的南溪女巫大多脱离了所在群体葬地而集中葬于祭坛的现象，表明这一特殊阶层的形成。显然，种种宗教活动现象，预示着原始音乐从临时性或偶然性生产到固定性、常规化生产的转变。

巫觋作为音乐的主要生产者，是远古这一特定时期的重要现象。这是由于远古时期人们生产力低下，虽然过着群居生活，但是依然无法面对变化多端的自然界。因此，具有超然能力、能够沟通神人的巫觋自然成为人们的精神寄托，以音乐创作与表演为主要内容的巫觋活动也成为人们社会生活中的重要内容。瑶山遗址中琮、钺随葬共为一人的现象，和陶寺墓主人同时随葬有钺和礼乐乐器的情况，均显示了远古时期巫是神权、军权及音乐生产权集于一身的事实。

（三）臣僚或具有一定社会地位的人

除了部族领袖、从事宗教活动的巫觋之外，在部族内部具有一定社会地位的人，如部族首领的臣子（非乐工）也可能成为音乐的生产者。《吕氏春秋》仲夏纪"古乐"篇载：

> 昔古朱襄氏之治天下也，多风而阳气畜积，万物散解，果实不成，故士达作为五弦瑟，以来阴气，以定群生。②

> 帝喾命咸黑作为声歌：《九招》、《六列》、《六英》。有倕作为鼙、鼓、钟、磬、吹苓、管、埙、篪、鼗、椎、锺。帝喾乃今人抃，或鼓鼙，击钟磬、吹苓、展管篪；因令凤鸟、天翟舞之。③

> 舜立，命延，乃拌瞽叟之所为瑟，益之八弦，以为二十三弦之瑟。④

据传说及相关考证可知，士达，朱襄氏的臣子；咸黑，帝喾之臣；有倕，帝喾时期的著名工匠；延，舜之臣；瞽叟，舜的父亲。由此可见，在

---

① 白至德. 远古时代：白寿彝史学二十讲 [M]. 北京：中国友谊出版公司, 2010：132.
② 吕不韦. 吕氏春秋 [M]. 郑州：中州古籍出版社, 2010：75.
③ 吕不韦. 吕氏春秋 [M]. 郑州：中州古籍出版社, 2010：77-78.
④ 吕不韦. 吕氏春秋 [M]. 郑州：中州古籍出版社, 2010：79.

原始社会以部族首领为最高统治者的社会构架中,在专业乐人缺失的情况下,为了特定需要而委托或命令臣僚进行音乐生产或主管音乐生产有着一定的社会学依据。

(四) 乐人

在母系氏族社会及其以前,由于社会中人人平等,没有等级分化,因此,除了巫觋之外,并没有出现专门的乐人。进入父系社会之后,随着生产力的发展及社会财富的聚集,专业化分工及社会等级的雏形已经出现。典型的是龙山文化和大汶口文化(前4500年—前2500年)。从墓葬遗存来看,部分墓葬的随葬品在25件以上,最多者有55件;部分墓葬没有随葬品;而部分墓葬的随葬品除了物品之外,甚至出现了殉人现象。这说明龙山时代社会分工、产品交换比较频繁,家庭单位相对独立并具有一定自主经济能力;贫富分化极为普遍,已经出现了等级制度,奴役现象初步产生。因此,专门从事音乐的人员也逐渐产生,如黄帝时期的乐官"伦",颛顼时期的乐人"飞龙",尧时期的乐人"质",禹时期的乐人"皋陶",等等。

《吕氏春秋》仲夏纪"古乐"篇载:

> 昔黄帝令伶伦作为律。伶伦自大夏之西,乃之阮隃之阴,取竹于嶰溪之谷,以生空窍厚钧者,断两节间,其长三寸九分而吹之,……黄帝又命伶伦与荣将铸十二钟,以和五音,以施《英韶》。
>
> 帝颛顼生自若水,实处空桑,乃登为帝。惟天之合,正风乃行,其音若熙熙凄凄锵锵。帝颛顼好其音,乃令飞龙作效八风之音,命之曰《承云》,以祭上帝。
>
> 帝尧立,乃命质为乐。质乃效山林溪谷之音以歌,乃以麋鞈置缶而鼓之,乃拊石击石,以象上帝玉磬之音,以致舞百兽。……帝舜乃令质修《九招》、《六列》、《六英》,以明帝德。禹立,……于是命皋陶作为《夏籥》九成,以昭其功。①

《吕氏春秋》慎行论"察传"篇更是详细记载了专职乐人夔的经历及其创作,其云:

> 昔者舜欲以乐传教于天下,乃令重黎举夔于草莽之中而进之,舜

---

① 吕不韦. 吕氏春秋 [M]. 郑州:中州古籍出版社,2010:76-79.

以为乐正。夔于是正六律，和五声，以通八风，而天下大服。重黎又欲益求人，舜曰："夫乐，天地之精也，得失之节也，故唯圣人为能和，乐之本也。夔能和之以平天下，若夔者一而足矣。"①

这说明夔是一个出身贫困的乐人，后其因才华而被委任为专业乐官，从事音乐的生产与管理。《礼记正义》卷第三十八所载与此相互印证，其云：

> 昔者，舜作五弦之琴以歌《南风》，夔始制乐以赏诸侯。②

《尚书正义》卷第三"舜典"也记载了夔生产、传播音乐之事：

> 帝曰："夔，命汝典乐，教胄子……"夔曰："於，予击石拊石，百兽率舞。"③

以上文献记载的这些乐人虽然属于传说范畴，但是集中出现在黄帝、尧、舜、禹部落首领统治时期，与社会进入父权社会，贫富分化、等级制度、社会分工的出现基本吻合。新石器中晚期出土的乐器也证实了这种现象，即行使国家职能的机构分工逐渐形成，具有某种专长的人物，尤其是专业制造者开始出现。由此，远古社会的中晚期，专职乐人、乐器制造者一旦产生之后，就成为音乐生产的主力。

（五）传说中的特定人物或动物

在历史传说中，远古音乐的生产者也包括部分特定人物。如涂山氏之女及其侍女、有娀氏之等。《吕氏春秋》季夏纪"音初"篇载：

> 禹行功，见涂山之女。禹未之遇而巡省南土。涂山氏之女乃令其妾候禹于涂山之阳。女乃作歌，歌曰"候人兮猗"，实始作为南音。周公及召公取风焉，以为《周南》、《召南》。

> 有娀氏有二佚女，为之九成之台，饮食必以鼓。帝令燕往视之，鸣若谥隘。二女爱而争搏之，覆以玉筐。少选，发而视之，燕遗二卵，

---

① 吕不韦. 吕氏春秋 [M]. 郑州：中州古籍出版社，2010：367.
② 《十三经注疏》整理委员会. 十三经注疏·礼记正义：上、中、下 [M]. 李学勤，主编. 北京：北京大学出版社，1999：1099.
③ 《十三经注疏》整理委员会. 十三经注疏·尚书正义 [M]. 李学勤，主编. 北京：北京大学出版社，1999：78-79.

北飞，遂不反。二女作歌，一终日"燕燕往飞"，实始作为北音。①

由于这一阶段生产力低下，人们过于依赖大自然，因此，后世传说也曾将音乐生产者归因于某些具有特殊能力的人兽合体物或动物。如《吕氏春秋》仲夏纪"古乐"篇载："（帝颛顼）乃令鱓先为乐倡。鱓乃偃寝，以其尾鼓其腹，其音英英。"② 仔细分析，古人将鱓作为音乐生产者有一定的道理，这是因为在远古文献中，鱓、鼍相通，其是古代打击乐器如鼖鼓、鼍鼓的主要制作材料，甚至后世的拉弦乐器、弹拨乐器也与鼍有着密切关系。因此，将乐器的重要制造材料作为音乐生产者，也反映了远古人类将音乐神秘化的一种观念。

二、音乐生产方式、目的

（一）音乐生产方式

1. 自发性音乐生产

自发性音乐生产是远古早期音乐的主要生产方式。所谓"自发性"，即音乐的生产是远古人类个体或群体的一种自觉行为，并没有明确的传播、交换目的，仅仅从自我需要出发而生产音乐，其根本目的是满足自我需要与群体需要。因此，这类音乐生产又可细分为个体自发性生产与群体自发性生产两种方式。

远古巫觋的音乐活动在部族政治体系下，是典型的个体自发性音乐生产。在远古祭祀及相关宗教活动中，音乐的创作、表演主体是巫师，表演内容无论是业已形成的固定模式还是在沟通神灵过程中的自我随意创造，都属于个体自觉，没有强制性和约束性。巫觋或从事宗教活动者的音乐生产方式，与远古时期巫觋集军权、神权于一体的特殊社会地位有密切关系。

《吕氏春秋》季夏纪"音初"篇载涂山之女及其侍女首创"南音"，歌曰"候人兮猗"以表达对禹的思念；有娀氏的二佚女为了表达对帝的思念，作"燕燕往飞"之"北音"，③ 这些都属于一种自发性音乐生产，其根本目的是通过歌舞的生产以表现自我情感。实际上，在远古社会，音乐作为人们情感表达的一种基本方式，在"言之不足，故手之舞之，足之蹈之"的

---

① 吕不韦. 吕氏春秋 [M]. 郑州：中州古籍出版社，2010：83-84.
② 吕不韦. 吕氏春秋 [M]. 郑州：中州古籍出版社，2010：77.
③ 吕不韦. 吕氏春秋 [M]. 郑州：中州古籍出版社，2010：83-84.

情况下，个体或群体通过音乐来单纯抒发个人或群体之情感，而不具有其他政治诉求或商业诉求，都属于自发性音乐生产。

在远古劳动中产生的音乐也属于自发性音乐生产，如《弹歌》，其词为"断竹续竹，飞土逐肉"①，这显然是远古人类在群体劳作下的产物。当然，由此可以推测，在旧石器时代、新石器时代，远古人类虽然经历了从群居到部落及部落联盟的社会发展，但生产力的低下决定了群体性劳动成为社会主要的生产方式。因此，每当群体出行、打猎、收获及战争等重要时段，群体载歌载舞成为人们社会活动及娱乐的主要内容之一，正如《尚书正义》卷第三所云，"予击石拊石，百兽率舞"②。在此种条件下，音乐生产者、表演者、欣赏者三者合一，并都处于一种自发、自觉的状态。

2. 制约性音乐生产

制约性音乐生产产生的背景是远古人类进入父系社会之后。随着生产力的发展，出现了社会分工、贫富分化以及奴役现象，这不仅标志着社会阶层及奴隶制萌芽的形成，也标志着部族首领拥有至高无上的权力，他们往往拥有大量的社会财富，并主宰着音乐的生产与消费。部分音乐的生产就出现了以部族首领为主体，在部族体系制约下，满足或符合部族首领意志的制约性音乐生产方式。根据生产主体的不同，也可分为个体任务下的音乐生产和集体任务下的音乐生产。

个体任务下的音乐生产常常表现为部族首领为了各种目的，让个别臣僚或专职乐人生产音乐，以实现部族首领意图，满足社会娱乐以及其他需求。如，古朱襄氏治天下，为解决"多风而阳气畜积，万物散解，果实不成"等问题，让士达作五弦瑟，"以来阴气，以定群生"。帝喾命咸黑作为声歌：《九招》《六列》《六英》，帝喾还令有倕作各类乐器，令人抃拊，或鼓鼙、击钟磬、吹苓、展管篪。黄帝令伶伦制律作乐，又命伶伦与荣将铸十二钟。尧令质生产音乐，舜令质修《九招》《六列》《六英》，以明帝

---

① 赵晔. 二十五别史：6：吴越春秋 [M]. 济南：齐鲁书社，2000：88.
② 《十三经注疏》整理委员会. 十三经注疏·尚书正义 [M]. 李学勤，主编. 北京：北京大学出版社，1999：79.

德①;舜又令夔制乐,以赏诸侯②,教胄子③;禹则命皋陶作《夏籥》九成,以昭其功;④ 等等。

集体任务下的音乐生产是指音乐生产者已不是单纯的个体,而是一个群体。这些音乐生产者同样是为了完成部族首领或其他具有一定社会地位的人物的意图而进行音乐生产。如《尚书正义》载,禹在南征过程中曾令音乐人员舞干羽于两阶,以致夷族降服。⑤ 远古三代的国家型音乐,如黄帝时期的《云门》、尧时期的《咸池》、舜时期的《韶》、禹时期的《大夏》,都是多人表演的大型音乐。其中,《云门》是群体祭祀图腾之乐,《咸池》《韶》《大夏》是表现帝王军功、美德之乐,这些以国家或部族整体为背景的大型音乐,其创作、表演、传播(教习)显然不是个体工匠所能完成的,所使用的众多乐器、音乐饰品也并非个体工匠能完成,必然是众多的专业群体长期参与、共同完成的,从而形成国家或部落意志下的群体性音乐生产。

(二) 音乐生产目的

远古历史进程中,音乐的生产者既有具有特殊地位的宗教活动者、居于支配地位的部族统治者,也有大量专职乐人。不同音乐生产者从事音乐生产目的有着显著不同。从生产者的社会属性及其生产的音乐内容来看,远古音乐生产目的主要有以下四种。

1. 祭祀与沟通神人

祭祀是远古时期人们生产音乐的主要目的之一。原始社会的音乐在社会生活中的影响力远比今天更大,这是因为原始人类的生产力极为低下,其生存严重受制于自然条件,音乐就成为人类希冀征服自然或者得到自然恩赐的一种主要手段,也成为一种沟通神灵的重要工具。奥地利音乐美学家汉斯立克也说,音乐对古代民族产生的影响要比今天更直接,因为人类文明的最初阶段,比之后,即意识和自由意志发挥作用的时期,要更接近、

---

① 吕不韦. 吕氏春秋 [M]. 郑州:中州古籍出版社,2010:75-78.
② 《十三经注疏》整理委员会. 十三经注疏·礼记正义:上、中、下 [M]. 李学勤,主编. 北京:北京大学出版社,1999:1099.
③ 《十三经注疏》整理委员会. 十三经注疏·尚书正义 [M]. 李学勤,主编. 北京:北京大学出版社,1999:78-79.
④ 吕不韦. 吕氏春秋 [M]. 郑州:中州古籍出版社,2010:79.
⑤ 《十三经注疏》整理委员会. 十三经注疏·尚书正义 [M]. 李学勤,主编. 北京:北京大学出版社,1999:99.

更受制于原始力量。① 法国音乐家柴勒更进一步指出，原始人类通过音乐来规定礼仪的方式从而把自己和神连在一起，并通过音乐去控制各种神灵；人们通过赞美、谄媚和祈祷去代替对神灵的征服，通过音乐，他们就有支配命运、支配各种因素和支配各种动物的权力。②

巫觋们的音乐创造、音乐表演无一例外都是通过音乐的生产来实现祭祀功能、达到沟通神人的目的的。如伊耆氏之乐是以蜡祭为主要目的："主先啬而祭司啬也。祭百种，以报啬也。飨农及邮表畷、禽兽，仁之至，义之尽也。……迎猫，为其食田鼠也。迎虎，为其食田豕也。迎而祭之也。祭坊与水庸，事也。"通过音乐产品的祭祀而达到"土反其宅，水归其壑，昆虫毋作，草木归其泽"。③

即便是群体性音乐《云门》，从其表现内容来看，也主要彰显祭祀目的。同样，葛天氏之乐中的《玄鸟》是有关图腾崇拜的祭祀音乐，尧时期的《咸池》、舜时期的《韶》都是带有神圣性的一种宗教性音乐。④《周礼》载，前代音乐到了周时期，"乃分乐而序之，以祭，以享，以祀。乃奏黄钟，歌大吕，舞《云门》，以祀天神。乃奏大蔟，歌应钟，舞《咸池》，以祭地示。乃奏姑洗，歌南吕，舞《大磬》，以祀四望。乃奏蕤宾，歌函钟，舞《大夏》，以祭山川"⑤。

正如舜时期的夔所说："戛击鸣球，搏拊琴瑟以咏。祖考来格。虞宾在位，群后德让。下管鼗鼓，合止柷敔，笙镛以间，鸟兽跄跄。箫韶九成，凤皇来仪。"⑥ 因其宗教性特征，也被季札评价曰："德至矣哉，大矣！如天之无不帱也，如地之无不载也。"⑦

由此，原始音乐的生产目的之一是通过祭祀，沟通神人，以期实现个

---

① 汉斯立克. 论音乐的美：音乐美学的修改刍论［M］. 杨业治，译. 北京：人民音乐出版社，1980：90.
② 朱狄. 艺术的起源［M］. 武汉：武汉大学出版社，2007：199.
③ 《十三经注疏》整理委员会. 十三经注疏·礼记正义：上、中、下［M］. 李学勤，主编. 北京：北京大学出版社，1999：802-804.
④ 杨荫浏. 中国古代音乐史稿：上册［M］. 北京：人民音乐出版社，1981：8.
⑤ 《十三经注疏》整理委员会. 十三经注疏·周礼注疏：上、下［M］. 李学勤，主编. 北京：北京大学出版社，1999：580-582.
⑥ 《十三经注疏》整理委员会. 十三经注疏·尚书正义［M］. 李学勤，主编. 北京：北京大学出版社，1999：127.
⑦ 《十三经注疏》整理委员会. 十三经注疏·春秋左传正义：上、中、下［M］. 李学勤，主编. 北京：北京大学出版社，1999：1107.

体乃至部族生存之欲望。禹时期的乐官皋陶对这一时期音乐生产目的归纳得更为精练,其云:"念哉,率为兴事,慎乃宪,敬哉!"①

2. 庆典与宣示

庆典与宣示是以部族为背景的委托性音乐生产的主要目的,如尧时期的《大章》《咸池》,舜时期《箫韶》,颛顼时期的《承云之乐》,帝喾时期的《九招》《六列》《六英》,等等。部分作品虽具有一定的祭祀图腾内容,但在展现祭祀图腾的表象之下,更多的是一种彰显集体庆典、宣示自我武功和美德的目的。尤其是禹时期的《大夏》,通过雄壮的音乐表演来展示禹的丰功伟绩。《尚书正义》卷第四"大禹谟"载,舜的时期,禹率部族对苗族进行了30多天的战争,没有结果,后来舜下令收兵回到自己的领地,用盾牌和羽毛作为道具,进行了70天的舞蹈,就慑服了苗人。显然,这70天的音乐不是单纯地祭祀祈祷天神,而以宣示舜部族之威仪、武力,彰显舜之伟德为主要目的。

3. 娱乐与情感表达

古人云:"乐(yuè)者,乐(lè)也。""乐之所起,物动心感。"今人在解读甲骨文"乐"的来源及其内涵时大多指出,"乐"从字形上来看,它表示音乐的起源是远古人类在欢庆丰收。② 因此,娱乐与情感表达是音乐最基本的功能,也是音乐生产的根本目的,通过音乐实现或满足人们的娱乐需求,表达内心情感。距今约9 000年历史的贾湖骨笛,标志着新石器时代裴李岗文化的人们已经能够通过乐器的批量生产、表演来达到娱乐审美和情感诉求之目的。青海大通县孙家寨发现的距今5 000年左右的彩陶盆上的舞蹈图像,生动地刻画了三组舞者手挽手踏歌而舞的情景。这不仅仅表示了先人进行音乐生产以表现娱乐与情感的目的,也体现出了先人想通过这样的陶器图案来承继或延续生产经验的目的。甘肃河西走廊嘉峪关市北15公里黑山峡谷中也发现了反映新石器时代人们欢愉的音乐崖刻。③《尚书》所云"予击石拊石,百兽率舞"④,显然也是远古人类载歌载舞的娱乐

---

① 司马迁. 史记[M]//中华书局编辑部."二十四史"(简体字本). 北京:中华书局,1999:60.

② 修海林."樂"之初义及其历史沿革[J]. 人民音乐,1986(03):50-52.

③ 《中国音乐文物大系》总编辑部. 中国音乐文物大系·甘肃卷[M]. 郑州:大象出版社,1998:279.

④ 《十三经注疏》整理委员会. 十三经注疏·尚书正义[M]. 李学勤,主编. 北京:北京大学出版社,1999:78-79.

生活体现。实际上，远古音乐有关以情感表达为主要生产目的的现象极为普遍，如《吕氏春秋》所载涂山氏之女的"候人兮猗"歌、有娀氏二佚女的"燕燕往飞"歌等。①

4. 功用性——治疗和军事

功用性也是这一时期音乐生产的一个主要目的。当然，这一时期音乐生产的功用性目的主要是指音乐生产具有强烈的社会实用性，音乐只是一种工具，借此可以实现某种社会价值，如健康治疗、积累劳动经验或部族历史传承、军事训练等。这其中虽然夹杂有巫觋的神人沟通目的，但更强调的是社会现实的功用性。

《吕氏春秋》仲夏纪"古乐"篇载，生产朱襄氏之乐的总体目的是"治天下""医疾病"，原因是当时的社会"多风而阳气畜积，万物散解，果实不成"。生产陶唐氏之乐的原因是"阴多滞伏而湛积，水道壅塞，不行其原，民气郁阏而滞著，筋骨瑟缩不达"。②

甘肃河西走廊嘉峪关黑山峡谷中新石器时期的壁画，除了部分内容有关娱乐性舞蹈之外，还有一个画面较为宏大，画中舞者有约30人，分上、中、下三层排列，前有单人教练，有双手叉腰者，也有单手叉腰者，舞者头上均佩戴类似雉翎样的装饰物，因此，这应该是一种与军事有关的操练性舞蹈。③

三、音乐产品类型

（一）部族内兼具群体性与个体性祭祀音乐

远古祭祀性音乐是音乐生产的主要类型之一，其包括以部族为单位的群体性祭祀音乐和以个体、部分群体为单位的祭祀音乐。就前者来说，以部族为单位的群体性祭祀音乐包括历代部族首领统治下的国家音乐，如黄帝时期以云图腾崇拜为主的《云门》；尧时期以水鱼图腾崇拜为主的《咸池》，还有《大章》《击壤之歌》等；颛顼时期的《承云之乐》；帝喾时期的《九招》《六列》《六英》等；舜时期的《箫韶》；等等。据文献记载，《箫韶》音乐规模庞大，前后共有九次变化，歌有九段，因此又称为"箫韶

---

① 吕不韦. 吕氏春秋［M］. 郑州：中州古籍出版社，2010：83-84.
② 吕不韦. 吕氏春秋［M］. 郑州：中州古籍出版社，2010：75-76.
③ 《中国音乐文物大系》总编辑部. 中国音乐文物大系·甘肃卷［M］. 郑州：大象出版社，1998：279.

九成"或"九变",伴奏乐器是由若干管子编排而成,表演内容是"庙堂之上,戛敢击柷,鸣球玉之磬,击搏拊,鼓琴瑟",其目的是"感致幽冥,祖考之神来至矣"。① 当然,这类音乐由于是国家(部族或部族联盟)意志的体现,所以它不仅仅具有国家祭祀之功能,还兼具展示部族之威仪,宣扬部族领袖之美德、武功的功能。

以个体或部分群体为单位的祭祀音乐主要是指在部落联盟内的各个小部落或散居族群的集体性或个体性祭祀音乐。如在伊耆氏统治下的部族群体蜡祭之乐,称为《伊耆氏之乐》;在葛天氏统治下,部族群体或个体祭祀天地、草木、五谷、玄鸟之乐,称为《葛天氏之乐》;等等。

(二) 娱乐性音乐

前文已述,娱乐与情感表达是音乐发展的基本推动力之一。远古人们为了满足自身、群体娱乐或情感需要而生产、创造的音乐均属于这类音乐。青海大通县孙家寨出土的彩陶盆,内壁上部绘有相同的三组音乐图,每组五人,相互挽手、踏足,动作整齐划一,头饰和尾饰一致,表示这是一个经过严格训练的定型化的群舞形式。它生动地刻画了以狩猎为主的新石器时代马家窑文化的先民,在丰收之际的娱乐化音乐生活。远古之《弹歌》通过"断竹续竹,飞土逐肉"的简单歌词,描述了部族人群在休闲娱乐之际对劳动场景的回忆。《候人歌》《燕燕北飞》等歌曲则生动地表现了先民的情感生活。

《吕氏春秋》所载《葛天氏之乐》,除了部分宗教性音乐之外,据王克芬的考证,所谓"三人操牛尾,投足以歌八阕",可能是指每组由三人组成,歌舞时有许多组,从而形成一个大型的集体舞。也可能像秧歌队中的"小场子",集体群舞,进行到一定的时候,有几个人出来表演一番。它是在群众自娱性歌舞的基础上穿插一点表演。②

(三) 功用性音乐

功用性音乐是远古音乐中的独特类型。前文已述,由于生产力极为低下,远古部族常常通过某种音乐来寄托个体或群体的某种希望,并力求通过这类音乐加以实现。相对于祭祀音乐以沟通神人来实现宗教目的来说,

---

① 《十三经注疏》整理委员会. 十三经注疏·尚书正义 [M]. 李学勤,主编. 北京:北京大学出版社,1999:127.

② 王克芬. 中国舞蹈发展史 [M]. 上海:上海人民出版社,2003:11.

这类音乐更具有强烈的现实性、功利性。如《孔子家语》所云,"舜弹五弦之琴,歌《南风》之诗",其功用是"以解吾民之愠兮,以阜吾民之财兮"①。朱襄氏之乐,通过演奏五弦琴来根治自然灾害,从而使自然界阴阳协调,人们安居乐业。阴康氏之乐通过舞蹈来治疗由于洪水泛滥、水道壅塞而导致的民众疾病。② 正如《礼记正义》卷第三十八"乐记"所云:

> 昔者,舜作五弦之琴以歌《南风》,夔始制乐以赏诸侯。故天子之为乐也,以赏诸侯之有德者也。德盛而教尊,五谷时熟,然后赏之以乐。故其治民劳者,其舞行缀远。其治民逸者,其舞行缀短。③

四、乐器生产

乐器是音乐的实物形态之一,也是音乐生产的重要内容。从考古资料来看,乐器包括成品及其配件、半成品和乐器模型,以及明器乐器等。成品乐器在日常音乐实践中所用,也有少量是作为随葬品而临时制造未加使用的,但它们均属实用乐器;有些成品乐器伴有乐器配件,以及用于存放乐器的物品(如匣、盒、箱)等,它们都是乐器的有机组成部分;半成品乐器指尚未加工为成品的乐器,如磬坯;乐器模型指用于制造某些乐器的模范,如钟范;明器乐器是专为随葬而制作的不能实际演奏的乐器,属于实用乐器的仿制品,在制造材料和形制方面与实用乐器有着本质差别,主要具有一种象征意义。④

乐器的生产与生产力水平、社会经济状况有着密切关系。旧石器时代的生产力发展模式决定了当时的乐器生产处于粗糙的萌芽状态,基本手段是从自然界中就地取材,并进行简单加工,如石球、石磬、中空的木棍等。这在考古资料中得到充分证明,如山西襄汾丁村旧石器时代中期遗址出土了100多件石球,距今15 000年左右;山西阳高许家窑遗址年代与丁村相近,共出土了石球1 073件。足见当时石球生产的数量之多,这也印证了古代文献所载远古人类"戛击鸣球""击石拊石"的音乐生活。

---

① 王肃. 孔子家语 [M]. 金源,编译. 陕西:三秦出版社,2007:276.
② 吕不韦. 吕氏春秋 [M]. 郑州:中州古籍出版社,2010:75.
③ 《十三经注疏》整理委员会. 十三经注疏·礼记正义:上、中、下 [M]. 李学勤,主编. 北京:北京大学出版社,1999:1099-1100.
④ 方建军. 中国古代乐器概论:远古—汉代 [M]. 西安:陕西人民出版社,1996:3-4.

到了新石器时代，由于生产力的进步，更为精细的磨制乐器和铸造乐器开始出现。这些乐器产品涉及吹管乐器和打击乐器，主要有以下两种。

骨笛：河南舞阳出土的贾湖骨笛共 25 件，其中完整器 17 件，残器 6 件，半成品 2 件，属新石器时代裴李岗文化，距今 9 000 年。① 大部分骨笛在管壁一侧钻有一纵列 7 个直径 3.6 毫米的圆形指孔，有的骨笛第一指孔左上方还钻有一个直径 1.58 毫米的圆形小指孔。② 重要的是部分骨笛 7 个开孔处都有事先设定的用于开孔和计算的十字标记，这是吹管乐器制造的重要发展，而贾湖遗址中的大量七孔骨笛也标志着当时社会财富的高度发展。部族已经有经济实力来生产耗时长、刻度准、发声精良的乐器，并且这种复杂的乐器生产需要有丰富经验的手工艺人或专业乐器制造者。更为重要的是，这一时期多孔骨笛的生产不是一个局部现象，相邻的河南汝州中山寨遗址出土了十孔骨笛，在南方河姆渡文化遗址中也出土了一批骨笛，这说明新石器时代多孔骨笛的生产已经是一种普遍现象，也说明了乐器的生产进入了专业化。

骨哨：早期骨哨的生产受材料限制，主要取材于鸟兽骨骼，成本相对低廉，工艺粗糙。如河南长葛市石固遗址的裴李岗文化墓葬中发现了两件用禽类肢骨制成的骨哨，开管，有一到两个孔，属于单管乐器的萌芽。浙江余姚河姆渡遗址第四文化层出土的骨哨，用禽类肢骨制成，两端开口，一端口沿平齐，另一端口沿有近似三角形缺口，在靠近中部的一侧开一椭圆形指孔。这一时期也有部分骨哨用鹿角制成，并有简单的装饰工艺，如浙江余姚河姆渡遗址第四文化层出土的鹿角骨哨，表面磨光，中部饰短线纹与锥点纹。

随后，随着社会分工的萌发，手工业开始形成。乐器生产技术更进一步，出现了陶制品，如河南渑池仰韶遗址出土的骨哨，陶质，手工制作，中空，两端开口。新石器时代中晚期，生产分工已经形成，家庭单位取代了部族群居式生活，丰富的物质支持和特定阶层的需求促使专业制陶艺人出现，也推动了制陶工艺的发展。这一时期生产了大量陶类乐器，主要有以下几种。

陶埙：西安半坡遗址发现了两个陶埙（一音孔），随后在临潼姜寨遗址（二音孔，属仰韶文化）、郑州二里岗遗址均出土了陶埙。考古发现，黄河

---

① 河南省文物考古研究所. 舞阳贾湖：上卷、下卷［M］. 北京：科学出版社，1999：447.
② 李纯一. 中国上古出土乐器综论［M］. 北京：文物出版社，1996：359.

流域的陶埙基本呈序列发现，即从仰韶文化、庙底沟二期文化、龙山文化、二里头文化、二里岗文化到殷墟文化，陶埙的发展绵延不绝。长江流域的陶埙大多是新石器时代的制品。① 这说明陶埙的生产主要集中在北方制陶工艺发达的区域。

陶响球（陶响器）：最早的陶响球属于仰韶文化早期，河南淅川下王岗遗址曾发现3件，直径仅为2~3厘米，内有小泥丸，外表饰有指甲纹。其次，长江中游的大溪文化、屈家岭文化、四川巫山大溪、湖北宜昌清水滩等均有出土。湖北松滋桂花树遗址发现的陶响球，表面的篦点纹交叉处有小镂孔。湖北京山朱家嘴遗址的陶响球内装有15粒以上的泥丸，直径达8.5厘米。在湖北易家山遗址发现的青龙泉三期文化的陶响球，表面饰有圆圈、漩涡、圆点、三角及叶片等各种纹饰。② 考古发现陶响球数量比较多，如陕西临潼姜寨遗址出土有80多件，而其中一个墓主人的随葬陶响球竟有15件之多。这说明社会财富的不均衡影响了陶响球的生产与归属，除了音乐娱乐意义之外，越来越精细化的陶响球已经成为当时社会财富的象征，乐器的生产不仅是为了满足现实音乐表演的需要，也是为了随葬祭品的需要。

另外，从陶响球生产分布地域及时间来看，黄河中上游新石器晚期陶响球主要集中在关中地区和甘肃中部及东南部，乐器虽然数量不多，却分属多种文化类型，如姜寨二期、庙底沟类型、马家窑类型、马厂类型和齐家文化，这表明黄河中上游区域的陶响球生产具有一定的传承性。长江中游新石器时代晚期陶响球大体以湖北江汉平原为中心，西至川东鄂西的三峡谷地，南达湘北洞庭湖滨，北及豫西南，东抵鄂东。这类陶响球数量较多，分属大溪文化、屈家岭文化和龙山文化。考古证明，薛家岗文化陶响球的出现和屈家岭文化乃至大溪文化陶响球有着直接联系。薛家岗文化在接受大溪—屈家岭文化的陶响球之后，不仅制作数量变多、水平更加精良，而且形成了自己独特的风格。③ 这表明当时乐器的生产并不仅仅局限于部族内部或固定区域之内，社会的需求及生产力的发展推动了乐器产品以及乐器生产技术的传播。

陶铃：河南淅川下王岗遗址（仰韶文化）出土两件半坡类型陶铃。河

---

① 方建军. 中国古代乐器概论：远古—汉代 [M]. 西安：陕西人民出版社，1996：137.
② 方建军. 中国古代乐器概论：远古—汉代 [M]. 西安：陕西人民出版社，1996：57.
③ 李纯一. 中国上古出土乐器综论 [M]. 北京：文物出版社，1996：66-80.

南陕州区庙底沟遗址出土陶铃（陶钟）。黄河流域马家窑文化、仰韶文化、大汶口和龙山等文化遗址中都发现有陶铃。长江流域仅在青龙山三期文化中发现一例。① 这说明陶铃的生产与传播也主要集中在北方黄河流域。

石磬：陶制石磬相较于打制与磨制石磬是一种技术上的重要进步。它的生产主要在黄河流域，如山西襄汾陶寺遗址出土4件龙山文化陶寺类型特磬，距今4 400余年。《周礼·考工记·磬氏》详细记载了石磬的主要部位名称，这标志着当时制磬工艺不仅非常完善，而且制磬技术也得到系统总结并加以传承。从出土情况来看，石磬都出土于随葬品丰富的高规格墓葬，这表明在龙山文化时期，石磬不单单作为一种日常演奏的乐器，更多是拥有者身份和地位的象征。

当然，新石器时代生产技术的提高也促进了其他乐器的生产，如木鼓，山西襄汾陶寺遗址（龙山文化）出土的彩绘木鼓系树干挖空制成，长约1米，系古代文献记载的鼍鼓，其材料是鳄鱼皮和木材，表面有手工彩绘，文献记载中还有"夷作鼓""倕作为鼙鼓""舜造箫""伏羲作箫"等，虽为传说，但反映的时代基本符合历史发展实际；陶鼓，1978年在山西襄汾陶寺遗址出土的几件"异形陶器"，属于早期龙山文化的庙底沟二期文化时期；陶角，陕西华县井家堡庙底沟墓葬出土，属仰韶文化庙底沟类型，长42厘米；山东莒县陵阳河墓葬出土陶角属大汶口文化，长39厘米，均为手制，外形似去掉尖的牛角。②

新石器时代晚期，尤其是龙山文化中晚期，随着生产力的进一步发展，出现了冶炼技术，专业手工业者开始运用新技术生产铜类乐器。当然，从考古来看，这一时期的铜类乐器遗存仅见一例，是山西襄汾陶寺（属陶寺类型晚期）遗址中由红铜制造的铜铃，这是我国目前发现最早的铜铃。③ 以铜代陶，大大提高了铃的音质和耐用性，这是乐器生产的新的飞跃性进步和变革。仅存的一例证明，这类乐器的生产还是受制于社会整体生产力技术水平，由于铸造工艺不高，所以无法批量生产。

---

① 李纯一. 中国上古出土乐器综论[M]. 北京：文物出版社，1996：85.
② 方建军. 中国古代乐器概论[M]. 西安：陕西人民出版社，1996：135.
③ 李纯一. 中国上古出土乐器综论[M]. 北京：文物出版社，1996：86-88.

第二节　远古时期音乐的传播、消费

从社会学角度来说，传播是指人与人关系赖以成立和发展的机制——包括一切精神象征及其在空间中得到传递、在时间上得到保存的手段。[①] 它泛指人类信息所有的交流行为和活动。消费是社会再生产过程中的一个重要环节，也是最终环节。它是指利用社会产品来满足人们各种需要的过程，是劳动力再生产必不可少的条件。消费又分为生产消费和个人消费，前者指物质资料生产过程中的生产资料和生活劳动的使用和消耗；后者是指人们把生产出来的物质资料和精神产品用于满足个人生活需要的行为和过程。艺术消费作为特殊的社会产品，属于社会宏观消费，是通过欣赏艺术产品和参与艺术娱乐活动，实现艺术产品的使用价值、满足人类自身精神审美需要的过程，是艺术生产过程的终点和归宿，也是艺术产品实现生产目的、进行再生产的必要条件。显然，艺术不仅是社会产品形式之一，也是人类信息的载体之一，除了艺术生产消费外，艺术欣赏本身也是艺术消费，而艺术欣赏、艺术娱乐活动，包括艺术的传承，本质上又是人类信息交流的重要行为内容和方式。因此，远古时期音乐的传播与消费有着密切关系。

一、音乐传播、消费的主要场所

（一）公共场所："中心聚落"、殿堂和宗教场所

新、旧石器时代的社会政治结构是部落以及部落联盟，黄帝、尧、舜、禹分别是不同时期的部落联盟领袖，在部落内部是以亲缘关系为纽带的群体（新石器时代已经形成了家庭单位）或族群。因此，贯穿整个石器时代的社会生活模式是以群居生活为主体，这就导致具有族群、部落或部落联盟政治地位或功用的公共场所成为这一时期音乐产品传播、消费的主要场所。

当然，石器时代的生产力低下决定了在社会生活中巫觋阶层的神秘地位，以及族群宗教活动的频繁。如考古学家在辽宁发现了约 5 500 年前的"女神庙"，还有相关的祭坛、积石塚等遗存。据考证，"女神"是大约

---

① 美国社会学家查尔斯·霍顿·库利提出的概念，出自其 1909 年出版的专著《社会组织》。

5 500年前的"红山人"模拟真人塑造的神像,而不是想象中的。这说明远古祭祀音乐的表演场所已经定型化。因此,部族或部族联盟的中心聚落、殿堂和宗教场所就成为这一时期音乐活动的主要文化空间。

证据远远不止于此。1982年,在甘肃秦安大地湾遗址(仰韶文化后期)发现有类似殿堂的大型公共性建筑和宗教性建筑:在约290平方米的大房子前面有一个约130平方米的地坪,其中间有两排柱洞,柱洞前有一排青石板,与柱洞对应,均为6个。后面有一个露天火塘。房子规模宏大、质量考究,地面和墙壁也抹有灰浆,显得非常圣洁,远远超过一般的居室,当是一所召开头人会议或举行盛大宗教仪式的公共建筑,① 学界常称之为"中心部落"或"中心聚落"。特别是火塘后面的地面上,用黑彩画了一幅宗教画,面积达1平方米,像是两个人在一个方形台子旁边跳舞,其内容可能是描绘杀牲献祭的仪式,也可能是祈求狩猎成功的巫术画。② 这幅舞蹈图画据碳-14测定,年代约为公元前3000年,是中国有关原始舞蹈的最早实物资料之一。由此可见,在如此庞大的祭祀音乐活动中,消费的场所是固定的祭坛,消费的对象是部族成员。由于祭祀音乐或庆典音乐的特殊性,参与者本身既是表演者又是欣赏者,因此,这一时期,音乐的生产者、传播者、消费者三者合一,不分彼此。

仰韶文化后期的多处遗址都发现有这样大型的公共建筑,这说明新石器时代在部落联盟的统治下,各个部落都出现了大量的公共场所,而这些场所显然是在部族首领支配下进行大型音乐、群体音乐、祭祀音乐表演、传播、消费的主要场所。

(二) 城堡

城市雏形的出现也标志着远古音乐传播和消费场所进一步固定化。经考古学者论证,最早的城堡应属于龙山时代。如山东章丘城子崖、寿光边线王村,河南登封王城岗、淮阳平粮台,内蒙古包头阿善、凉城老虎山,湖北石首走马岭和湖南澧县南岳等处。正如白寿彝先生所说,城市并不是孤立存在的,必须以乡村为依托,依靠乡村提供粮食、原料和人力资源,从而又会给乡村以经济、技术和文化等多方面的支持,推动城乡共同发展,建立起社会联系的新格局。③ 城市的出现,标志着音乐生产、消费、传播的

---

① 白至德. 远古时代:白寿彝史学二十讲 [M]. 北京:中国友谊出版公司,2010:91-92.
② 苏秉琦. 中国远古时代 [M]. 上海:上海人民出版社,2010:175.
③ 白至德. 远古时代:白寿彝史学二十讲 [M]. 北京:中国友谊出版公司,2010:95-98.

方式发生了重要改变,传播、消费的对象也开始出现层级分化,不再仅仅局限于平等的部族成员,而是形成以部族首领、部族贵族及城邦内普通群体成员为主体的消费对象。

二、音乐传播、消费的方式、对象

(一) 祭祀

新、旧石器时代,音乐传播、消费的主要方式之一是祭祀。祭祀与远古人类生活密切相关,无论部族联盟祭祀、部族祭祀及群居部落、单个家庭或劳动共同体、个体的祭祀,都离不开巫觋活动。因此,与巫觋相关的宗教活动就成为这一时期音乐传播、消费的主要方式。巫觋成为音乐传播的主要载体,参与宗教活动的群体或个体是音乐传播、消费的基本对象。

在部落联盟统治内部,祭祀也是重要的政治活动之一,音乐活动的参与者、消费者主要是部落贵族成员,如《尚书正义》载:

> 夔曰:"在舜庙堂之上,戛敢击柷,鸣球玉之磬,击搏拊,鼓琴瑟,以歌咏诗章,乐音和协,感致幽冥,祖考之神来至矣。虞之宾客丹朱(注:尧的儿子)者在于臣位,与群君诸侯以德相让。此堂上之乐,所感深矣。又于堂下吹竹管,击鼗鼓,合乐用柷,止乐用敔,吹笙击钟,以次迭作,鸟兽相率而舞,其容跄跄然。堂下之乐,感亦深矣。箫韶之乐,作之九成,以致凤皇来而有容仪也。"夔又曰:"呜呼!"叹舜乐之美。"我大击其石磬,小拊其石磬,百兽相率而舞,鸟兽感德如此,众正官长信皆和谐矣。"①

(二) 庆典

庆典也是这一时期音乐传播、消费的主要方式之一。如上文所述,除了祭祀在远古时期社会生活中占据主导地位之外,庆典也是人们生活的重要内容。它涉及部族个体或群体劳动之余的娱乐,重要节日的仪式、丰收之际的庆贺及部族群体的政治性庆典,包括战争胜利、部族统一、彰显部族联盟首领美德武功的大型庆典等。

在庆典音乐活动中,音乐表演者往往以群体为主,这些参与音乐生产

---

① 《十三经注疏》整理委员会. 十三经注疏·尚书正义 [M]. 李学勤,主编. 北京:北京大学出版社,1999:127-128.

的部族群体（包括部族首领、贵族及部落平民）是音乐传播消费的主体。除此之外，当具有国之大典性质的音乐上演时，整个部族或联盟参与人员都成为音乐的消费群体。

（三）随葬及求偶、婚嫁、生育等日常生活消费

实物性或称物质性音乐产品（如乐器）除了用于日常各种演出之外，常常因财富象征或其他礼制意义、个人诉求而成为随葬品，这也是这一时期音乐传播、消费的主要方式之一。前文已述，在大溪文化晚期、屈家岭文化及薛家岗文化时期，出现了许多制作精良、表面花纹丰富的陶响球，这些陶响球主要分布在贵族的大型墓葬中，而在贫民墓葬中鲜见踪迹。这充分证明当时不仅日常音乐消费的主体是氏族贵族，而且随葬大量乐器的对象也是这些拥有权力、地位及大量财富的氏族贵族。

新、旧石器时代的社会生活由于历史久远，并没有翔实的记录，所以仅凭考古资料不能知晓原始时期人类的日常音乐生活。但是，根据社会学的基本发展规律来看，从旧石器时代到新石器时代，尤其是步入父系社会以来，家庭取代族群成为社会的基本单元，贫富开始分化，阶层由此产生，专门的音乐人员已经出现。因此，社会成员在婚嫁习俗、生育习俗中必然伴随着音乐的传播与消费。参与音乐传播与消费的对象分别是进行求偶活动的双方，行使婚丧嫁娶、生育活动的部族成员及其亲缘家庭。

（四）战争

战争也是音乐传播、消费的方式之一。前文已述，舜统治时期，禹在征战苗夷的过程中，动用70天的音乐才使苗夷降服，就是一个明显的例子。《山海经》载："刑天与帝争神，帝断其首，葬之常羊之山。乃以乳为目，以脐为口，操干戚以舞。"[1] 这虽是传说，但反映了战争与音乐生产、传播之密切关系。从文献记载来看，远古部分乐器的确与战争有着密切关系，如打击乐器——鼓，主要是在战争中萌发、在战争中使用。

战争中的音乐活动，其传播主体既包括专业乐人，也包括士兵。消费对象则涵盖敌我双方，如前文所说征战苗夷使用的音乐，其欣赏主体既包括禹之部族军士，也包括苗夷部落，而战争、庆典的消费主体则是部族军队、部族表演者及其他参与者。

---

[1] 袁珂. 山海经校译 [M]. 上海：上海古籍出版社，1985：192 - 193.

三、音乐生产、传播、消费的成本

旧石器时代由于社会发展的局限,部族社会的主要生活方式是依河流和良田而群居,长途的迁徙比较少见,这就导致整个社会人群的流动范围极为狭窄,人们的活动区域也较为固定。虽然新石器时代出现了社会分工,专业乐人也由此产生,但从事音乐的人员要么是具有神秘地位的巫觋,要么是从属于部落首领的专职艺人,并没有出现以谋生为目的的乐人及其自由流动的现象。因此,这一时期的音乐传播方式相对简单,传播区域也相对固定。

当然,根据考古学研究,在新石器时代中后期,由于农业的继续发展和人口的扩张,到了公元前4000年,在一些地区形成了移民垦荒的浪潮,从而引起了新石器时代文化的大传播及不同文化间的接触、影响与融合。如在渤海湾,一些大汶口文化和龙山文化的农人从山东半岛先后渡海移居到辽东半岛,把山东的史前文化传播到渤海北岸。同样,在东南沿海、长江流域史前文化的发展也有类似的情况。[1]

虽然音乐的直接传播迄今为止还找不到充分证据,但从这一时期玉的传播中似乎能窥探出音乐文化传播的雏形。通过现代学者的研究,玉作为一种艺术品或礼器之后,不仅促进了大溪文化与长江下游的河姆渡文化、良渚文化的交流传播,还使大溪文化居民同四川、江西腹地、广东和位于淮河流域的河南及安徽部分地区,甚至通过中间媒介与长江下游的同时代居民,进行经济文化的交往。[2]

从艺术传播规律来看,在生产力极为低下的新、旧石器时代,一个乐器制造技术出现后,必定有一个漫长的推广、传播、发展完善和继承延续的过程,这一过程必定伴随着一些匠人或艺人的流动和相关乐律文化、表演技艺的传播。如从鸟兽骨骼为材质的乐器,到土制乐器、陶制乐器,再到金属造冶乐器,因此不同技术的产生,必然都伴随着音乐人员的流动、传播。即便是同一种乐器,如贾湖骨笛,如果要使用、流行,也必须伴随着乐器制作者在制作技艺上、乐器表演者在演奏经验上的传播;而每一种音乐,尤其是大型音乐的产生、表演,都需要专业人员的流动与传播。更为重要的是,这些乐器、音乐产品具有独特性或唯一性,不是每个人,甚

---

[1] 白至德. 远古时代:白寿彝史学二十讲[M]. 北京:中国友谊出版公司,2010:82.
[2] 白至德. 远古时代:白寿彝史学二十讲[M]. 北京:中国友谊出版公司,2010:115.

至不是每个氏族都能生产，因而必然会出现像玉及其他手工产品一样，趋于经常的商业或非商业性质的交换。①

虽然新、旧石器时代并没有产生音乐的商业行为，但是在新石器时代中晚期，音乐等同于物质财富的观念已经深入人们的意识。这种观念主要体现在新石器时代的很多墓葬中，已经频繁出现将不同乐器作为礼器和财富标志并进行随葬的现象，这在一定程度上体现了远古时期人类音乐经济观的萌芽。

在此背景下，音乐从生产到传播与消费的循环过程，其成本构成或经济基础显然不能一概而论。

在旧石器时代，音乐、乐器的生产受到生产力水平的制约。据其生产方式来看，成本似乎相对低廉，大量乐器往往是在劳动生活或祭祀活动中就地取材制作。如早期骨哨取材于鸟兽肢骨，其主要是作为捕猎工具；即便是精美的多孔笛，也没有在材质上进行创新。陶响球也基本是对自然界的石材进行简单打制而已。音乐也是人们有感而发的个体或群体的自发性创作，甚至是对自然界的模仿之作。如传说中"伶伦"模仿凤凰之鸣以制作六阳律与六阴律，"质"效山林溪谷之音以制作音乐，等等。当然，从社会发展角度来说，这一时期社会处于"丈夫丁壮不耕，天下有受其饥者，妇人当年不织，天下有受其寒者，故其耕不强者无以养生，其织不力者，无以衣形"②的状态，社会财富极度匮乏。在此背景下，任何音乐的生产都显得成本极高。

在新石器时代，包括祭祀音乐、庆典音乐在内的大部分音乐都是部族首领或联盟首领委托专业乐人而生产的。前文已述，这种生产既有个体也有群体，这实际上是以部族政治资源和部族财富为基础进行的音乐生产。而音乐的传播与表演则需要更多的财富消耗。例如禹在征战苗夷的过程中载歌载舞的表演，持续70天的演出，规模宏大、表演者众多。这一音乐的生产、消费成本显然极为高昂。当然，这背后是以舜为首的部族联盟的财政支出作为后盾的。再如文献记载中舜时期的《韶乐》、禹时期的《大夏》，表演人员众多，遍布庙堂上下；作品结构庞大，连续变化九次；表演形式多样，既有"戛击鸣球，搏拊琴瑟以咏"，又有"下管鼗鼓，合止柷敔，笙镛以间"，还有"击石拊石，百兽率舞"。因此，从制作音乐、舞蹈，到置

---

① 白至德. 远古时代：白寿彝史学二十讲[M]. 北京：中国友谊出版公司，2010：122.
② 转引自王孝通. 中国商业史[M]. 北京：团结出版社，2007：4.

办装备多样的乐器、音乐道具，到建设宏大的表演场地，到蓄养大量的音乐表演者，从长期的音乐练习到演出，每个环节都需要大量的经济支出，而这一庞大的经济支出显然不是个体所能承担的，必然要以部族的雄厚物质条件为基础，并以部族领袖自由调配的权力为前提。

《尚书正义》卷第六"禹贡"载，当时天下分九州，各地均有独特之物产，如兖州盛产漆、丝、织文等，徐州盛产翟、桐（制作琴、瑟的材料）、磬等，扬州盛产金、银、铜、象牙、皮革、羽毛（鸟羽，舞蹈的道具）、兽毛等，豫州盛产磬错（制磬之错），梁州盛产砮磬、熊罴、狐狸织皮等，东夷盛产丝（山桑之丝，坚韧为琴瑟弦者）等。[①] 这就导致如果要生产音乐（乐器），仅仅依靠就地取材简单打制，不仅无法满足需要，也不符合社会发展趋势。因此，想要生产精致的新乐器，必然要进行交换，综合运用各地不同的材料，才能使这些乐器成为稀有物品，也成为贵族财富的象征。而想要实现异地材质汇聚一处，必然要耗费更高的经济成本，这也逐渐产生潜在的商业行为。

当然，因为这类乐器生产成本太高，所以在日常的音乐生产中常常会注意节约成本。如山西襄汾陶寺遗址出土的特磬，考古学者指出，当时陶寺先民曾在大崮堆山采石制磬，而南坡就是一处大型石器制造场。[②] 这说明新石器时代人们已经有意识地控制音乐生产成本，在乐器原材料的基地设立制造工厂，省去材料搬运之环节，从而实现节约成本，最终以成品传播至他处。

第三节 远古时期音乐经济的总体特征

一、音乐生产、传播、消费的主体一致性

原始音乐的基本形式是歌舞一体，音乐的生产（创作与表演）、传播、消费与人们的生产、生活密不可分，从本质上来说，其属于社会生产的一部分，参与社会经济的循环过程，因此，其受制于当时的生产力状况、所

[①] 《十三经注疏》整理委员会. 十三经注疏·尚书正义 [M]. 李学勤，主编. 北京：北京大学出版社，1999：142-156.

[②] 李纯一. 中国上古出土乐器综论 [M]. 北京：文物出版社，1996：31-32.

有制状况、社会经济状况和社会分工发展状况。从整体来看，这一时期的音乐生产者、传播者、消费者在多数情况下是同一的，尤其是在旧石器时代，从音乐的创作到传播、消费各个环节，都呈现出主体一致性的特征。祭祀音乐、早期部族庆典音乐的生产者是传播者，也是消费者。前文已述，这里的"消费"并不具有商业意义上的特征，而是指社会学意义上对社会产品的一种接受或欣赏，消费者即受众。

早期部族群居时代音乐生产的主体具有一致性。正如曾遂今先生所说，大部分音乐的创作者，就是音乐的表演者，也是音乐的接受者。此间，没有台上、台下之分。在部落里，人人都是音乐家，人人都是听众。[①] 但到了新石器时代中晚期，社会阶层的萌发及社会分工的产生，导致了专业音乐生产者和传播者的出现。因此，音乐的生产与消费开始出现了主体非一致性现象。当然，这一时期祭祀音乐的生产、消费过程依然延续三者合一的特征，而大量的庆典音乐及其他音乐出现了以部族首领为权力中心的委托性或指令性音乐生产，也即部族首领、贵族通过提供相应的经济支持和原料供给，委令专业乐人进行音乐生产，以便从专业乐人的生产中获得音乐的所有权和消费权。音乐产品常常以部族或国之庆典名义进行演出，此种情况下，消费群体开始分层并逐渐扩大化。

二、音乐生产、消费的集体性

远古社会结构的基本形态是以群体为单位的氏族部落，氏族部落内部常常以血缘为纽带进行群居生活，氏族成员共同劳动、共同拥有生产资料和生活资料。这种社会生产关系决定了音乐的生产、消费呈现出一种集体性特征。虽然文献记载的诸多传说将原始音乐的生产、传播归为个人行为，但从社会发展的实际来看，音乐的生产很难说是某个人的行为，往往是氏族群体在社会劳动生活中长期发展的结果，即便是宗教音乐活动，也是在氏族群体参与下的集体音乐行为。

当然，不能否认，在新石器时代中晚期，社会阶层的分化导致音乐的消费渐渐出现了等级化现象，这从大溪文化晚期至屈家岭文化、薛家岗三期文化墓葬中的随葬乐器的分布情况可以得到证实：氏族贵族的墓葬往往是大型的，而且有大量精美的随葬乐器；而普通民众的墓葬都是小型的，

---

① 曾遂今. 音乐社会学 [M]. 上海：上海音乐学院出版社，2004：345.

随葬乐器很少，甚至没有。① 这种音乐消费逐渐向氏族贵族集中的现象说明，这一时期音乐生产资料、生产者的所有权已经归属于贵族群体，音乐的生产、消费已经开始从集体化向个体化发展。

三、音乐生产、消费的封闭性

由于生产力的限制，新、旧石器时代的部落主要分布在北方的黄河流域、南方的长江流域。从考古实物来看，仰韶文化与河姆渡文化之间的传播交流相对较少，这说明当时氏族之间的迁徙和交流相对困难，社会成员的活动主要局限于部族固定区域内。从音乐的生产、传播来看，主要局限于单一、狭小地域内的交流，缺少不同地域音乐（乐器）相互传播或单一方向传播的实例。因此，这种群居时代的生产力状况、地理分布、社会结构性质决定了这一时期音乐生产与消费的相对封闭性、音乐传播的近距离性，以及以部族或聚落群体为单位的内向性。

四、音乐生产、消费的单一性

远古音乐与部族成员的生产生活有紧密联系，音乐生产与消费方式相对单一。与巫觋相关的宗教性音乐大多是为了精神需要而进行的自发性音乐生产，其目的也仅仅是满足部族成员自我精神的需要。部族政治背景下的大型音乐生产大多是委托性或指令性音乐生产。专业乐人从属于部族领袖，在部族政治要求下进行音乐生产，其生产目的是维护部族统治。音乐消费的对象也是部族政治体系下的人员，从而维护部族领袖的意志。因此，随着生产力的发展，从就地取材到以打制、磨制为基本手段生产乐器，再到制陶、冶炼技术的初步运用，这些都体现了乐器生产的单一性。生活在固定区域内的部族成员缺乏更广阔范围内的流动性，部族内部的宗教性场所、公共场所是音乐消费的基本场所，祭祀与庆典则是音乐消费的主要方式。总之，原始音乐的生产方式主要体现在自发性音乐生产和制约性音乐生产上，并没有出现商业性音乐生产。

五、音乐生产、传播、消费对生产力水平、社会经济发展具有高度依赖性

原始音乐生产、消费的各个环节严重受制于生产力水平和社会经济发

---

① 白至德. 远古时代：白寿彝史学二十讲［M］. 北京：中国友谊出版公司，2010：113.

展状况。旧石器时代的生产力水平、生产模式决定了音乐生产与消费的群体性，决定了乐器生产只能就地取材、简单加工；新石器时代经济的发展推动了音乐生产模式的变化和乐器生产技术的创新。随之而来的是部族联盟体系下的委约式音乐生产、政治目的下的群体性音乐消费，精确磨制、陶制及金属冶造成为乐器生产的主要方式。农业技术的提高使不同地域出现了稳定的农耕文化，经济的稳定推动了不同区域的生产技术、生产资料及部族文化的传播与交流，这在一定程度上提高了音乐生产的水平、推动了音乐传播的范围，扩大了音乐消费的群体，当然，也带来了音乐生产成本的提高。因此，远古时期音乐的生产、传播、消费对经济发展具有高度依赖性，反之亦说明生产力水平、社会经济发展制约着音乐的生产、传播、消费，即有什么样的经济关系就会衍生出与之相适应的音乐生产及消费方式。

六、音乐生产、消费的非商业性

远古音乐的生产、消费与社会生产关系状况密不可分。在旧石器时代，甚至更早的时候，部族成员内部是平等的社会关系，人们共同劳动，共同占有生产资料，社会经济中不存在商业行为，也没有专业的乐人或专职从事乐器制造的手工业者。因此，在音乐生产、消费的各个环节中，包括具有特殊地位的部族首领、巫觋在内，全社会成员共同创造音乐，共同参与音乐传播，共同享用音乐。音乐作为一种社会产品是人们在日常生产生活中，为了满足自身精神需要，而进行的一种具有自给自足性质的生产与消费。音乐产品或音乐生产资料由全体部族成员共同、平等拥有。

从旧石器时代到新石器时代，再到精细石器、铜石并用时代，生产力的发展推动了社会政治结构、经济结构的变化，尤其是政治体系从部族到部族联盟，从母系氏族社会到父系氏族社会之后。先进的生产力导致了新的生产关系的出现，家庭成为社会的基本单位，社会财富开始出现不均衡的现象，并逐渐在部分权力者手中聚集，从而出现了贵族阶层。贫富分化及社会分工导致了音乐生产的专业化、音乐消费的等级化。贵族及部族领导者拥有生产资料和制造音乐的权利，拥有享用音乐的经济基础，并将音乐作为财富、地位的象征，通过不同的随葬乐器来彰显音乐的物质价值。贫民则与此相反，没有多余的财富来享用特定音乐，无法通过音乐消费来实现音乐的经济价值，甚至成为音乐生产者。因此，音乐的生产与消费开始呈现出等级化与不平衡性。当然,这是原始社会向奴隶社会演进的必然结果。

新石器时代中晚期出现的音乐生产、消费的等级化或不平衡性的现象,并不意味着音乐生产具有商业目的,或者说音乐在传播、消费的过程中存在着商业行为。这一时期的音乐生产、消费依然是非商业性的,主要原因是这一时期的社会主体还是生产资料部族共有。家庭单位的产生和贫富分化的出现,使得部分专业乐人或音乐、乐器材料成为贵族的私有生产资料,其音乐生产目的仅仅是为了满足贵族成员自我的需要,并不存在商业行为。大量的手工业者或乐人所进行的音乐生产也不是为了交换或获得商业利益,而是延续旧石器时代自我需要式的生产与消费,其所进行的委托式音乐生产虽然耗费了委托者大量的财富,但是不存在商业行为,其本质是以部族为单位而进行的具有国家性的自我满足式生产与消费。

第二章　夏商周时期的音乐经济

我国自夏代进入文明社会，夏商周断代工程确定奴隶制国家体系诞生。文字可考的历史自夏代（前2070年—前1600年）开始，代之而起的是商代（前1600年—前1046年）、西周（前1046年—前771年），这是我国早期文明的主体阶段，也是我国奴隶制时代从产生到鼎盛的时期。春秋（东周）、战国是奴隶制瓦解时期。秦汉以后则步入封建时代。因此，本章主要探讨的是奴隶社会产生到鼎盛时期——夏、商、周（西周）三代的音乐经济发展状况。

进入奴隶社会，生产技术得到进一步提高，青铜造冶技术的产生和应用成为这一时期生产力发展的重要体现。与此同时，商业经济萌芽产生并得到发展。《周易正义》卷第八"系辞下"中明确记载，在远古部族时代的庖牺氏、神农氏统治时期，社会发展已经出现"日中为市，致天下之民，聚天下之货，交易而退，各得其所"①的现象。自第一个奴隶制国家——夏建立以来，经济得到进一步发展，社会形成了严格的等级分化，大量社会财富积聚在奴隶主手中，而商业行为也渐趋扩大化和定型化。文献与考古史料已经证实，商代已经产生了真正的货币——南洋子安贝。商代后期铜器铭文中频繁出现有"囚（俘获）贝""锡（赐）贝""商（赏）贝"等

---

① 《十三经注疏》整理委员会. 十三经注疏·周易正义[M]. 李学勤, 主编. 北京：北京大学出版社, 1999：299.

诸多记载，证明这种货币的盛行。王国维先生进一步考证了这类货币的计量体系，曰："古制贝玉皆五枚为一系，合二系为一珏，若一朋。"① 考古发现的河南偃师商城遗址、河南郑州商城遗址及湖北黄陂盘龙城遗址等，也充分证明了奴隶制国家城市的形成，商业的产生。② 《周易正义》卷第三"无妄"曰："不耕获，不菑畬，则利有攸往。"③ 《礼记》有"殷人贵富"等记载，表明当时已经形成了商人阶层。不仅如此，周代商业经济行为更为规范，如《周礼》载："大市以质，小市以剂，质剂皆券也，质长而剂短，大市人民牛马之属也，则用长券，小市兵器珍异之属也，则用短券。"④ 《周易正义》卷第四"大壮"就记载了商殷时期王亥去易国贩羊的商业实例，其辞云："六五：丧羊于易，无悔。"⑤

奴隶主贵族阶层的形成推动了社会音乐经济的发展，音乐生产、传播、消费的循环过程更为明晰，而拥有大量财富的奴隶主贵族则左右着这一循环过程的方向。新的手工技术的产生推动了乐器生产技术的变革，为乐器的传播、消费带来新的动力，也同时影响着整个音乐的生产消费模式。

总之，奴隶社会生产力的大力发展推动了青铜技术的应用，手工业和畜牧业也有了明确分工，商品生产、流通和交换已经产生并获得大力发展。但此时社会生产主体依然是农业，其宗教信仰、文化艺术均与此密切相关。

第一节　夏商周时期的音乐生产

一、音乐生产者

（一）巫觋

夏商周时期虽然是奴隶社会，出现了专门的乐人，但由于生产力的局限，社会依然延续着部族社会的宗教活动，甚至更为普遍和深刻，巫觋在

---

① 王国维. 观堂林集［M］. 北京：中华书局，1959：162.
② 冷鹏飞. 中国古代社会商品经济形态研究［M］. 北京：中华书局，2002：18.
③ 《十三经注疏》整理委员会. 十三经注疏·周易正义［M］. 李学勤，主编. 北京：北京大学出版社，1999：116.
④ 王孝通. 中国商业史［M］. 北京：团结出版社，2007：21.
⑤ 周振甫. 周易译注［M］. 北京：中华书局，1991：212.

社会中仍然具有特殊地位。如，巫觋的概念严格意义上是从商代开始产生，商王朝甚至专设卜官制度，甲骨文有"多卜""左卜""右卜""小卜"之称；除此之外，还有祝官，甲骨文卜辞中经常能见到卜问祝寿的内容。

因此，在娱神与娱人的交互中，巫觋依然是社会音乐的主要生产者之一。当然，这一时期巫觋音乐生产根据社会阶层的不同，可以分为国家层面和民间层面。在国家层面上，出现了用来祭祀天地、四望、祖先的六代乐舞。如用黄帝之乐《云门》祭祀天神，尧之乐《大咸》祭祀地示，舜之乐《九韶》祭祀四望，禹之乐《大夏》祭祀山川，商之乐《大濩》祭祀先妣，周之乐《大武》祭祀先祖。商代除了产生国家性质的大型宗教音乐《大濩》之外，还产生了商族祭祀其图腾（玄鸟）和先妣简狄的大型宗教音乐《桑林》。在民间层面上，巫觋音乐则更为纷繁，商代民间巫风盛行，甲骨文卜辞中有许多与求雨有关的宗教活动记载，如《羲舞》《雩舞》，都是祈雨的仪式。由于商代以农业经济为主，人们常常将祭祀音乐与大自然之干旱、降雨之间进行神秘联系，正如《说文解字》云："'雩，夏祭乐于赤帝，以求甘雨也'。郑玄注云，雩，吁嗟求雨之祭也。"① 郭沫若等学者也认为商代降神祈雨是十分普遍而且盛行的歌舞形式。② 《魌舞》，《说文解字》云："魌，丑也。今逐疫有頼头。"结合甲骨文字形考证，魌即古代宗教活动者方相，《魌舞》就是以方相为表演主体，在驱鬼逐疫仪式中进行的假面舞蹈。《周礼注疏》卷第三十一"夏官司马下"载："方相氏掌蒙熊皮，黄金四目，玄衣朱裳，执戈扬盾，帅百隶而时难，以索室殴疫。大丧，先柩；及墓，入圹，以戈击四隅，殴方良。"③ 由此可见，《周礼注疏》对方相舞的描述，与这一时期的另一种宗教性音乐《傩舞》基本类似。

《礼记正义》卷第五十四"表记"载："殷人尊神，帅民以事神。"可以想见，当时的宗教祭祀舞蹈场面盛大、人数众多，在这些宗教活动中，音乐的生产者就是宗教活动仪式的主持者。卜辞中保留了一些巫觋的名字。

如《多老》："乎（呼）多老舞。勿呼多老舞。王占曰：其生雨。"据考证，多老是巫师的一种，以巫师的名称来命名音乐，说明此舞的创作与宗教有着密切关系。

---

① 许慎. 说文解字 [M]. 北京：中华书局，1963：242.
② 刘再生. 中国古代音乐史简述：修订版 [M]. 北京：人民音乐出版社，2006：45.
③ 《十三经注疏》整理委员会. 十三经注疏·周礼注疏：上、下 [M]. 李学勤，主编. 北京：北京大学出版社，1999：826–827.

商代还有一类主要从事音乐工作的人叫"万",根据裘锡圭先生研究,甲骨文中的"万"有时作为动词,类似祭名,更常见的是用为人的名称。如:

☐乎(呼)万舞(舞)。
王其乎戍霏盂,又(有)雨。惠万霏盂田,又雨。①

因此,《尚书》所载"恒舞于宫,酣歌于室,时谓巫风"的景象,彰显了这一时期巫觋等宗教活动者已经是音乐生产的重要力量之一。

(二)乐人

乐人阶层的形成是奴隶制国家社会分工进一步发展的结果。专业乐人成为这一时期音乐生产的主要力量。《吕氏春秋》仲夏纪载"古乐"篇,禹命皋陶作为《夏籥》九成,以昭其功;殷汤命伊尹作为《大护》,歌《晨露》,修《九招》《六列》,以见其善。②《墨子》卷八"非乐上"载:"启乃淫佚康乐,……渝食于野,万舞翼翼。"③汉代刘向《古列女传》卷七"孽嬖传"载:"桀既弃礼义,淫于妇人,求美女积之于后宫,收倡优侏儒狎徒能为奇伟戏者,聚之于旁,造烂漫之乐。"④《管子》卷第二十三"轻重甲"载,夏桀时期"女乐三万人,端噪晨乐,闻于三衢"。⑤从"万舞翼翼"到"女乐三万",说明夏代末期,统治者为了满足自我享乐需要,进一步扩充了专业乐人团体,丰富音乐生产的内容。

商代统治者为了避免夏之淫乱,商汤甚至一度下令禁止奴隶主贵族们娱乐与饮酒,从而制止专业音乐人员的极度膨胀,但后任者并没有坚持这一禁令,而是走向另一个极端,进一步呈现出奢靡的状况。如商纣王大量扩充专业乐人,《史记》卷三"殷本纪"载:"……使师涓作新淫声,北里之舞,靡靡之乐。……大冣乐戏于沙丘,以酒为池,县肉为林,使男女倮相逐其间,为长夜之饮。"⑥1950年发掘的武官村殷墟大墓中有女性骨架二

---

① 裘锡圭. 裘锡圭学术文集:第1卷:甲骨文卷[M]. 上海:复旦大学出版社,2012:48.
② 冀昀. 吕氏春秋[M]. 北京:线装书局,2007:105-106.
③ 吴毓江. 墨子校注[M]. 孙启治,点校. 北京:中华书局,1993:383.
④ 刘向. 古列女传[M]. 北京:中华书局,1985:189.
⑤ 黎翔凤. 管子校注[M]. 梁连华,整理. 北京:中华书局,2004:1398.
⑥ 司马迁. 史记[M]//中华书局编辑部."二十四史"(简体字本). 北京:中华书局,2000:76-77.

十四具,葬品中又有乐器和小铜戈。考古证明这二十四具女尸应为随葬的舞伎。① 历史上还记载了一些著名的乐师,如《史记》载,武王伐纣前夕,"殷之大师、少师乃持其祭乐器奔周"。

专业乐人除了进行音乐创作之外,还要进行音乐的表演和教习,这都属于音乐生产范畴。夏商周三代,专业乐人团体不断扩大,统治者为了满足统治阶层的娱乐需求,以及治理国家的需要,专门设立了管理乐人的机构,并由此派生出乐官文化体系。《礼记正义》卷三十一"明堂位"载:"瞽宗,殷学也。"《殷墟文字乙编》第2 373号卜辞有"贞:呼取舞臣廿"的记载,大意是叫二十个舞臣来参加祭祀舞蹈。这说明商代已经开始对专职乐人进行系统分类,舞臣二十人显然是以表演祭祀音乐为主的专职乐人,官方将其社会身份属性界定为"舞臣"。至于其他从事创作、表演的乐人,文献虽没有专门记载,但据此类推也应该有固定的称谓。

到了周代,乐官体系逐渐完善。西周时期在春官之下设立大司乐作为专门的乐人管理机构,最高领导为大司乐。政府通过各种制度将专职乐人纳入国家管理体系,并将乐人划分为不同的级别,从而进行音乐生产与传播。

根据《周礼》记载,仅周代宫廷正式在册的乐人及其工作人员确切可考的有1 463人,这其中还不包括表演民间音乐的"旄人"。从社会阶层来看,在这些专职的音乐生产者中,低等贵族成员较少,属于乐官层,共112人,分中大夫、下大夫、上士、中士、下士五个等级。奴隶阶层的人员是主体,多达1 351人,根据其职能、地位又分为胥、徒、上瞽、中瞽、下瞽、眡瞭、乐师、舞者等。具体如下:

大司乐,中大夫二人;乐师,下大夫四人;上士八人,下士十六人。府四人,史八人,胥八人,徒八十人。

大胥,中士四人;小胥,下士八人。府二人,史四人,徒四十人。

大师,下大夫二人;小师,上士四人;瞽矇,上瞽四十人,中瞽百人,下瞽一百六十人;眡瞭三百人。府四人,史八人,胥十二人,徒百二十人。

典同,中士二人,府一人,史一人,胥二人,徒二十人。

磬师,中士四人,下士八人,府四人,史二人,胥四人,徒四

---

① 郭宝钧. 一九五〇年春殷墟发掘报告[J]. 中国考古学报,1951(00):13-14.

十人。

钟师，中士四人，下士八人，府二人，史二人，胥六人，徒六十人。

笙师，中士二人，下士四人，府二人，史二人，胥一人，徒十人。

镈师，中士二人，下士四人，府二人，史二人，胥二人，徒二十人。

韎师，下士二人，府一人，史一人，舞者十有六人，徒四十人。

旄人，下士四人，舞者众寡无数，府二人，史二人，胥二人，徒二十人。

籥师，中士四人，府二人，史二人，胥二人，徒二十人。

籥章，中士二人，下士四人，府一人，史一人，胥二人，徒二十人。

鞮鞻氏，下士四人，府一人，史一人，胥二人，徒二十人。

典庸器，下士四人，府四人，史二人，胥八人，徒八十人。

司干，下士二人，府二人，史二人，徒二十人。①

《周礼》强调除此之外，还有专职的教官之属：

大司徒，卿一人；小司徒，中大夫二人。乡师，下大夫四人。上士八人、中士十有六人，旅下士三十二人。府六人，史十有二人，胥十有二人，徒百有二十人。

……

鼓人，中士六人，府二人，史二人，徒二十人。

舞师，下士二人，胥四人，舞徒四十人。

……

闾师，中士二人，史二人，徒二十人。

……

质人，中士二人，下士四人，府二人，史四人，胥二人，徒二十人。②

---

① 《十三经注疏》整理委员会. 十三经注疏·周礼注疏：上、下 [M]. 李学勤，主编. 北京：北京大学出版社，1999：439-444.
② 《十三经注疏》整理委员会. 十三经注疏·周礼注疏：上、下 [M]. 李学勤，主编. 北京：北京大学出版社，1999：223-231.

《周礼》详细记载了各级乐官和音乐生产者的具体职能和工作内容，如：

> 大司乐掌成均之法，以治建国之学政，而合国之子弟焉。……以乐德教国子：中、和、祗、庸、孝、友。以乐语教国子：兴、道、讽、诵、言、语。以乐舞教国子：舞《云门》《大卷》《大咸》《大磬》《大夏》《大濩》《大武》。以六律、六同、五声、八音、六舞大合乐，以致鬼神示，以和邦国，以谐万民，以安宾客，以说远人，以作动物。①
> ……
> 乐师掌国学之政，以教国子小舞。凡舞，有帗舞，有羽舞，有皇舞，有旄舞，有干舞，有人舞。教乐仪，行以《肆夏》，趋以《采荠》，车亦如之。环拜以钟鼓为节。凡射，王以《驺虞》为节，诸侯以《狸首》为节，大夫以《采蘋》为节，士以《采蘩》为节。……
> 大胥掌学士之版，以待致诸子。春入学，舍采，合舞；秋颁学，合声。以六乐之会正舞位，以序出入舞者，比乐官，展乐器。……
> 小胥掌学士之征令而比之，觥其不敬者。巡舞列而挞其怠慢者。……
> 大师掌六律六同，以合阴阳之声。……教六诗：……
> 小师掌教鼓鼗、柷、敔、埙、箫、管、弦、歌。……
> 瞽矇掌播鼗、柷、敔、埙、箫、管、弦、歌。讽诵诗，世奠系，鼓琴瑟。掌《九德》《六诗》之歌，以役大师。
> 视瞭掌凡乐事播鼗，击颂磬、笙磬。掌大师之县。……
> 典同掌六律六同之和，以辨天地四方阴阳之声，以为乐器。……
> 磬师掌教击磬，击编钟。教缦乐、燕乐之钟磬。凡祭祀，奏缦乐。
> 钟师掌金奏。凡乐事，以钟鼓奏九夏：《王夏》《肆夏》《昭夏》《纳夏》《章夏》《齐夏》《族夏》《祴夏》《骜夏》。凡祭祀、飨食，奏燕乐。凡射，王奏《驺虞》，诸侯奏《狸首》，卿大夫奏《采蘋》，士奏《采蘩》。掌鼙，鼓缦乐。
> 笙师掌教龡竽、笙、埙、籥、箫、篪、笛、管，舂牍、应、雅，以教祴乐。凡祭祀、飨射，共其钟笙之乐，燕乐亦如之。大丧，廞其乐

---

① 《十三经注疏》整理委员会. 十三经注疏·周礼注疏：上、下 [M]. 李学勤，主编. 北京：北京大学出版社，1999. : 573 - 578.

器；及葬，奉而藏之。大旅，则陈之。

镈师掌金奏之鼓。凡祭祀，鼓其金奏之乐。飨食、宾射亦如之。军大献，则鼓其恺乐。凡军之夜三鼜，皆鼓之，守鼜亦如之。大丧。廞其乐器，奉而藏之。

韎师掌教韎乐。祭祀则帅其属而舞之。大飨亦如之。

旄人掌教舞散乐，舞夷乐，凡四方之以舞仕者属焉。凡祭祀、宾客，舞其燕乐。

籥师掌教国子舞羽龡籥。祭祀则鼓羽龡之舞。宾客飨食，则亦如之。大丧，廞其乐器，奉而藏之。

籥章掌土鼓豳籥。中春昼击土鼓，龡《豳诗》以逆暑。中秋夜迎寒，亦如之。凡国祈年于田祖，龡《豳雅》，击土鼓，以乐田畯。国祭蜡，则龡《豳颂》，击土鼓，以息老物。

鞮鞻氏掌四夷之乐与其声歌。祭祀，则龡而歌之。燕亦如之。

典庸器掌藏乐器、庸器。及祭祀，帅其属而设筍虡，陈庸器。飨食、宾射，亦如之。大丧，廞筍虡。

司干掌舞器。祭祀，舞者既陈，则授舞器。既舞则受之。宾飨亦如之。大丧，廞舞器。及葬，奉而藏之。①

封人掌设王之社壝，……歌舞牲，及毛炮之豚。……

鼓人，掌教六鼓、四金之音声，以节声乐，以和军旅，以正田役。教为鼓而辨其声用，以雷鼓鼓神祀，以灵鼓鼓社祭，以路鼓鼓鬼享，以鼖鼓鼓军事，以鼛鼓鼓役事，以晋鼓鼓金奏，以金錞和鼓，以金镯节鼓，以金铙止鼓，以金铎通鼓。凡祭祀百物之神，鼓兵舞、帗舞者。凡军旅，夜鼓鼜，军动，则鼓其众，田役亦如之。救日月，则诏王鼓。大丧，则诏大仆鼓。

舞师，掌教兵舞，帅而舞山川之祭祀；教帗舞，帅而舞社稷之祭祀，教羽舞，帅而舞四方之祭祀；教皇舞，帅而舞旱暵之事。凡野舞，则皆教之。凡小祭祀，则不兴舞。②

当然，乐官除负责管理音乐生产者之外，还负责音乐的创作。《竹书纪

---

① 《十三经注疏》整理委员会. 十三经注疏·周礼注疏：上、下 [M]. 李学勤，主编. 北京：北京大学出版社，1999：596-634.
② 《十三经注疏》整理委员会. 十三经注疏·周礼注疏：上、下 [M]. 李学勤，主编. 北京：北京大学出版社，1999：311-320.

年》卷七"帝禹"记载了西周初期二十余年间的音乐创作记录,其云:武王二年,"作大武乐";成王八年,"作象舞";康王三年,"定乐歌"。

由此可见,夏商周三代专业乐人已经成为固定阶层,其主体构成是奴隶,还有少量的低等贵族。周代所形成的乐官管理体系、音乐教习和音乐生产制度标志着这一时期乐人已经成为音乐生产的主体,这种音乐生产涉及音乐的创作、表演、教学、管理各个方面。当然,专业乐人的增多与巫文化的逐渐解体,巫觋逐渐远离音乐娱乐职能有着密切关系。

(三)奴隶主贵族

夏商周三代是奴隶社会产生到鼎盛的时期,奴隶主贵族阶层已经形成,并成为社会财富的主要拥有者,也是音乐消费的主体。在此背景下,部分奴隶主贵族为了满足自身娱乐需求、政治需求或其他目的也主动参与到音乐生产之中,成为音乐生产的一员。对此,文献均有记载,如《尚书正义》载:

> 启与有扈战于甘之野,作《甘誓》。①
> 太康失邦,昆弟五人须于洛汭,作《五子之歌》。②
> 羲和湎淫,废时乱日,胤往征之,作《胤征》。③
> 成汤既没,太甲元年,伊尹作《伊训》《肆命》《徂后》。④
> 成王将崩,命召公、毕公率诸侯相康王,作《顾命》。⑤

郭沫若先生在《卜辞通纂》中提到,卜辞中还记载了在"殷人尊神,帅民以事神"的全民尚巫风气下,商王亲自参加祭祀活动,亲自跳祈雨之舞。

《史记》卷三十八"宋微子世家"也记载了商朝奴隶主贵族进行音乐生产的事例,其云:

---

① 《十三经注疏》整理委员会. 十三经注疏·尚书正义[M]. 李学勤,主编. 北京:北京大学出版社,1999:172.
② 《十三经注疏》整理委员会. 十三经注疏·尚书正义[M]. 李学勤,主编. 北京:北京大学出版社,1999:175.
③ 《十三经注疏》整理委员会. 十三经注疏·尚书正义[M]. 李学勤,主编. 北京:北京大学出版社,1999:180.
④ 《十三经注疏》整理委员会. 十三经注疏·尚书正义[M]. 李学勤,主编. 北京:北京大学出版社,1999:202.
⑤ 《十三经注疏》整理委员会. 十三经注疏·尚书正义[M]. 李学勤,主编. 北京:北京大学出版社,1999:494.

> 箕子者，纣亲戚也。……纣为淫泆，箕子谏，不听。人或曰："可以去矣。"箕子曰："为人臣谏不听而去，是彰君之恶而自说于民，吾不忍为也。"乃被髮详狂而为奴。遂隐而鼓琴以自悲，故传之曰箕子操。……其后箕子朝周，过故殷虚，感宫室毁坏，生禾黍，箕子伤之，欲哭则不可，欲泣为其近妇人，乃作麦秀之诗以歌咏之。其诗曰："麦秀渐渐兮，禾黍油油。彼狡僮兮，不与我好兮！"所谓狡童者，纣也。殷民闻之，皆为流涕。①

辅佐周天子治理天下的周公旦也擅长音乐，《吕氏春秋》载，武王继位之后，乃命周公为作《大武》。② 比较具有传奇色彩的是西周第五代王侯——周穆王，据《穆天子传》载，周穆王自身音乐水平高超，在西行过程中，所到之处都举行大型的音乐演出，并带回大量具有异域风情的音乐及表演者。虽然《穆天子传》所载非信史，但也反映了当时奴隶主贵族频繁参与音乐生产、传播，并在这一过程中起主导作用的现象。

当然，这一时期奴隶主贵族参与音乐生产、传播，有着深刻的社会原因。

首先，得益于在不同社会的文化意识形态影响下的贵族阶层对音乐的价值认知，即所谓夏尚忠，商尚质，周尚文，国之大事，在祀与戎；所谓五音六律以致鬼神示，以和邦国，以谐万民，以安宾客，以悦远人，以作动物。

其次，得益于奴隶主贵族自身的文化与素养教育，尤其是周代所形成的制度化乐教体系。如《周礼》所载，大司乐掌成均之法，以治建国之学政，而合国之子弟焉。以乐德教国子：中、和、祗、庸、孝、友。以乐语教国子：兴、道、讽、诵、言、语。以乐舞教国子：舞《云门》《大卷》《大咸》《大磬》《大夏》《大濩》《大武》。在此背景下，奴隶主贵族拥有比较高的艺术修养，参与音乐的生产不仅仅是出于治国之需，还是自身的娱乐审美需求。

最后，得益于制度化的礼乐体制。如周代规定了奴隶主贵族的社会活动（郊社、宗庙、宫廷礼仪、乡射、乡饮酒、军事大典等）都存在音乐的

---

① 司马迁. 史记［M］//中华书局编辑部."二十四史"（简体字本）. 北京：中华书局，2000：1334，1342.

② 冀昀. 吕氏春秋［M］. 北京：线装书局，2007：107.

规定程式，这促使参与或组织、主持各类活动的奴隶主贵族必须拥有不同类别的音乐生产能力，才能主导、参与各种仪式活动，从而客观上推动了音乐的生产与传播。

（四）与乐器生产有关的手工业者

商代的手工业生产，全部具有官营性质，所生产的产品直接提供给商王、贵族及各级官僚和官府机构使用，国家对手工业者实行集中管理。卜辞中经常出现的"多工""宗工""百宗工"等，都是负责管理官营手工业的官员。为了垄断手工业技艺，国家对手工业者的身份实行严格控制，这就形成了不少世代相传的、掌握了某一门手工业技艺的世家。西周初年分封诸侯，就有不少手工业者世家被封赏给畿外诸侯。显然，由于地位的特殊性，这些身份受到严格控制的手工业者，不能完全以奴隶视之。

从音乐发展的历史来看，西周时期乐器的生产已经形成了相当大的规模，出现了专业的乐器分类方法，即"八音分类法"。结合现今的乐器遗存来看，当时的乐工已经将乐器进行系统分类，并认识到乐器材质的重要性，按照乐器制作材料的不同，将乐器分为金、石、土、革、丝、木、匏、竹八类。当然，在这一时期乐器的制造者与音乐表演者具有一定的差异性，应归属于"百工"或"宗工"的范畴。

二、音乐生产方式、目的

奴隶社会的生产关系与原始部族社会有着本质不同，新的生产力决定了生产关系及整个社会生产方式变革，作为社会生产重要内容之一的音乐生产，其生产方式和生产目的也在奴隶制社会所构成的新型生产力与生产关系的发展中呈现出新的特征。

（一）音乐生产方式

1. 奴隶主政治体系下的集约化音乐生产方式

公元前21世纪，夏王朝的建立标志着国家的形成。国家的权力机构由部落时代的单个部落主统治，演化成为以奴隶主为首的奴隶主贵族集团统治，在"王者功成作乐"的观念驱动下，着眼于国家政治统治需要、奴隶主贵族自我娱乐需要，夏商周三代的音乐生产形成了以国家政治体系主导下的集体音乐生产模式。这种生产模式的本质是以国家行政命令为手段，运用国家资源，通过国家蓄养的奴隶阶层的专职乐人与部分贵族阶层音乐生产者相结合的方式，以集体为单位而进行的音乐生产，其生产目的是满足整个国家（奴隶主贵族集团）的需要。由于是以奴隶主贵族集团为主导，他们拥有对音乐生产资料、音乐生产者的绝对所有权和支配权。因此，这种耗资巨大、集体生产、国家性质的大型音乐产品，也成为这一时期整个社会音乐生产的主体。

具体来说，从夏王朝开始，为了稳固统治，弘扬统治者的功绩，历代统治者举国之力组织生产了诸多大型音乐，如夏代产生国家祭祀音乐《大夏》，用以歌颂大禹治水的丰功伟绩；商代产生《大濩》，用以歌颂商汤伐桀之事；周代产生《大武》，用以歌颂武王伐纣之伟绩。这都是国家政治意志的体现，是奴隶主统治者主导下的集体音乐生产。随后，周代将这些音乐连同黄帝时期的《云门》、尧时期的《咸池》、舜时期的《韶》统一作为国家祭祀以及奴隶主贵族学习的礼乐，在规范化和制度化的基础上，进行更为广泛的再生产和传播、消费。即便是周代统治者在宴飨、仪式等重要活动中所用的小舞、散乐、四夷之乐、宗教性音乐，其背后依然是国家政治体系主导下的集体音乐生产行为。

2. 等级化、阶层化音乐生产方式

所谓等级化、阶层化音乐生产方式，是指夏商周三代社会阶层泾渭分明，在奴隶主统治下，音乐的生产也呈现出明显的等级化、阶层化。这种等级化、阶层化体现在三个方面。

其一，音乐生产者形成了等级化、阶层化。如《周礼注疏》载："惟王建国，辨方正位，体国经野，设官分职，以为民极。"① 周代乐官按等级划分有大司乐、大司徒、小司徒、大胥、大师、小师、瞽矇、眡瞭、典同、磬师、钟师、笙师、镈师、韎师、旄人、籥师、籥章、鞮鞻氏、典庸器、司干、鼓人、舞师、闾师、质人等。② 这些乐官、乐人的政治级别由高到低可分为：卿、中大夫、下大夫、上士、中士、下士、府、史、胥、徒等。③ 从乐人所隶属的社会阶层来看，不仅有大量的奴隶阶层，也有部分的低级贵族。显然，不同等级、不同社会阶层的音乐人员，必然导致各自按照规定的级别从事相应的音乐生产活动。

---

① 《十三经注疏》整理委员会. 十三经注疏·周礼注疏：上、下[M]. 李学勤，主编. 北京：北京大学出版社，1999：1-5.

② 《十三经注疏》整理委员会. 十三经注疏·周礼注疏：上、下[M]. 李学勤，主编. 北京：北京大学出版社，1999：439-444.

③ 《十三经注疏》整理委员会. 十三经注疏·周礼注疏：上、下[M]. 李学勤，主编. 北京：北京大学出版社，1999：6-8.

其二，音乐产品形成了等级化、阶层化。奴隶社会的性质决定了音乐产品归奴隶主所有，乐人生产者所代表的奴隶阶层以及更为广泛意义上的奴隶阶层是无法享用音乐的。奴隶主贵族为了进一步加强统治，制定了礼乐制度，分别将奴隶主贵族和平民分成不同的等级。不同的等级享用不同的音乐，这就导致音乐产品的等级化、阶层化。如周代规定最高等级的礼乐是六代乐舞，其次是小舞，再次是散乐，最后是四夷之乐。这种音乐等级划分也可以从音乐生产、表演的组织者的级别得以证实，如《周礼》载，奴隶主贵族的高等代表——国子，学习的是六代乐舞和小舞；大司乐主掌教六代乐舞；乐师教小舞，凡射，王奏《驺虞》，诸侯奏《貍首》，卿大夫奏《采蘋》，士奏《采蘩》①；大师掌六律六同；小师掌教鼓鼗、柷、敔、埙、箫、管、弦、歌；瞽矇掌播鼗、柷、敔、埙、箫、管、弦、歌；磬师掌教击磬、击编钟，教缦乐、燕乐之钟磬；钟师掌金奏；笙师掌教吹竽、笙、埙、籥、箫、篪、笛、管、舂牍、应、雅；旄人掌教舞散乐、舞夷乐；鞮鞻氏掌四夷之乐与其声歌；封人掌歌舞牲，及毛炮之豚；鼓人掌教六鼓、四金之音声；舞师掌教兵舞。② 由此可以看出，夏商周三代音乐产品的阶层化、等级化极为明确。

其三，音乐应用的等级化、阶层化。前文已述，周代的礼乐制度不仅明确规定了音乐生产、音乐产品具有典型的等级化、阶层化，而且，音乐的应用也形成了等级化、阶层化。并且，这种等级化、阶层化在周代以国家制度的形式加以规范和定型，作为国家和全体社会成员共同遵守的礼乐行为准则，任何人不能逾越。从文献来看，这种音乐应用的等级化、阶层化主要体现在以下两个方面。

第一，舞队人员及排列应用的等级化、阶层化。《春秋公羊传》载："天子八佾，诸公六，诸侯四。"③ 这规定了不同等级的社会阶层对舞队所用人数和排列方法的基本原则，即规定最高奴隶主——天子，所用的舞队有八队、每队八人；次一级的贵族——诸公，所用舞队是六队，每队六人（一说是每队八人）；委派地方的诸侯所用舞队为四队，每队四人（一说每

---

① 《十三经注疏》整理委员会. 十三经注疏·周礼注疏：上、下 [M]. 李学勤，主编. 北京：北京大学出版社，1999：623 – 626.

② 《十三经注疏》整理委员会. 十三经注疏·周礼注疏：上、下 [M]. 李学勤，主编. 北京：北京大学出版社，1999：314 – 320.

③ 《十三经注疏》整理委员会. 十三经注疏·春秋公羊传注疏 [M]. 李学勤，主编. 北京：北京大学出版社，1999：49.

队是八人)。

第二,所用乐器及其组合排列等级化、阶层化。《周礼注疏》卷二十二"春官宗伯下"载:"正乐县之位,王宫县,诸侯轩县,卿大夫判县,士特县……"① 即周天子享用四面乐队,诸侯三面,卿大夫两面,最低等的贵族士享用一面。

当然,周代也规定了"礼不下庶人",普通平民和奴隶是无法享有音乐。这也鲜明体现了音乐应用的等级化、阶层化。

3. 区域化音乐生产方式

所谓区域化音乐生产,是指在统一的中央集权政府主导下进行集约化音乐大生产的同时,在远离都城的各个地域邦国也根据各自邦国的需要进行音乐生产。这种音乐生产具有一定的封闭性和独立性,其产品具有典型的地域性。

第一个奴隶制国家夏代由禹的儿子启继位建立,废除了传统的禅让制,构建了世袭制的新传统,但整个社会的基本构架还是以部落联盟为主。除了居于统治地位的夏后氏之外,还有有虞氏、有穷氏、有任氏、有莘氏、有缗氏等。东夷有穷氏部落在首领后羿的带领下甚至推翻了夏启之子太康的统治,一度统治夏朝。强盛时期的夏王朝除了"九夷"臣服之外,还设立"九州"。因此,地域化邦国联盟是这一时期国家政治构架和政治版图的基本特征。

商汤取代夏桀完成王朝更替,但是由于国家形态建立在家长制家族公社基础之上,族居是人们的主要居住形态,其内部不能容纳大量的外来人口。因此,旧王朝失败之后,旧王朝的同姓或同族往往还会居住在一起,其内部的组织方式、阶级构成也延续下来,并作为一个新的经济、政治实体继续存在于新的王朝内部。② 根据文献记载,商王为了加强统治先后进行了五次迁徙,其社会基本构架是由商王直辖区以及臣服于商王的各地方国与部族构成,商王朝并不能直接统治这些方国与部族,这些地域化邦国往往拥有较大的自主权利。根据甲骨文献的记载,商代方国的名称见于卜辞者有 70 个左右,比较代表性的有土方、井方、召方、巴方、羌方、印方、

---

① 《十三经注疏》整理委员会. 十三经注疏·周礼注疏:上、下 [M]. 李学勤,主编. 北京:北京大学出版社,1999:605.
② 徐兆昌. 夏商周简史 [M]:福州:福建人民出版社,2002:22.

大方、亘方、鬼方、虎方等。①

为了巩固奴隶主贵族在政治上的垄断和特权地位，维护统治集团内部的稳定和团结，周代实行了以宗法制为基础的分封制。正如《周礼注疏》卷第十"大司徒"所载："凡建邦国，以土圭土其地而制其域：诸公之地，封疆方五百里，其食者半；诸侯之地，封疆方四百里，其食者参之一；诸伯之地，封疆方三百里，其食者参之一；诸子之地，封疆方二百里，其食者四之一；诸男之地，封疆方百里，其食者四之一。"② 史载周初分封了71个国，这些封国大小不等，它们广泛地分布在中原地区，与众多的旧国错杂在一起。比较大的分封诸侯国有：以朝歌为中心的卫国；以商丘为中心的宋国；以曲阜为中心的鲁国；在海、岱之间建立的齐国；在河东地区建立的晋国；在燕山南北和辽西一带建立的燕国；在淮水上游建有姜姓国、息姓国；在唐、白河流域建有申、吕等姜姓国；在太湖沿岸建立有吴国、越国；等等。

这些分封各地的诸侯在自己的领地有各自完善政治体系。因此，每个独立的地域都形成了自己的音乐生产、消费体系，形成具有典型地域特色的音乐产品，如《诗经》对周初到春秋中期15个诸侯国的地域歌舞及其名称有着明确的记载，这展现了地域化音乐生产从萌发到繁盛的过程。与此同时，每一个诸侯国都按照规定向王室进贡，正如《周礼》所云："以九贡致邦国之用：一曰祀贡，二曰嫔贡，三曰器贡，四曰币贡，五曰材贡，六曰货贡，七曰服贡，八曰斿贡，九曰物贡。"③ 显然，在这些贡品之中，包含了大量的乐器。因此，在这种奴隶制国家体系中，由中央集权以行政命令的形式，向地方征集音乐也成为这一时期音乐生产、传播的一种特殊方式，《殷墟书契前编》也证明这种方式的存在，其辞云"氏多乐"，意即向民间征集各种音乐。

另外，周代的区域化音乐生产也涉及除周王室统治下的中原版图之外的四夷地域之乐。这些分布在东西南北地域的夷族，面对强大的周王朝，也在不断地进行着音乐的输送，将本地乐人所生产出的富有夷族特色的音

---

① 徐兆昌. 夏商周简史 [M]：福州：福建人民出版社，2002：69.
② 《十三经注疏》整理委员会. 十三经注疏·周礼注疏：上、下 [M]. 李学勤，主编. 北京：北京大学出版社，1999：254.
③ 《十三经注疏》整理委员会. 十三经注疏·周礼注疏：上、下 [M]. 李学勤，主编. 北京：北京大学出版社，1999：38.

乐，作为贡品，以满足周王室及其分封诸侯贵族的审美需要。正因为普遍存在的地域化的音乐生产方式，周王室才能在宫廷宴飨、祭祀等活动中享用大量的四夷之乐，并将其制度化："鞮鞻氏掌四夷之乐与其声歌。祭祀，则吹而歌之。燕亦如之。"①"旄人掌教舞散乐，舞夷乐，凡四方之以舞仕者属焉。凡祭祀、宾客，舞其燕乐。"②

总之，夏商周三代以王室为中心的诸多地域方国、部族、四夷邦国、诸侯国的出现，及其与中央王室的隶属关系、社会政治经济构架，决定了当时社会音乐的生产呈现出区域化分布，每个相对独立的部族、诸侯国、邦国都拥有相对独立和封闭的音乐生产、消费体系，这与以中央王室为主体的国家音乐生产有着一定差异。当然，这种区域化的音乐生产与当时的社会结构紧密相关，从发展角度来看，夏商周区域化音乐生产方式的萌发也为春秋战国之际的地域化音乐的兴盛奠定了基础。

4. 民间风俗制约下的音乐生产方式

脱胎于远古时代的奴隶制国家夏代，人们的宗教观念依然明显，人与神还不能被严格地区分，帝王及部族首领仍然具有一定的神秘性。如传说中夏启曾三次上天，与神交流，得到天乐；孔甲也驾龙登天见到天帝；夏文化遗址中出土了大量的用猪、牛、羊等动物骨骼制成的卜具。这些都说明当时宗教文化的盛行。

商代更是一个宗教氛围浓郁的时代，巫术、祈禳、占卜和祭祀是人们社会生活的重要内容。从甲骨文来看，商王无论事情的大小，都要进行占卜，向鬼神询问。上至国家大事，下至私人生活，包括祭祀、收成、征伐、天气、田猎、疾病、生育等，几乎是无事不卜。而祭祀活动也是种类繁多，有报、登、肜、御、岁、品、燎、侑、灌、祈、禳、正、告、雩等十数种，一年之内几乎无日不祭祀。祭祀的对象包括天地、祖先和自然神灵等，祭祀的方式有登尝、燔燎、沉水、酌灌、祈祷、伐鼓、歌舞等，祭祀的内容涉及报德、祈福、祈年、祈寿、禳灾、去病、驱傩、祈雨等。③《尚书》云："恒舞于宫，酣歌于室，时谓巫风。"说明在商代社会中，奴隶主贵族常常

---

① 《十三经注疏》整理委员会. 十三经注疏·周礼注疏：上、下 [M]. 李学勤，主编. 北京：北京大学出版社，1999：633.

② 《十三经注疏》整理委员会. 十三经注疏·周礼注疏：上、下 [M]. 李学勤，主编. 北京：北京大学出版社，1999：629.

③ 徐兆昌. 夏商周简史 [M]：福州：福建人民出版社，2002：105-106.

在宫廷恒舞酣歌,整个社会也盛行巫乐之风。

同样,周代也是"周人遵礼,敬鬼神而远之",并以制度的形式固化了天神、地祇、人鬼的祭祀礼仪。如周代盛行用于祭天求雨的乐舞《舞雩》、用于驱疫的乐舞《傩》等。

综上,夏商周三代民间已经形成了固定的、具有宗教性质的风俗,除了国家祭祀音乐之外,民间也在进行着各种各样的与地域风俗有关的音乐活动。如商代重要的祭祀音乐《桑林》,是商族祭祀其图腾(玄鸟)和先妣简狄的音乐。甲骨卜辞文献中也记载了商代民间出现了求雨祭祀音乐、龙舞、祭祖舞、面具舞、伐舞、翼舞等;周代民间出现了蜡祭、傩祭等。这说明在商周之际巫风盛行的社会生活中,业已形成的民间风俗制约下的音乐生产也是社会音乐生产的一种主要方式。

(二)音乐生产目的

1. 祭祀与沟通神人

通过宗教活动,在沟通神人的过程中实现报德、祈福、祈年、祈寿、禳灾、去病、驱傩、祈雨等宗教目的是夏商周三代音乐生产的主要目的。这可以从以下两个层面来阐释。

其一,国家性宗教音乐生产层面。从远古部族嬗变而来的奴隶制国家,虽然生产力得到进一步发展,但以中央王室为首的奴隶主贵族为了加强统治,依然延续远古部族联盟中巫觋与部族首领合二为一,兼具神人能力的宗教观念,通过各种宗教活动来实现邦国统治的政治意图,完成和巩固国家集权的统一。如上文所述夏代敬神、商代重巫、周代重祀,巫风盛行下的宗教活动以及制度化的国家祭祀活动,都需要大量的与此相适应的乐舞、乐器、服饰、道具等。因此,夏商周三代所产生的大型祭祀乐舞,其生产目的都是为了满足以国家为单位的宗教目的。

其二,民间祭祀音乐生产的层面。王室统治下的臣服方国,受封之诸公之地、诸侯之地、诸伯之地、诸子之地、诸男之地的贵族和平民为了实现自我封域内的统治,在地域政权和地域风俗的双重制约下,同样需要进行大量的音乐生产,以满足各类宗教活动,实现沟通神人之目的。

2. 礼制与教化

作为第一个奴隶制国家,夏代在加强集权、建立统一的中央王朝同时,也着手去建立各项典章制度,设置官僚体系。据《礼记》《尚书》记载,当时已有"百官""六卿"之称,其中有掌管天象历法的官员,有掌管农业生产的官员，有掌管国家典法的官员，有征集歌诗、了解民情的官员，有掌管牧畜、膳食、车辆的官员等。商代在汲取夏代灭亡的历史教训基础上，进一步强化社会制度的建设，设立了严格的官僚体系，如《尚书》卷十四"酒诰"记载商代官职："越在外服，侯、甸、男、卫邦伯，越在内服，百僚庶尹惟亚惟服宗工，越百姓里居，罔敢湎于酒。"① 周代形成了相对完善的分封制度、宗法制度、土地制度、官僚制度、刑法制度、军事制度、国野制度、学校制度等。与这些政治制度相适应的是礼乐制度，其贯穿于社会生活的各个方面，与各种社会制度相结合，是社会各种体系制度化的一种表征，也是当时个人重要的生活内容和礼制规范。从个人的出生、死亡到国家的政治生活，到王与诸侯、邦国之内外交往；从军队出征与凯旋，新王继替、旧王死亡，到人才教育与选拔；从宗族活动到乡人聚会；一系列的礼制规定了所需之乐舞、所需之乐器。如周代规定不同级别的人所享用乐器编制是："正乐县之位，王宫县，诸侯轩县，卿大夫判县，士特县"②；所需表演乐舞的人数是："天子八佾，诸公六，诸侯四"③；等等。当然，其制度化的目的是通过类型化的音乐实现其教化功能，即统治者所倡导的"明上下、别尊卑、分级别"。《礼记》甚至说："知声而不知音者，禽兽是也；知音而不知乐者，众庶是也。唯君子能知乐。"既然统治者认为"移风易俗莫善于乐"，乐又是区分君子与众庶的标准，说明乐是人立身之本，是社会统治之基。

因此，从夏商萌发一直到西周时期所固定化的礼制、乐制极大程度上制约了当时社会音乐的生产，礼乐教化就成为三代统治者高举的旗帜。在礼制与教化的需求之下，周代出现了专门性音乐生产，形成后世所谓的五礼用乐：吉礼、凶礼、军礼、宾礼、嘉礼。显然，满足社会教化与礼制需要成为当时社会音乐生产的主要目的之一。

3. 宴飨娱乐

在宴飨之中，配合宴飨礼仪运用音乐，或展示宾主之宴飨意图，或实现宾主宴飨中的欢愉，也是音乐生产的最主要目的之一。

---

① 《十三经注疏》整理委员会. 十三经注疏·尚书正义 [M]. 李学勤，主编. 北京：北京大学出版社，1999：378.

② 《十三经注疏》整理委员会. 十三经注疏·周礼注疏：上、下 [M]. 李学勤，主编. 北京：北京大学出版社，1999：605.

③ 《十三经注疏》整理委员会. 十三经注疏·春秋公羊传注疏 [M]. 李学勤，主编. 北京：北京大学出版社，1999：49.

奴隶制国家的第一位君主似乎在运用举国之力生产音乐以满足自己的宴飨娱乐,《竹书纪年》卷三载:"帝启……十年帝巡狩,舞《九韶》于大穆之野",景象颇为壮观。据《山海经·海外西经》载,启"乘两龙,云盖三层,左手操翳,右手操环,佩玉璜"。但结局却是连上苍也抛弃了他。

夏启之子太康也是一个爱好声色之人,《尚书正义》卷第七"五子之歌"载:

  内作色荒,外作禽荒。甘酒嗜音,峻宇雕墙。有一于此,未或不亡。①

《吕氏春秋》仲夏纪"侈乐"篇载:

  夏桀、殷纣作为侈乐,大鼓、钟、磬、管、箫之音,以巨为美,以众为观,俶诡殊瑰,耳所未尝闻,目所未尝见,务以相过,不用度量。②

显然,后继者夏桀、殷纣等不仅仅是通过音乐来娱乐,同时也在通过音乐娱乐体现奴隶主炫耀财力和权力的意识。

周代在礼乐制度的影响下,对宴飨娱乐有着严格的规定,即宴飨之中不仅对宴飨仪式、音乐表演仪式有着明确的规定,而且对音乐的内容也有着规定。如《周礼》云:上公九献,候、伯七献,子、男五献。但不论如何,在天子、群臣、诸侯等宴飨之中所运用的音乐,其本质上是为宴飨服务,实现"乐以佐食"的娱乐目的。

4. 庆典

与远古时期的音乐生产类似,夏商周时期,由于国家政治统治的需要,具有政治性的庆典活动依然是这一时期音乐生产的目的之一。《吕氏春秋》仲夏纪"古乐"篇载:

  禹立,勤劳天下,日夜不懈,通大川,决壅塞,凿龙门,降通潦水以导河,疏三江五湖,注之东海,以利黔首。于是命皋陶作为《夏籥》九成,以昭其功。

---

① 《十三经注疏》整理委员会. 十三经注疏·尚书正义 [M]. 李学勤, 主编. 北京:北京大学出版社, 1999:178.

② 冀昀. 吕氏春秋 [M]. 北京:线装书局, 2007:105.

皋陶是舜、禹两代的重臣，执掌刑法，让臣僚组织乐人生产国家音乐《夏蘥》九成，本质上是王者功成作乐的体现。《夏蘥》九成作为一种具有政治意义的庆典音乐，其场面盛大恢宏，往往是"八佾而舞"，"皮弁素积，裼而舞"，其根本目的是维护国家统治，弘扬、传播帝王之伟德，实现邦国之统一。

与此类似，周代之《大武》也是一部反映周王伟大武功的音乐，其生产之初的根本目的是实现王朝更替之后的国之庆典，是庆祝王者功成的典范。

5. 情感表达

情感表达是音乐生产的永恒目的之一，每个时代都有大量的音乐产品与生产者的情感表达密切相关。《吕氏春秋》载：

> 禹行功，见涂山之女，禹未之遇而巡省南土。涂山氏之女乃令其妾候禹于涂山之阳，女乃作歌，歌曰"候人兮猗"，实始作为南音。①

显然，传说中南音的产生是禹与涂山氏之女之间情感表达的结果，它彰显了涂山氏之女对禹的款款深情。这也说明音乐情感表达的本质从音乐生产伊始就已经融入了音乐产品之中。

（三）音乐产品类型

1. 宗教性音乐

夏商周三代脱胎于原始社会，宗教性音乐依然繁盛，尤其是商代，巫风尤盛。据说《大夏》《九夏》等都是夏时期国家祭祀性乐舞。《通典》记载，禹作《大夏》。夏，大也。言禹能大尧舜之德。禹命登扶氏为承夏之乐。有钟、鼓、盘、铎、鼗。钟，所以记有德；椎鼓，所以谋有道；击磬，所以待有忧；摇鼗，所以察有（说）。②

甲骨文中记载，商代的祭祀音乐有求雨之舞、驱傩之舞。《殷墟文字甲编》第 2 858 卜辞有"今日众舞"，《殷墟文字乙编》第 2 373 卜辞有"贞：呼取舞臣廿"等相关记载，证明了国家专职音乐艺人——"舞臣"从事祭祀音乐表演在当时已经成为常态。正如《墨子》所云："先王之书，汤之官刑有之曰：其恒舞于宫，是谓'巫风'。"《殷契萃编》记录有一连四天都进

---

① 冀昀. 吕氏春秋 [M]. 北京：线装书局，2007：117.
② 杜佑. 通典 [M]. 北京：中华书局，1984：1885.

行祭的卜辞，有时商王亲自参加。祭祀音乐内容多样，涉及征战、田猎、疾病、干旱、年景、用牲、分娩等，形式多样、华丽丰富。① 据考证，《大濩》《桑林》《商》《祴》都是这一时期具有部族国家性质的祭祀乐舞作品，其中《大濩》是歌颂商代开国君主汤的祭祀乐舞，类似《大夏》；《桑林》原是祈雨乐舞，后来常用为祭祖之乐；《祴》早期为战争乐舞，后主要在宗庙祭祀中所用。

《诗经》中也有五篇（《那》《烈祖》《玄鸟》《长发》《殷武》）关于乐舞的记载，据说是商人祭祀先王的乐舞，如首篇《那》的歌词一定程度展现了商代祭祀乐舞的宏大场面：

> 猗与那与，置我鞉鼓。奏鼓简简，衎我烈祖。汤孙奏假，绥我思成。
>
> 鞉鼓渊渊，嘒嘒管声。既和且平，依我磬声。於赫汤孙，穆穆厥声。
>
> 庸鼓有致，万舞有奕。我有嘉客，亦不夷怿。自古在昔，先民有作。
>
> 温恭朝夕，执事有恪。顾予烝尝，汤孙之将。②

周代将宗教性音乐赋予了更复杂的社会内涵，广义上来说六代乐舞（黄帝时期的《云门》《大卷》、唐尧时期的《大咸》、虞舜时期的《韶》、夏禹时期的《大夏》、商汤时期的《大濩》及周武王时期的《大武》）都是国家性质的祭祀乐舞，关于其具体使用场合，《周礼》有明确记载：

> 以六律、六同、五声、八音、六舞、大合乐，以致鬼神示，以和邦国，以谐万民，以安宾客，以说远人，以作动物。乃分乐而序之，以祭、以享、以祀。乃奏黄钟、歌大吕，舞《云门》，以祀天神。乃奏大蔟，歌应钟，舞《咸池》，以祭地示。乃奏姑洗，歌南吕，舞《大磬》，以祀四望。乃奏蕤宾，歌函钟，舞《大夏》，以祭山川。乃奏夷则，歌小吕，舞《大濩》，以享先妣。乃奏无射，歌夹钟，舞《大武》，

---

① 刘再生. 中国古代音乐史简述：修订版 [M]. 北京：人民音乐出版社，2006：55 - 56.
② 《十三经注疏》整理委员会. 十三经注疏·毛诗正义：上、中、下 [M]. 李学勤，主编. 北京：北京大学出版社，1999：1432 - 1434.

以享先祖。凡六乐者，文之以五声，播之以八音。①

除了六代乐舞之外，西周时期用于祭祀的还有六小舞，即《帗舞》《羽舞》《皇舞》《旄舞》《干舞》《人舞》。其中《帗舞》用于祭社稷，《羽舞》用于祭山川，《皇舞》用于祈雨，《旄舞》用于祭辟雍，《干舞》用于祭山川。据文献记载，西周时期的四夷乐舞也属于典型的祭祀乐舞，如《周礼注疏》卷二十四"韎师"条云："韎师掌教韎乐，祭祀，则帅其属而舞之。"四夷乐舞的具体内容，根据《周礼注疏》载郑玄注云："四夷之乐，东方曰韎，南方曰任，西方曰侏离，北方曰禁。"

据考证，《诗经》中的《东门之枌》可能也是周代举行社祭时的乐舞作品。② 同样，《诗经》中的《楚茨》《信南山》《甫田》也是当时的宗庙音乐作品。如《甫田》，其辞云：

> 以我齐明，与我牺羊，以社以方。我田既臧，农夫之庆。琴瑟击鼓，以御田祖，以祈甘雨，以介我稷黍，以榖我士女。

《诗经》的《有瞽》云：

> 有瞽有瞽，在周之庭。设业设虡，崇牙树羽。应田县鼓，鞉磬柷圉。既备乃奏，箫管备举。喤喤厥声，肃雍和鸣，先祖是听。我客戾止，永观厥成。

从歌词来看，这是周王大合乐于宗庙时所唱的歌，乐曲规模宏大，乐器丰富多样，表演内容严格遵循礼仪。而据《礼记》记载，这种宗教性音乐，每年三月举行一次。③

2. 娱乐性音乐

夏商周三代生产力得到极大发展，社会财富集中到部分人手中，社会阶层分化，以奴隶主为主的贵族阶层形成并成为统治社会的主体阶层，掌握着社会的劳动资源、生产生活资料。由此，在巨大的财富、权力支撑之下，奴隶主贵族们追求音乐娱乐、沉迷于音乐消费，并为此耗费巨资修建楼台庭院、蓄养歌舞奴隶、引领创作靡靡之乐。在此背景下，娱乐性音乐

---

① 《十三经注疏》整理委员会. 十三经注疏·周礼注疏：上、下 [M]. 李学勤, 主编. 北京：北京大学出版社, 1999：578-584.
② 田仲一成. 中国祭祀戏剧研究 [M] 北京：北京大学出版社, 2008：7-9.
③ 刘再生. 中国古代音乐史简述：修订版 [M]. 北京：人民音乐出版社, 2006：63.

也成为社会音乐生产的一个重要产品类型。

作为第一个真正的奴隶制国家君主,启非常喜欢娱乐性音乐。正如《墨子》卷八"非乐上"所载:

> 启乃淫佚康乐,野于饮食,将将铭,苋磬以力,湛浊于酒,渝食于野,万舞翼翼,章闻于天,天用弗式。①

夏桀时期,娱乐性音乐达到极致,《管子》卷第二十三"轻重甲"载:

> 昔者桀之时,女乐三万人,端噪晨乐,闻于三衢,是无不服文绣衣裳者。伊尹以薄之游女工文绣纂组,一纯得粟百钟于桀之国。夫桀之国者,天子之国也。桀无天下忧,饰妇女钟鼓之乐,故伊尹得其粟而夺之流。此之谓来天下之财。②

显然,三万女乐虽非实数,但其所表演的音乐显然不是单一的,而是多样、繁杂的音乐形式。

当然,夏桀宫廷不仅充斥着靡靡之音,而且还开始生产、表演散乐、百戏。如《古列女传》载:

> 桀既弃礼义,淫于妇人,求美女积之于后宫,收倡优侏儒狎徒能为奇伟戏者,聚之于旁,造烂漫之乐。

从上述文献可以看出,夏代奴隶主贵族们主导下的娱乐性音乐主要是女乐之歌舞、倡优之烂漫之乐、侏儒狎徒之奇伟之戏,如规模庞大的《万舞》,端噪于三衢的女乐歌声,钟鼓之乐,《东哥》之戏,《北里》之舞,《桑林》之乐,靡靡之音。

到了商代,娱乐性音乐得到进一步发展,《史记》卷三"殷本纪"载:

> 帝纣资辨捷疾,闻见甚敏;材力过人,手格猛兽;知足以距谏,言足以饰非;矜人臣以能,高天下以声,以为皆出己之下。好酒淫乐,嬖于妇人。爱妲己,妲己之言是从。于是使师涓作新淫声,北里之舞,靡靡之乐。厚赋税以实鹿台之钱,而盈钜桥之粟。益收狗马奇物,充仞宫室。益广沙丘苑台,多取野兽蜚鸟置其中。慢于鬼神。大冣乐戏

---

① 吴毓江. 墨子校注 [M]. 孙启治,点校. 北京:中华书局,1993:383.
② 黎翔凤. 管子校注 [M]. 梁连华,整理. 北京:中华书局,1993:1398.

于沙丘，以酒为池，县肉为林，使男女倮相逐其间，为长夜之饮。①

这一时期，音乐奴隶及其表演是作为奴隶主及贵族阶层享乐的奢侈品而存在的，没有独立的人格和地位，是一种只有使用价值而无商品价值的音乐产品。最典型的是乐器、乐人都已经成为贵族的重要陪葬物品，如在1950年发掘的武官村殷墟大墓中，发现陪葬的女乐人员有二十四具，乐器和小铜戈若干。②

据《史记》卷四"周本纪"记载，周武王发兵讨伐纣王，宣布他的罪行之一就是"断弃先祖之乐，乃为淫声，用变乱正声，怡悦妇人"。在人类战争史上，以音乐方面的理由作为发动战争道义上的依据，也是闻所未闻。③ 这从另一方面也证明了娱乐性音乐产品在商代的繁盛程度。

3. 功用性音乐

进入奴隶社会之后，统治者越来越意识到音乐在国家统治中的作用，从为政的角度加强了音乐产品的功用性。这类产品的典型特征是具有仪式性或教化性，前者强调了音乐的形式，将音乐与社会礼仪、等级观念融为一体；后者强调音乐的内容，将其等同于移风易俗的工具。因此，这类音乐的娱乐性、艺术性处于次要地位。

尤其是在西周时期，以宗法制度为核心建立了森严的等级制，即"天有十日，人有十等，下所以事上，上所以共神也。故王臣公，公臣大夫，大夫臣士，士臣皂，皂臣舆，舆臣隶，隶臣僚，僚臣仆，仆臣台。马有圉，牛有牧，以待百事"。④在此基础上，从周天子的乐悬之制到诸侯、诸公、卿大夫、士等，不同的等级所享用的乐舞都具有鲜明的仪式性、教化性，同时也兼具一定的娱乐性，因为这是"乐以作食"的主要内容。

《仪礼》对周代燕礼中所用的乐舞作品有着详细记载，其云：

> 工歌《鹿鸣》《四牡》《皇皇者华》。
>
> ……
>
> 笙入，立于县中，奏《南陔》《白华》《华黍》。

---

① 司马迁. 史记 [M] //中华书局编辑部. "二十四史"（简体本）. 北京：中华书局，2000：76-77.
② 郭宝钧. 一九五〇年春殷墟发掘报告 [J]. 中国考古学报，1951 (00)：13-14.
③ 修君，鉴今. 中国乐妓史 [M]. 北京：中国文联出版社，2003：9.
④ 《十三经注疏》整理委员会. 十三经注疏·春秋左传正义：上、中、下 [M]. 李学勤，主编. 北京：北京大学出版社，1999：1237.

……

乃间歌《鱼丽》，笙《由庚》；歌《南有嘉鱼》，笙《崇丘》；歌《南山有台》，笙《由仪》。遂歌乡乐，《周南》：《关雎》《葛覃》《卷耳》；《召南》：《鹊巢》《采蘩》《采蘋》。大师告于乐正曰："正歌备"。①

除了燕礼用乐之外，《仪礼》中也记载了西周时期士冠礼、士昏礼、士相见礼、乡饮酒礼、乡射礼、大射礼、聘礼、公食大夫礼、觐礼、士丧礼、既夕礼、士虞礼等的用乐情况，这充分说明当时功用性乐舞作品的丰富性。

（四）乐器及其相关辅助性音乐产品

从文献与文物史料来看，夏代生产的乐器主要有石磬、陶埙、陶铃、鼍鼓、土鼓等，商代由于青铜冶炼技术的发展，生产了大量的青铜乐器，如：钟、编钟、镈、錞、镯、铙、铎、镛、铃、铜鼓等。商代乐器生产的发展主要体现在三个方面：其一，由单一乐器演进到多乐器组合，如编磬、编钟；其二，乐器发声形式更为复杂，如排箫、龠、鳐、竽、缶等；其三，乐器装饰更为精良和个性化，如河南安阳武官村出土的虎纹大石磬，商代双鸟饕餮纹铜鼓等。

周代的乐器生产技术进一步提高，为了制作和使用的便利，出现了一种按照乐器制作材料进行分类的方法，称为"八音分类法"，这标志着乐器的生产进一步细化，出现了按材质进行分工的生产方式。如金之属、石之属、土之属、革之属、丝之属、木之属、匏之属、竹之属，这实际上进一步促进了乐器生产的专一化。当然，乐器分类方法的产生实际上也是广大乐工在制作实践中的科学总结，以及对乐器材料的系统归纳。如《周礼注疏》卷三十九"冬官考工记"总结云：

郑之刀，宋之斤，鲁之削，吴粤之剑，迁乎其地，而弗能为良，地气然也。燕之角，荆之幹，妢胡之笴，吴粤之金、锡，此材之美者也。②

---

① 《十三经注疏》整理委员会．十三经注疏·仪礼注疏：上、下［M］．李学勤，主编．北京：北京大学出版社，1999：272-276.

② 《十三经注疏》整理委员会．十三经注疏·周礼注疏：上、下［M］．李学勤，主编．北京：北京大学出版社，1999：1061.

不仅如此，周代产业化的分工也使社会进一步认识到生产工人的重要性，《周礼注疏》卷三十九"冬官考工记"云：

> 审曲面埶，以饬五材，以辨民器，谓之百工。……粤无镈，燕无函，秦无庐，胡无弓、车。粤之无镈也，非无镈也，夫人而能为镈也；燕之无函也，非无函也，夫人而能为函也；秦之无庐也，非无庐也，夫人而能为庐也；胡之无弓车也，非无弓车也，夫人而能为弓车也。①

由于生产的专业化，导致社会上出现了以某一种产品而著称的生产者世家，甚至形成了品牌化。如《周礼注疏》卷三十九"冬官考工记"云："攻金之工，筑氏执下齐，冶氏执上齐，凫氏为声，栗氏为量，段氏为镈器，桃氏为刃。"② 随后，《周礼注疏》卷三十九"冬官考工记"又记载了这些负有盛名的乐器制造者及其精良的乐器制造工艺：

> 凫氏为钟，两栾谓之铣，铣间谓之于，于上谓之鼓，鼓上谓之钲，钲上谓之舞。舞上谓之甬，甬上谓之衡。钟县谓之旋，旋虫谓之幹。……钟大而短，则其声疾而短闻。钟小而长，则其声舒而远闻。为遂，六分其厚，以其一为之深而圜之。
>
> ……
>
> 韗人为皋陶，长六尺有六寸，左右端广六寸，中尺，厚三寸，穹者三之一，上三正。……凡冒鼓，必以启蛰之日。良鼓瑕如积环。鼓大而短，则其声疾而短闻；鼓小而长，则其声舒而远闻。
>
> ……
>
> 磬氏为磬，倨句一矩有半。其博为一，股为二，鼓为三。参分其股博，去一以为鼓博；参分其鼓博，以其一为之厚。已上则摩其旁，已下则摩其耑。③

从出土文献来看，乐器的生产具有极强的地域性，以中原地域为核心的商周中央王朝，聚集了大量的乐人，生产了工艺精良的青铜乐器；长江

---

① 《十三经注疏》整理委员会. 十三经注疏·周礼注疏：上、下［M］. 李学勤，主编. 北京：北京大学出版社，1999：1057－1059.
② 《十三经注疏》整理委员会. 十三经注疏·周礼注疏：上、下［M］. 李学勤，主编. 北京：北京大学出版社，1999：1097.
③ 《十三经注疏》整理委员会. 十三经注疏·周礼注疏：上、下［M］. 李学勤，主编. 北京：北京大学出版社，1999：1103－1129.

流域的荆楚文化也以青铜乐器为典型；在赣江流域也曾有着一支与中原商周青铜文明并行发展的土著青铜文化，有着与殷商王朝并存发展的一个地域政权。1989年10月，在新干大洋洲商墓中出土了1件铜镈、3件大铙，工艺极其精良。新干大墓的发现证明了远在3 000多年前，赣江流域的扬越人也形成了蔚为壮观的地域乐器生产。①

第二节 夏商周时期的音乐传播、消费

一、音乐传播、消费的主要场所

（一）奴隶主的宫室、庭院

奴隶主耗巨资建立的宫室、庭院是夏商周时期音乐传播、消费的主要场所。《尚书正义》卷第七"五子之歌"载，夏帝太康建立峻宇雕墙，以进行音乐娱乐。夏桀拥有的三万女乐，服文绣衣裳，端噪晨乐，闻于三衢，显然是在更为广阔的庭院之中进行表演的。《路史》卷二十三"后记"载：

> 广优猱戏奇伟作东哥，而操北里，大合桑林，骄溢妄行，于是群臣相持而唱于庭，靡靡之音。②

显然，除了女乐歌舞、靡靡之音在帝王庭院之中表演，统治者费尽周折搜罗的倡优侏儒也常常按照奴隶主阶级的欣赏趣味，在帝王庭院中进行表演。

当然，帝王庭院也包括奴隶主修建的专门娱乐场所，如商纣王为了进行音乐享乐，耗巨资建鹿台。纣王所建之鹿台，其大三里，高千尺，足见其奢侈。③

（二）奴隶主修建的殿堂

据《周礼》记载，周代的雅乐，尤其是燕礼（包括集会饮酒、乡饮酒

---

① 王子初. 中国音乐考古的十大发现［J］. 星海音乐学院学报，2012（02）：34-49.
② 罗泌. 路史［M］.//文渊阁四库全书光盘版.
③ 司马迁. 史记［M］//中华书局编辑部. "二十四史"（简体字本）. 北京：中华书局，1959：105.

礼)、射仪（练习射箭的集会）、王师大献（庆祝凯旋）、主要在奴隶主修建的殿堂中进行。以明堂为例，史载周人明堂，度九尺之筵，东西九筵，南北七筵，堂崇一筵，五室，凡室二筵。①

《仪礼注疏》详细记载了周代各种乐舞在殿堂中使用的详细过程，代表性的如乡饮酒，具体如下：

> 设席于堂廉，东上。工四人，二瑟，瑟先。相者二人，皆左何瑟，后者，挎越，内弦，右手相。（注：四人，大夫制也。二瑟，二人鼓瑟，则二人歌也。）乐正先升，立于西阶东。工入，升自西阶。北面坐。相者东面坐，遂授瑟，乃降。工歌《鹿鸣》《四牡》《皇皇者华》。卒歌，主人献工。工左瑟，一人拜，不兴，受爵。主人阼阶上拜送爵。……
>
> 笙入堂下，磬南，北面立。乐《南陔》《白华》《华黍》。主人献之于西阶上。一人拜，尽阶，不升堂，受爵，主人拜送爵。阶前坐祭，立饮，不拜既爵，升授主人爵。众笙则不拜，受爵，坐祭，立饮，辩有脯醢，不祭。
>
> 乃间歌《鱼丽》，笙《由庚》；歌《南有嘉鱼》，笙《崇丘》；歌《南山有台》，笙《由仪》。
>
> 乃合乐，《周南》：《关雎》《葛覃》《卷耳》，《召南》：《鹊巢》《采蘩》《采蘋》。
>
> 工告于乐正曰："正歌备。"乐正告于宾，乃降。
>
> ……
>
> 宾出，奏《陔》。②

（三）空旷之地

奴隶主贵族为了某种需要，也常常将音乐的表演场所设定在空旷的牧野之中，如《墨子》卷八"非乐上"载，启于牧野之中，淫佚康乐，将将铭，苋磬以力，万舞翼翼。③《竹书纪年》载，帝启在"大穆之野"舞《九

---

① 《十三经注疏》整理委员会. 十三经注疏·周礼注疏：上、下 [M]. 李学勤，主编. 北京：北京大学出版社，1999：1152.

② 《十三经注疏》整理委员会. 十三经注疏·仪礼注疏：上、下 [M]. 李学勤，主编. 北京：北京大学出版社，1999：145-161.

③ 吴毓江. 墨子校注 [M]. 孙启治，点校. 北京：中华书局，1993：383.

韶》。

而实际上，在空旷之地表演音乐更多的是在祭祀、求雨、驱疫等宗教活动场合，这类活动遍布城市与乡村的空旷之地。只有在如此的空旷之地，才能彰显音乐的神秘性，实现国家或民间祭祀音乐的功能。

二、音乐的传播、消费的方式、对象

（一）祭祀

祭祀活动是夏商周三代音乐传播消费的主要方式，其活动主要分为两个层面：官方与民间。官方主导下的祭祀活动是音乐传播、消费的主体。夏代的祭祀活动不仅在奴隶主修建的固定殿堂，还会延续到广阔的牧野之中。商人重巫，无论是在中央王朝统治下的核心区域还是在不同的邦国之内，由奴隶主主导的祭祀音乐活动非常频繁。周代更是以制度的形式将各种祭祀活动定型化，如祭祀明堂、四望、山川、先祖、先妣等宗教活动。《礼记正义》卷第四十九"祭统"载：

> 及入舞，君执干戚就舞位。君为东上，冕而总干，率其群臣，以乐皇尸。是故天子之祭也，与天下乐之。诸侯之祭也，与竟内乐之。冕而总干，率其群臣，以乐皇尸，此与竟内乐之之义也。
>
> 夫祭有三重焉：献之属莫重于裸，声莫重于升歌，舞莫重于《武宿夜》，此周道也。①

在以奴隶主为主体组织的祭祀活动中，奴隶主贵族是音乐消费的主体，专职乐人是音乐传播消费的对象和媒介，参与祭祀活动的人们也是音乐的传播消费者之一。

（二）庆典

庆典活动也是夏商周时期音乐传播、消费的主要方式。《吕氏春秋》仲夏纪"古乐"篇载，大禹让臣僚皋陶组织乐人生产国家乐舞《夏籥》九成，在国之庆典进行"八佾而舞"。因此，这种庆典音乐活动的主要目的是为了彰显帝王之威仪、武功，音乐消费的主体是奴隶主贵族，受众群体是需要感化的参与群众，包括不同邦国的成员，奴隶贵族以及平民和奴隶。

---

① 《十三经注疏》整理委员会. 十三经注疏·礼记正义 [M]. 李学勤，主编. 北京：北京大学出版社, 1999：1351.

(三) 宴飨

作为奴隶主的主要社会活动之一，宴飨也是音乐传播、消费的主要方式。《尚书》载，商纣王为了进行宴飨娱乐，常常遍搜歌姬、倡优侏儒，作奇技淫巧，以致郊社不修，宗庙不享。①

周代严格规定了宴飨的仪式，并强调了音乐在其中的地位。《礼记》载："君无故玉不去身，大夫无故不彻县，士无故不彻琴瑟。"②这是当时宴飨音乐消费的生动写照。如在投壶之礼、乡饮酒之仪、射仪、诸侯燕仪等相关活动中，宴飨是最为重要的一环，宴飨之内，音乐或作为背景音乐，或作为佐食之乐，不可或缺。以射仪之礼为例，史载："其节，天子以《驺虞》为节，诸侯以《狸首》为节，卿大夫以《采蘋》为节，士以《采繁》为节。《驺虞》者，乐官备也。《狸首》者，乐会时也。《采蘋》者，乐循法也。《采繁》者，乐不失职也。是故天子以备官为节，诸侯以时会天子为节，卿大夫以循法为节，士以不失职为节。"③

(四) 葬仪

夏商周三代丧葬活动中的音乐消费，主要体现在两个方面：其一是由夏至周丧葬仪式逐渐定型化，在奴隶主贵族的丧葬仪式上进行的音乐消费，主要是指配合不同的丧仪，进行音乐表演、乐器使用，以及与该音乐、乐器表演相关的服装、道具、器具、场所等。其二是指奴隶主贵族为了彰显自身的地位与财富，显示自我与其他人的差异性而进行的随葬活动，这种音乐消费主要是将大量的歌舞奴隶、乐器（礼器）进行随葬，以期实现死后继续享乐。正如《礼记正义》所载："大夫具官，祭器不假，声乐皆具，非礼也。"④

因此，葬仪活动中的音乐消费主体是奴隶主贵族，葬仪之中的表演者，部分随葬的歌舞奴隶及随葬乐器则成为音乐消费的对象。当然，受社会风气的影响及随着社会生产力的发展，部分拥有一定财富的平民也在葬仪活

---

① 《十三经注疏》整理委员会. 十三经注疏·尚书正义[M]. 李学勤，主编. 北京：北京大学出版社，1999：279-280.

② 《十三经注疏》整理委员会. 十三经注疏·礼记正义[M]. 李学勤，主编. 北京：北京大学出版社，1999：120.

③ 《十三经注疏》整理委员会. 十三经注疏·礼记正义[M]. 李学勤，主编. 北京：北京大学出版社，1999：1641.

④ 《十三经注疏》整理委员会. 十三经注疏·礼记正义[M]. 李学勤，主编. 北京：北京大学出版社，1999：680.

动中进行音乐、乐器的消费,这在考古文献中也得到证实。

（五）日常生活

除了奴隶主日常的宴飨音乐之外,周代虽然有"礼不下庶人"的规定,一般普通民众无法享用到礼乐,但在普通民众的日常生活中还是存在一定的音乐消费活动。《周易正义》就反映了普通民众的日常音乐生活,其云:"九三:日昃之离,不鼓缶而歌,则大耋之嗟,凶。"① 意思为太阳西斜之后,听不到人们敲打着瓦盆歌唱,而是听到老人们的哀叹声,凶。

在这种情况之下,音乐的传播、消费主体与音乐的生产表演者合二为一,音乐活动是一种自发性的消费活动。

（六）赐（赠）乐

赐（赠）乐在夏商周三代也属于一种音乐传播、消费方式。《史记》载:"尧乃赐舜絺衣,与琴,为筑仓廪,予牛羊。"② 说明赐乐传统由来已久,至周代以制度的形式出现。《礼记正义》卷十三"王制"载:

> 天子无事,与诸侯相见曰朝。考礼、正刑、一德,以尊天子。天子赐诸侯乐,则以柷将之。赐伯子男乐,则以鼗将之。③

实际上,在周代除了天子常常赐乐于诸侯、公卿及其他人员之外,地方邦国诸侯之间、诸侯统治的国家内部也将赐（赠）物品、音乐作为人际交往、邦国交往的基本礼仪之道。如《礼记正义》载诸侯燕礼之仪时云:

> 主国待客,出入三积,饩客于舍,五牢之具陈于内,米三十车,禾三十车,刍薪倍禾,皆陈于外,乘禽日五双,群介皆有饩牢,壹食,再飨,燕与时赐无数,所以厚重礼也。④

《礼记正义》卷第四十九"祭统"载:

---

① 《十三经注疏》整理委员会. 十三经注疏·周易正义 [M]. 李学勤, 主编. 北京: 北京大学出版社, 1999: 136.

② 司马迁. 史记 [M] // 中华书局编辑部. "二十四史"（简体字本）. 北京: 中华书局, 2000: 26.

③ 《十三经注疏》整理委员会. 十三经注疏·礼记正义 [M]. 李学勤, 主编. 北京: 北京大学出版社, 1999: 369.

④ 《十三经注疏》整理委员会. 十三经注疏·礼记正义 [M]. 李学勤, 主编. 北京: 北京大学出版社, 1999: 1667.

昔者周公旦有勋劳于天下，周公即没，成王、康王追念周公之所以勋劳者，而欲尊鲁，故赐之以重祭。外祭则郊、社是也，内祭则大尝禘是也。夫大尝禘，升歌《清庙》，下而管《象》，朱干玉戚以舞《大武》，八佾以舞《大夏》，此天子之乐也。康周公，故以赐鲁也。①

正是因为这样或那样的原因，赐（赠）音乐的方式保证了音乐在中央王朝以及地域邦国之间的有效流通，促进了音乐的交流与发展，为后世"礼崩乐坏"局面下音乐的兴盛奠定了基础。

（七）乐教

音乐教育活动也是夏商周三代音乐传播、消费的主要方式之一。当然，对于乐教活动，周代最为典型，首先是周代建立了最早的音乐教育机构——大司乐，在最高乐教领导者大司乐的领导下，音乐教员有一千多人，这些音乐教习活动主要体现在以下两个方面。

其一是对奴隶主及其子弟（包括国子与世子）进行的音乐教习活动，如《礼记正义》卷十三"王制"载：

乐正崇四术，立四教。顺先王《诗》《书》《礼》《乐》以造士。春秋教以《礼》《乐》，冬夏教以《诗》《书》。……凡入学以齿。将出学，小胥、大胥、小乐正简不帅教者，以告于大乐正，大乐正以告于王。②

凡学世子及学士必时，春夏学干戈，秋冬学羽籥，皆于东序。③

针对这些奴隶主子弟进行的音乐教习，传播者是专业乐人，如乐正、大司乐或其他各级乐官，教习的年限与学习内容是：

十有三年，学乐诵《诗》，舞《勺》。成童，舞《象》，学射御。二十而冠，始学礼，可以衣裘帛，舞《大夏》，……④

---

① 《十三经注疏》整理委员会. 十三经注疏·礼记正义［M］. 李学勤，主编. 北京：北京大学出版社，1999：1366.
② 《十三经注疏》整理委员会. 十三经注疏·礼记正义［M］. 李学勤，主编. 北京：北京大学出版社，1999：404.
③ 《十三经注疏》整理委员会. 十三经注疏·礼记正义［M］. 李学勤，主编. 北京：北京大学出版社，1999：625.
④ 《十三经注疏》整理委员会. 十三经注疏·礼记正义［M］. 李学勤，主编. 北京：北京大学出版社，1999：869.

由此可见，周代统治者非常注重对后继者进行系统而严格的音乐教习，这种音乐教习活动也成为当时音乐传播、消费的主要方式之一，其主要目的是为了配合奴隶主所推行的礼制，以及强化政治统治。

其二是专业乐人之间的音乐教习活动。当然，这种专业性的音乐教习是在奴隶主的监督之下，为了奴隶主自身的音乐消费需要进行的。对此，《礼记正义》记载尤详，其云：

> 小乐正学干，大胥赞之。籥师学戈，籥师丞赞之。
> ……
> 大乐正学舞干戚，语说，命乞言，皆大乐正授数。①
> 孟春之月，……是月也，命乐正入学习舞。
> ……
> 仲春之月，……上丁，命乐正习舞，释菜。天子乃帅三公、九卿、诸侯、大夫亲往视之。仲丁，又命乐正入学习乐。……是月之末，择吉日，大合乐。天子乃率三公、九卿、诸侯、大夫，亲往视之。
> ……
> 孟夏之月，……乃命乐师，习合礼乐。
> ……
> 仲夏之月，……是月也，命乐师修鞀、鞞、鼓，均琴瑟、管、箫，执干戚戈羽，调竽笙竾簧，饬钟磬柷敔。
> ……
> 季秋之月，……是月也，霜始降，则百工休。乃命有司曰："寒气总至，民力不堪，其皆入室。"上丁，命乐正入学习吹。②

正因为有着不同层面的音乐教育，周代才实现了从音乐生产到音乐传播的转换，实现了音乐的传承与发展。

（八）战争

战争是夏商周三代重要的社会活动，也是音乐传播、消费的主要方式之一。作为统治者，在统兵作战的过程中，很早就意识到音乐对士兵的激

---

① 《十三经注疏》整理委员会. 十三经注疏·礼记正义［M］. 李学勤，主编. 北京：北京大学出版社，1999：625-628.

② 《十三经注疏》整理委员会. 十三经注疏·礼记正义［M］. 李学勤，主编. 北京：北京大学出版社，1999：442-534.

励作用，常常在出征之际、作战之中或胜利之时进行音乐表演，以鼓励、庆祝、表现战争。如《尚书正义》卷第七"甘誓"载："启与有扈战于甘之野，作《甘誓》。"①《尚书正义》卷第七"胤征"载："羲和湎淫，废时乱日，胤往征之，作《胤征》。"② 当然，奴隶主在失去城邦的时候，也常常用音乐表演以示纪念。《尚书正义》卷第七"五子之歌"载："太康失邦，昆弟五人须于洛汭，作《五子之歌》。"③

在战争过程中，除了奴隶主统治者进行有针对性的音乐消费之外，参与杀敌的士兵们则相对自由地进行音乐传播与消费。如《周易正义》卷第六"中孚"载：

> 六三：得敌，或鼓或罢，或泣或歌。《象》曰："或鼓或罢"，位不当也。④

显然，此卦描述了在战争过程中，士兵们抓获战俘之后，有的击鼓，有的疲惫，有的哭泣，有的歌唱，如此纷乱的现象，表明普通士兵音乐生产的随意性。

对于军队出行或战争过程中的用乐仪式，《周礼注疏》有着详细记载，其云：

> 群吏以旗物鼓铎镯铙，各帅其民而致。质明弊旗，诛后至者。乃陈车徒如战之陈，皆坐。群吏听誓于陈前，斩牲以左右徇陈，曰："不用命者斩之。"中军以鼙令鼓，鼓人皆三鼓，司马振铎，群吏作旗，车徒皆作；鼓行，鸣镯，车徒皆行，及表乃止；三鼓，摝铎，群吏弊旗，车徒皆坐。又三鼓，振铎，作旗，车徒皆作。鼓进，鸣镯，车骤徒趋，及表乃止，坐作如初。乃鼓，车驰徒走，及表乃止。鼓戒三阕，车三

---

① 《十三经注疏》整理委员会. 十三经注疏·尚书正义 [M]. 李学勤，主编. 北京：北京大学出版社，1999：172.

② 《十三经注疏》整理委员会. 十三经注疏·尚书正义 [M]. 李学勤，主编. 北京：北京大学出版社，1999：180.

③ 《十三经注疏》整理委员会. 十三经注疏·尚书正义 [M]. 李学勤，主编. 北京：北京大学出版社，1999：175.

④ 《十三经注疏》整理委员会. 十三经注疏·周易正义 [M]. 李学勤，主编. 北京：北京大学出版社，1999：243-244.

发，徒三刺。乃鼓退，鸣铙且却，及表乃止，坐作如初。①

三、音乐及其相关产品的生产、传播、消费的经济成本

《墨子》记载，夏启常常在牧野之中饮酒作乐，动用庞大的乐人表演《万舞》。何为《万舞》？学界一般认为是一种人数众多的歌舞表演。《墨子》卷八"非乐上"载齐康公喜欢《万舞》，表演《万舞》的人不能穿朴素的衣服，不能吃不好的粗食。齐康公说，万人吃喝不好，脸色就不好看；穿着不好，体态风度就不美。所以要给他们美食绣衣，表演起来才会好看。② 这说明《万舞》应该是一种奢侈、华丽的表演，奴隶主贵族演出此舞必然有着巨大的经济投入和成本消耗。

夏启之子太康的歌舞伎乐充斥宫廷内外，他动用名工巧匠建成峻宇雕墙，成为音乐表演之所。夏桀时期，音乐生产达到极致，其盛况是"女乐三万人，端噪晨乐，闻于三衢"，③ "广优侏戏奇伟作东哥，而操北里，大合桑林，骄溢妄行"④。

可见，从万舞翼翼到女乐三万人，夏代宫廷音乐人数始终保持着一个庞大的规模，不仅如此，奴隶主还广搜博采倡优、侏儒狎徒能为奇伟之戏者，如此庞大的音乐人员，须倾国之力才能负担得起。乐人从选拔到培训，从排练到演出，需要大量物质支出；乐人要有吃穿住行的生活消耗，要有一定的俸禄；另外，演出时根据场合的不同、规模的大小需要固定或临时搭建的舞台、场所，这又是耗资巨大；演员们的表演服饰、道具等需要专人采集制作。仅根据《管子》卷第二十三"轻重甲"所载，夏桀之女乐三万人"是无不服文绣衣裳者。伊尹以薄之游女工文绣纂组，一纯得粟百钟于桀之国。夫桀之国者，天子之国也。桀无天下忧，饰妇女钟鼓之乐，故伊尹得其粟而夺之流。此之谓来天下之财"⑤。《吕氏春秋》仲夏纪"侈乐"篇载："夏桀、殷纣作为侈乐，大鼓钟磬管箫之音，以巨为美，以众为观，

---

① 《十三经注疏》整理委员会. 十三经注疏·周礼注疏：上、下 [M]. 李学勤，主编. 北京：北京大学出版社，1999：775 – 778.
② 王克芬. 中国舞蹈发展史 [M] 上海：上海人民出版社，2003：65.
③ 黎翔凤. 管子校注 [M]. 梁连华，整理. 北京：中华书局，1993：1398.
④ 罗泌. 路史 [M] //文渊阁四库全书光盘版.
⑤ 黎翔凤. 管子校注 [M]. 梁连华，整理. 北京：中华书局，1993：1398.

俶诡殊瑰，耳所未尝闻，目所未尝见，务以相过，不用度量。"① 从这些来看，其音乐成本几乎是不计代价。

当然，正因音乐生产不计代价，才导致其音乐生产与消费的最终成本极其高昂。如文献所说启的国家被天所抛弃，夏启之子太康、桀终废其国。

正因如此，商汤引以为戒，制定官刑，强调"恒舞于宫，酣歌于室"的"巫风"，"殉于货色，恒于游畋"的"淫风"都会导致国家灭亡。② 但是，商代的"官刑"并没有阻止帝王主导下的音乐生产与消费，后继者在奢乐方面更胜前代，《史记》卷三"殷本纪"载，商纣王"好酒淫乐，嬖于妇人"，"使师涓作新淫声，北里之舞，靡靡之乐"，"大冣乐戏于沙丘，以酒为池，县肉为林，使男女倮相逐其间，为长夜之饮。"③《说苑》也提到："纣为鹿台、糟丘、酒池、肉林，宫墙文画，雕琢刻镂，锦绣被堂，金玉珍玮，妇女优倡，钟鼓管弦，流漫不禁。"④ 据集解云，纣王所建之鹿台，其大三里，高千尺。⑤ 足见其奢侈。

为了满足上述消费，纣王不得不"厚赋税以实鹿台之钱，而盈钜桥之粟"。⑥ 其结果是"天下愈竭，故卒身死国亡，为天下僇"⑦。

周代乐官机构完备，礼乐制度严谨，据《隋书》载，周代宫廷音乐工作人员可考的有1 463人，但这也仅仅是见于文字记载的，其他歌舞伎乐人员，包括低等的庑人并没有被记载。显然，周代以礼乐为主体的众多音乐人员，其生活、表演、教学都需要巨大的财力支撑。

不仅如此，在庞大的礼乐制度下，周代尤为注重对礼乐运用场所的建设。以明堂为例，《周礼注疏》载："周人明堂，度九尺之筵，东西九筵，南北七筵，堂崇一筵，五室，凡室二筵。"⑧ 如此宏大的明堂，作为音乐表

---

① 冀昀. 吕氏春秋［M］. 北京：线装书局，2007：94.
② 《十三经注疏》整理委员会. 十三经注疏·尚书正义［M］. 李学勤，主编. 北京：北京大学出版社，1999：204-205.
③ 司马迁. 史记［M］//中华书局编辑部. "二十四史"（简体字本）. 北京：中华书局，2000：76-77.
④ 刘向. 说苑［M］. 王锳，王天海，译注. 贵州：贵州人民出版社，1992：877-878.
⑤ 司马迁. 史记［M］//中华书局编辑部. "二十四史"（简体字本）. 北京：中华书局，2000：77.
⑥ 司马迁. 史记［M］//中华书局编辑部. "二十四史"（简体字本）. 北京：中华书局，2000：76.
⑦ 刘向. 说苑［M］. 王锳，王天海，译注. 贵州：贵州人民出版社，1992：878.
⑧ 《十三经注疏》整理委员会. 十三经注疏·周礼注疏［M］. 李学勤，主编. 北京：北京大学出版社，1999：1152.

演的主要场所,所耗财力与物力显然不是一个奴隶主所能承担,必然是举国之力。

更为重要的是,周代建立了以宗法制为基础的等级制度,不同的等级享用不同的社会待遇,包括音乐与乐器规模。《孟子注疏》载:

> 北宫锜问曰:"周室班爵禄也,如之何?"孟子曰:"其详不可得闻也。诸侯恶其害己也,而皆去其籍,然而轲也尝闻其略也。天子一位,公一位,侯一位,伯一位,子、男同一位,凡五等也。君一位,卿一位,大夫一位,上士一位,中士一位,下士一位,凡六等。天子之制,地方千里,公侯皆方百里,伯七十里,子、男五十里,凡四等。不能五十里,不达于天子,附于诸侯,曰附庸。天子之卿受地视侯,大夫受地视伯,元士受地视子、男。大国地方百里,君十卿禄,卿禄四大夫,大夫倍上士,上士倍中士,中士倍下士,下士与庶人在官者同禄,禄足以代其耕也。次国地方七十里,君十卿禄,卿禄三大夫,大夫倍上士,上士倍中士,中士倍下士,下士与庶人在官者同禄,禄足以代其耕也。小国地方五十里,君十卿禄,卿禄二大夫,大夫倍上士,上士倍中士,中士倍下士,下士与庶人在官者同禄,禄足以代其耕也。耕者之所获,一夫百亩,百亩之粪,上农夫食九人,上次食八人,中食七人,中次食六人,下食五人。庶人在官者,其禄以是为差。"①

《周礼注疏》也记载了当时不同等级奴隶主的日常生活消费,这其中包括音乐消费:

> 凡王之馈,食用六谷,膳用六牲,饮用六清,……以乐侑食,膳夫授祭,品尝食,王乃食。卒食,以乐彻于造。王齐,日三举。大丧则不举,大荒则不举,大札则不举,天地有灾则不举,邦有大故则不举。②

而这种包含有音乐的生活消费成本如果换算成当时的货币,价值如何?

---

① 《十三经注疏》整理委员会. 十三经注疏·孟子注疏 [M]. 李学勤, 主编. 北京: 北京大学出版社, 1999: 271-272.

② 《十三经注疏》整理委员会. 十三经注疏·周礼注疏: 上、下 [M]. 李学勤, 主编. 北京: 北京大学出版社, 1999: 79-83.

《礼记正义》载："天子饭九贝，诸侯七，大夫五，士三。"① 虽然这种直观的经济成本并不确切，却在一定程度上反映了当时的宴飨、乐舞等娱乐生活的消费状况。

除上述帝王、贵族宴飨、乐舞的直接消费之外，从事乐器生产的工匠自身生活、乐器或其他相关材料的生产过程都需要以物质为支撑。《礼记》云："天子之六工，曰土工，金工，石工，木工，兽工，草工，典制六材。"《周礼》云："凡攻木之工七，工金之工六，工皮之功五，设色之功五，刮摩之工五，专植之工二。"可见，当时的专业工人是在国家的监督、主导之下，从事制造，应该是国家全程负担所有经费。

从文献来看，支撑音乐消费的社会财富主要是奴隶主通过赋税和邦国之贡来获得。如文献记载：

> 以九赋敛财贿：一曰邦中之赋，二曰四郊之赋，三曰邦甸之赋，四曰家削之赋，五曰邦县之赋，六曰邦都之赋，七曰关市之赋，八曰山泽之赋，九曰币余之赋。……以九贡致邦国之用：一曰祀贡，二曰嫔贡，三曰器贡，四曰币贡，五曰材贡，六曰货贡，七曰服贡，八曰斿贡，九曰物贡。②

《尚书》明确记载了夏初天下九州向中央集权者——禹的进贡和赋税内容：

> 海、岱惟青州。……厥田为上下，厥赋中上。厥贡盐、绨，海物惟错。岱畎丝、枲、铅、松、怪石。莱夷作牧，厥篚檿丝。浮于汶，达于济。……
>
> 海、岱及淮惟徐州。……厥田为上中，厥赋中中。厥贡惟土五色，羽畎夏翟，峄阳孤桐，泗滨浮磬，淮夷蠙珠暨鱼。……
>
> 淮、海惟扬州。……厥田为下下，厥赋下上上错。厥贡惟金三品，瑶、琨、篠簜，齿、革、羽、毛、惟木。……
>
> 荆及衡阳惟荆州。……厥田为下中，厥赋上下。厥贡羽、毛、齿、革，惟金三品。……

---

① 《十三经注疏》整理委员会. 十三经注疏·礼记正义［M］. 李学勤，主编. 北京：北京大学出版社，1999：1217.
② 《十三经注疏》整理委员会. 十三经注疏·周礼注疏：上、下［M］. 李学勤，主编. 北京：北京大学出版社，1999：35-38.

荆、河惟豫州。……厥田为中上，厥赋错上中。厥贡漆、枲、绨、纻，厥篚纤纩，锡贡磬错。……

　　华阳、黑水惟梁州。……厥田为下上，厥赋下中三错。厥贡璆、铁、银、镂、砮、磬，熊、罴、狐、狸织皮。……

　　黑水、西河惟雍州。……厥田为上上，厥赋中下。厥贡惟球、琳、琅玕。……①

根据地域划分征税额度，所谓"五百里甸服。百里赋纳总，二百里纳铚"②。

由此可见，由中央集权指定的赋税制度，奠定了国家音乐生产与消费的经济基础。而细化的物贡制度，不仅保证了国家在音乐、乐器材料上的自由调配，实际上也减少了音乐生产的经济成本。

值得注意的是，商代铜器铭文中，记载着有一名叫豕的万人，因表演音乐，受到"贝十朋"的赏赐。③《诗经》说："既见君子，赐我百朋。"《汉书》卷二十四"食货志"载，大贝、壮贝、幺贝、小贝，皆以二枝为一朋。显然，贝是当时的一种货币，朋是一种度量单位。说明商周时期已经有了一定的商品经济意识，个体通过音乐生产能够获得一定报酬的行为已经产生。④

第三节　夏商周时期音乐经济的总体特征

一、音乐生产消费的内在循环性

　　夏商周三代是奴隶社会，整个社会资源归奴隶主自由分配，因此，在这种社会制度之下，音乐的生产、消费呈现出非商业性特征，即音乐从生产到消费整个过程是在奴隶主内部进行循环，并没有出现商业行为。这种

---

① 《十三经注疏》整理委员会. 十三经注疏·尚书正义 [M]. 李学勤，主编. 北京：北京大学出版社，1999：141-156.
② 《十三经注疏》整理委员会. 十三经注疏·尚书正义 [M]. 李学勤，主编. 北京：北京大学出版社，1999：167-168.
③ 王克芬. 中国舞蹈发展史 [M]. 上海：上海人民出版社，2003：29.
④ 王克芬. 中国舞蹈发展史 [M]. 上海：上海人民出版社，2003：29.

音乐生产、消费特征具体表现在以下三个方面。

其一，音乐生产资料（包括与音乐生产直接相关的资料如作品、乐器材料等；音乐生产相关的间接资料，如表演道具、服饰等）的所有权归奴隶主。居于统治地位的奴隶主通过赋税或进贡制度获得物质支配权和生产材料，并运用手中的权力、财力来调配这些生产资料，按照自己的需要进行音乐生产、消费。

其二，音乐生产者大都是专业的乐人，这些乐人的社会身份属于奴隶，虽然部分专业乐人具有一定的社会地位（如贵族阶层），但居于主体地位的依然是广大奴隶乐人，这些乐人并没有独立的社会地位，不能够将自己的音乐制作技艺、表演技艺转化成个人财富，也没有市场提供给乐人进行商业的交换行为。乐人的生产主要是在奴隶主的支配下进行，乐人本身也属于奴隶主从事音乐生产、消费的工具或材料。

其三，音乐产品传播与消费的主体是奴隶主阶层，所有的音乐产品都是按照奴隶主的要求而进行生产，奴隶主阶层建立固定的消费场所，进行自我消费。

虽然夏商周时期音乐的生产与消费是非商业性的，但由于商业的发展，这一时期的音乐产品作为社会生产的一环，已经具有某种交换价值，开始"等值"于创作者所需要的其他劳动产品。正如曾遂今先生所说，在中国古代漫长的年代中，以音乐为业、以音乐换取生存、将音乐"等值"于某种物质的量，已成为当时社会习以为常、司空见惯的现象。而这种现象还将在以后的年代中不断地发展。而在"零值时期"的原始社会里，这样的现象是绝不可能出现的。①

当然，按照马克思的经济观点，对于提供这些音乐服务的生产者来说，服务本身就是商品。它有一定的使用价值（想象的或现实的），也有一定的交换价值。②

二、音乐生产、消费的等级化和阶层化

夏商周三代社会等级化、阶层化非常典型，由此也导致音乐生产、消费的等级化和阶层化。对此，前文已经进行了专门论述，归纳起来，这种等级化和阶层化主要表现在以下三个方面。

---

① 曾遂今. 音乐社会学 [M] 上海：上海音乐学院出版社，2004：345-346.
② 马克思. 剩余价值学说：第一卷 [M]. 北京：人民出版社，1975：456.

第一，音乐生产者的等级化和阶层化。社会群体的等级化和阶层化必然导致音乐生产者的等级化和阶层化。因此，从文献来看，这一时期的音乐生产者呈现出鲜明的等级化和阶层化。如音乐生产者的主体是广大奴隶阶层的专业乐工，还有低等贵族、平民、奴隶主阶层。即便是在专业乐工内部由于分工的不同也呈现出不同的等级。显然，不同等级的音乐生产者，其音乐生产消费的内容、方式均有着显著差异。

第二，音乐产品的等级化和阶层化。音乐生产者是由不同等级、不同阶层、不同地位的人组成，这些不同的阶层差异决定了生产者的文化素养、世界观、艺术观以及生活的方式等的不同，这些因素都决定了他们所生产的产品具有典型的差异性，这种差异性就是音乐产品的等级化和阶层化。如周代在礼乐制度的规定下，音乐产品具有不同的功用和等级，不同的社会等级享用不同的音乐产品。如在周代雅乐体系中，规格最高的是六代音乐，用于祭祀；其次是小舞，再次是散乐，最后是四夷之乐。不仅如此，负责这些音乐的人员也分成不同的等级，如最高的乐官——大司乐主掌教六代音乐；低一级的乐师教小舞；以此类推，大师掌六律六同；小师掌教鼓鼗、柷；等等。

第三，音乐应用的等级化和阶层化。周代礼乐制度的核心是音乐应用的等级化，"礼不下庶人"的时代观念更加强调了音乐应用的等级化和阶层化。从文献来看，这种等级化和阶层化主要体现在舞队人员及排列应用的等级化和阶层化，以及所用乐器及其组合排列等级化和阶层化。

三、音乐生产、消费个体化的萌发

《孟子》载：

> 孟子曰："说大人则藐之，勿视其巍巍然。堂高数仞，榱题数尺，我得志弗为也。食前方丈，侍妾数百人，我得志弗为也。般乐饮酒，驱骋田猎，后车千乘，我得志弗为也。在彼者皆我所不为也，在我者，皆古之制也。吾何畏彼哉！"①

从上面的描述中可以看到，当时奴隶主贵族已经开始根据自己的意愿进行奢侈的音乐生活，这符合社会发展的整体进程。随着社会生产力的发

---

① 《十三经注疏》整理委员会. 十三经注疏·孟子注疏［M］. 李学勤，主编. 北京：北京大学出版社，1999：402.

展，大量的奴隶主贵族拥有更多的社会财富，在国家统一规定的音乐生产消费之外，也运用自己手中的社会财富，蓄养自己的私家音乐奴隶，并按照自己的娱乐方式进行个体性音乐生产消费。

四、礼乐制度对音乐生产、消费的制约性

西周的礼乐制度极为繁杂和严格，这种繁杂和严格的制度一定程度上推动了礼乐的生产与消费；从另一方面来说，严格的等级制度及礼乐规程也对音乐的生产与消费产生了严重的制约。

《周礼注疏》卷二十二"春官宗伯下"载："正乐县之位，王宫县，诸侯轩县，卿大夫判县，士特县。"① 《春秋公羊传》载："天子八佾，诸公六，诸侯四。"② 如果"诸侯之宫县，而祭之以白牡，击玉磬、朱干设锡，冕而舞《大武》，乘大路，诸侯之僭礼也"。③ 因此，这些礼乐制度严格限制了音乐生产、消费的内容、范围与程度。正如《汉书》卷九十一"货殖传"载："昔先王之制，自天子公侯卿大夫士至于皂隶抱关击柝者，其爵禄奉养宫室车服棺椁祭祀死生之制各有差品，小不得僭大，贱不得逾贵。"④ 这就规定了不同阶层只能生产、传播、消费与该阶层相适应的音乐或乐器产品，如有违反，即为僭越，轻者被杀，重则灭族。更为重要的是，奴隶主统治者还规定了"礼不下庶人"，这进一步导致音乐的生产与消费固化，只能局限在特定的阶层内进行有限的传播与消费，这种严格的制度极大地限制了音乐的生产消费，不利于社会音乐的交流与发展。

---

① 《十三经注疏》整理委员会. 十三经注疏·周礼注疏：上、下 [M]. 李学勤，主编. 北京：北京大学出版社，1999：605.

② 《十三经注疏》整理委员会. 十三经注疏·春秋公羊传注疏 [M]. 李学勤，主编. 北京：北京大学出版社，1999：49.

③ 《十三经注疏》整理委员会. 十三经注疏·礼记正义 [M]. 李学勤，主编. 北京：北京大学出版社，1999：782.

④ 班固. 汉书 [M] //中华书局编辑部."二十四史"（简体字本）. 北京：中华书局，2000：2725.

第三章　春秋战国时期的音乐经济

史学界一般认为，公元前770年周平王为躲避犬戎之难，被迫迁都洛邑（今河南洛阳），开启了历史上著名的春秋时期（亦称东周），直到周敬王四十三年（前477年）结束①。从政治版图来看，东周王朝所辖中央王畿之地相对狭小，疆土仅限于都城洛阳周边之地，地薄人寡，相当于一个贫瘠的小国。与此相反，这一时期各地分封诸侯势力日渐崛起，相互之间为了争夺土地、城邦、人口而硝烟四起。一些强盛的诸侯国在经济和战争的双重驱动下，疆域得以急剧扩张，并由此形成了以齐国（齐桓公）、宋国（宋襄公）、晋国（晋文公）、秦国（秦穆公）、楚国（楚庄王）、吴国（吴王阖闾）、越国（越王勾践）等大诸侯国引领，其他中小诸侯国相互并存的格局。诸侯争霸局面的形成，标志着东周天子中央集权的衰落和渐趋瓦解，中国历史开始进入一个动荡的大变革时期。

从公元前476年开始，周王室名存实亡，历史彻底进入一个战乱纷繁的诸侯割据时代，史称"战国"。周王室权威瓦解的标志之一就是各地诸侯纷纷摒弃西周时期的礼制，进行大量的僭越行为，即所谓"诸侯失礼于天子""公庙之设于私家"成为普遍现象。当然，在战乱之中，纷纷崛起的诸侯国主要有齐国、楚国、燕国、韩国、赵国、魏国、秦国，史称"战国七雄"。

---

① 有学者说是周敬王四十四年（前476年）。

直到公元前221年，秦王嬴政灭六国并称帝，才正式结束了奴隶社会，从而开启了漫长的封建历程。

从生产力发展的角度来看，春秋时期铁器及其相关制造技术得到快速的发展和普及，牛耕也开始普及。与此同时，纺织技术、采矿技术也得到巨大发展，生产技术的进步极大地提高了社会生产效率，提高了单个家庭的生产能力，从而导致以集体活动为主的井田制瓦解。与此同时，单个家庭的富足促使作为土地所有者的贵族和邦国也通过赋税的方式来获得比原来更多的收益。

农业和手工业的发展为社会商业经济的繁荣奠定了坚实的基础，城镇空间的扩大及民众的增多，促进了商业贸易的繁荣。重商的经济思想也在各个邦国蔓延，如管仲提出"士农工商，四民者，国之石民也"[1]。商鞅积极倡导变法，提倡"治国者，其抟力也，以富国强兵也"。由此，社会上出现了一大批富可敌国的商人，如楚国的鄂君启、卫国的子贡、魏国的白圭、赵国的吕不韦、吴国的范蠡、齐国的管仲等[2]。在各个诸侯国内涌现出了规模庞大、经济繁荣的大城市，抑或称"千丈之城，万家之邑的商业中心"，如中山、临淄、邯郸、宛、荥阳、安邑、洛阳、咸阳、大梁、郢等。诸侯国之间的商业贸易也日渐频繁，其经济发展状况正如《荀子》"王制"所描绘的：

> 王者之法：等赋，政事，财万物，所以养万民也。田野什一，关市几而不征，……理道之远近而致贡，通流财物粟米，无有滞留，使相归移也。四海之内若一家，……
>
> 北海则有走马吠犬焉，然而中国得而畜使之；南海则有羽翮、齿革、曾青、丹干焉，然而中国得而财之；东海则有紫紶鱼盐焉，然而中国得而衣食之；西海则有皮革、文旄焉，然而中国得而用之。[3]

不仅如此，地方诸侯邦国也凭借工商业的发达而强势崛起，如齐国通商惠工，富甲天下；晋国宽农通商，遂成霸业；秦国发展商业，府库

---

[1] 黎翔凤. 管子校注 [M]. 梁运华，整理. 北京：中华书局，2004：400.
[2] 郑朝彬. 试论春秋战国时代社会经济变革之原因 [J]. 黑龙江史志，2012 (17)：4.
[3] 荀子. 荀子 [M]. 祝鸿杰，校注. 杭州：浙江古籍出版社，1999：73-74.

丰盈。①

这一时期也是我国古代社会思想最为活跃的时代，社会的巨大变革导致不同阶层的群体都可以发表各自的看法和主张。门客制度保证了底层士人群体（文人和武士）的生存空间，诸侯统治者出于邦国发展的需求，为无数文人武士提供了巨大的生存空间和发挥余地。于是整个社会学术思想流派纷呈，各种思潮交相辉映、百家争鸣。

商业经济的发展及社会思潮的百家争鸣，促使社会上的消费群体急剧扩大，诸侯、大夫、富庶之人纵情享乐，音乐经济也在整个社会化大生产中得到发展。尤其是在西周礼乐制度瓦解的大背景下，"礼崩乐盛"成为春秋战国时期的典型现象。正如《汉书》卷九十一"货殖传"所云：

> 及周室衰，礼法堕，诸侯刻桷丹楹，大夫山节藻棁，八佾舞于庭，雍彻于堂。其流至乎士庶人，莫不离制而弃本，稼穑之民少，商旅之民多，谷不足而货有馀。②

这说明具有商品属性的郑卫之音、吴歌越舞在不同邦国之间进行着快速的流通和循环，即所谓"千金之家比一都之君，巨万者乃与王同乐"。因此，在这一宏观的政治、经济、文化背景下，社会音乐经济的发展呈现出诸多新的现象。

第一节　春秋战国时期的音乐生产

一、音乐生产者

（一）政府体系中的专职乐人

春秋战国时期是我国社会由奴隶社会向封建社会转变的过渡时期，社会阶层进一步分化，社会化大生产导致社会群体的职业分工进一步固化。因此，在奴隶社会的礼乐制度走向瓦解的同时，不同层级的职业乐人成为

---

① 王凤林. 简论春秋战国时代商品经济的繁荣 [J]. 河南教育学院学报（哲学社会科学版），1995（03）：69.

② 班固. 汉书 [M] //中华书局编辑部. "二十四史"（简体字本）. 北京：中华书局：2000：2727.

这一时期社会音乐的主要生产者。最为典型的是西周时期体系完备的乐官和乐工体系在这一时期依然得到继承和保存，除了周天子之外，地方诸侯也保持并发展了前代的乐工体系。

从文献记载来看，这种专职乐人按照社会地位可分为两大类：一类是主要从事音乐生产、表演和管理的中下层贵族乐人、乐官，其身份一般是中大夫到下士。他们直接享受国家规定的俸禄，有固定的爵位，往往具有较高的政治地位，常常通过讽谏、占卜等与音乐相关的活动来影响国家行政事务和外交、祭祀等。当然，作为乐官也有一部分属于低贱的乐工，如《礼记》中明确记载："翟者，乐吏之贱者也"，《毛诗正义》注云："则此贤者身在舞位，在贱吏之列，必非乐正也。"①

另一类乐人社会身份较低，多属于贱民或来自贫民阶层，是中央王朝、各地诸侯邦国中直接蓄养的职业乐舞人员、倡优艺人。他们往往负责从王室到邦国机构之内的音乐表演、音乐教学、音乐创作及乐器制造等，人数极为庞大，是这一时期音乐生产的主体。他们没有爵位，往往是通过自己的音乐生产来获得一定的俸禄和物质保障。

以中央王室和诸侯邦国为恩主的职业乐人在这一时期有着不同的称谓，散见在文献史料中的常常有倡、优、侏儒、乐工、女乐等。如《礼记正义》中所云："今夫新乐，进俯退俯，奸声以滥，溺而不止，及优、侏儒，獿杂子女，不知父子。乐终，不可以语，不可以道古。此新乐之发也。今君之所问者乐也，所好者音也。夫乐者，与音相近而不同。"②

倡，春秋战国时期盛行的职业音乐生产者之一，如《文子疏义》卷第六"上德"载："使倡吹竽，使工捻窍，虽中节，不可使决，君形亡焉。"③显然，此条文献所说"倡"应该是以演奏为主的乐人。《史记》卷一百二十六"滑稽列传"亦载："优旃者，秦倡侏儒也。"④

优，春秋战国时期的职业音乐生产者之一，也称为倡、徘，史料常并称为倡优。从记载来看，优的职能主要是进行歌舞生产和讽谏表演，即不

---

① 《十三经注疏》整理委员会. 十三经注疏·毛诗正义：上、中、下［M］. 李学勤，主编. 北京：北京大学出版社，1999：160.
② 《十三经注疏》整理委员会. 十三经注疏·礼记正义：上、中、下［M］. 李学勤，主编. 北京：北京大学出版社，1999：1122-1123.
③ 王利器. 文子疏义［M］. 北京：中华书局，2000：264.
④ 司马迁. 史记［M］//中华书局编辑部."二十四史"（简体字本）. 北京：中华书局，2000：2426.

仅以歌舞娱人，还善于模拟表演，通过能言善辩和聪明幽默的表达方式来讽谏国君、参与国家政治。著名的优有春秋时期齐国的优人施，战国时楚国的优人孟、赵国的优人莫和鲁国的优人旃等。《春秋谷梁传》载：春秋时期，鲁定公与齐侯会于颊谷……罢会，齐人使优施舞于鲁君之幕下，欲以讽刺鲁君。《韩非子》卷第十七"说疑"则把晋国的优施与桀时期的侯侈、纣时期的崇侯虎并提，认为这些都是亡国之臣。

《史记》卷一百二十六"滑稽列传"记载了著名的优人孟行进行音乐生产的案例，其云：

  优孟，故楚之乐人也。长八尺，多辩，常以谈笑讽谏。……楚相孙叔敖知其贤人也，善待之。病且死，属其子曰："我死，汝必贫困。若往见优孟，言我孙叔敖之子也。"居数年，其子穷困负薪，逢优孟，与言曰："我，孙叔敖子也。父且死时，属我贫困往见优孟。"优孟曰："若无远有所之。"即为孙叔敖衣冠，抵掌谈语。岁余，像孙叔敖，楚王及左右不能别也。庄王置酒，优孟前为寿。庄王大惊，以为孙叔敖复生也，欲以为相。优孟曰："请归与妇计之，三日而为相。"庄王许之。三日后，优孟复来。王曰："妇言谓何？"孟曰："妇言慎无为，楚相不足为也。如孙叔敖之为楚相，尽忠为廉以治楚，楚王得以霸。今死，其子无立锥之地，贫困负薪以自饮食。必如孙叔敖，不如自杀。"因歌曰："山居耕田苦，难以得食。起而为吏，身贪鄙者馀财，不顾耻辱。身死家室富，又恐受赇枉法，为奸触大罪，身死而家灭。贪吏安可为也！念为廉吏，奉法守职，竟死不敢为非。廉吏安可为也！楚相孙叔敖持廉至死，方今妻子穷困负薪而食，不足为也！"于是庄王谢优孟，乃召孙叔敖子，封之寝丘四百户，以奉其祀。后十世不绝。此知可以言时矣。①

角抵，音乐生产者之一，以表演角抵之戏为主，在"战国七雄"之秦国时期较为盛行。如《史记》卷八十七"李斯列传"载："是时二世在甘泉，方作觳抵优俳之观。"②

---

  ① 司马迁. 史记［M］//中华书局编辑部."二十四史"（简体字本）. 北京：中华书局，2000：2425-2426.
  ② 司马迁. 史记［M］//中华书局编辑部."二十四史"（简体字本）. 北京：中华书局，2000：1991.

女乐，音乐生产者之一，专指女性音乐生产者，在礼乐制度瓦解的战国时期发展尤盛。他们是各统治阶级享受音乐的主要对象，常常以色艺娱人。伴随着郑声、楚歌的形成，她们的音乐生产成为帝王眼中的新乐代表，不仅来源广泛，而且数量庞大。魏文侯说："吾端冕而听古乐，则唯恐卧。听郑卫之音，则不知倦"。①对此，子夏曾云：

> 今夫古乐，进旅退旅，和正以广，弦匏笙簧，会守拊鼓。始奏以文，复乱以武。治乱以相，讯疾以雅，……今夫新乐，进俯退俯，奸声以滥，溺而不止，及优、侏儒，獶杂子女，不知父子。乐终，不可以语，不可以道古。此新乐之发也。今君之所问者乐也，所好者音也。夫乐者，与音相近而不同。②

当然，这一时期的女乐生产者及音乐产品不仅仅是上至天子下至士人的私有物品，而且也是天子和诸侯进行邦交、为政和争取国家利益的重要手段。如春秋前期，秦穆公把16名女乐送给戎王，以换取戎王的支持及边界的安宁，也使得戎王拥有了女乐艺人。到了春秋中叶，晋侯又将自己所拥有的一半女乐赐给了魏国大夫魏绛，以感谢魏绛对国家的帮助和管理。郑国为了国家利益则以歌钟二肆、女乐二八等贿赂晋侯。而孔子之所以离开鲁国也是因为齐景公害怕孔子帮助鲁国强盛起来，而听取了大夫黎鉏的建议，送鲁国国君女乐，这也导致季桓子曰"三日不朝，孔子行"。

当然，女乐生产者不仅为自己的恩主进行音乐生产服务，而且遵照恩主的指示为其他人进行音乐生产服务，如《列子》"周穆王"载："周穆王时，西极之国有化人来。……千变万化，不可穷极。既已变物之形，又且易人之虑。穆王敬之若神，事之若君。推路寝以居之，引三牲以进之，选女乐以娱之。……简郑、卫之处子娥媌靡曼者，施芳泽，正蛾眉，设笄珥，衣阿锡，曳齐纨，粉白黛黑，佩玉环，杂芷若以满之，奏《承云》《六莹》《九韶》《晨露》以乐之。"③

春秋时期甚至在王公大人的葬礼上也频繁出现此类音乐艺人及其音乐

---

① 《十三经注疏》整理委员会. 十三经注疏·礼记正义：上、中、下[M]. 李学勤，主编. 北京：北京大学出版社，1999：1119-1120.
② 《十三经注疏》整理委员会. 十三经注疏·礼记正义：上、中、下[M]. 李学勤，主编. 北京：北京大学出版社，1999：1120-1123.
③ 张湛. 列子[M]. 上海：上海书店出版社，1986：31.

生产。《墨子校注》卷六"节葬下"记载:"今王公大人之为葬埋,则异于此。必大棺中棺,革阓三操,璧玉即具,戈剑鼎鼓壶滥、文绣素练、大鞅万领、舆马女乐皆具……"①

万人,职业音乐生产者之一,也是女乐的一种,以舞蹈表演为主。《墨子校注》卷八"非乐上"对表演万舞的乐人有着详细的记载:

> 昔者齐康公兴乐万,万人不可衣短褐,不可食糠糟。曰:"食饮不美,面目颜色不足视也;衣服不美,身体从容不足观也。"是以食必粱肉,衣必文绣。此掌不从事乎衣食之财,而掌食乎人者也。②

从文献记载来看,万舞表演者人数众多,也可以说万舞是一种人数众多的群体性舞蹈。对此,《春秋左传正义》也有记载:

> 九月,考仲子之宫,将万焉。公问羽数于众仲。对曰:"天子用八,诸侯用六,大夫四,士二,夫舞所以节八音而行八风,故自八以下。"公从之,于是初献六羽,始用六佾也。③

在众多的职业音乐生产者中,还有一类人比较特殊。他们地位较高,常常伴随在君王身边,兼具音乐生产者和君王重要智谋者双重身份,有时是乐官的身份,有时则是单纯的乐工身份,因此,文献常常对其冠以"师"的称谓,如师旷、师襄、师乙、师悝、师触、师蠲等。例如《春秋左传正义》中记载了师旷的大量音乐生产事迹:

> 丙寅晦,齐师夜遁。师旷告晋侯曰:"鸟乌之声乐,齐师其遁。"邢伯告中行伯曰:"有班马之声,齐师其遁。"叔向告晋侯曰:"城上有乌,齐师其遁。"④

> 晋人闻有楚师,师旷曰:"不害。吾骤歌北风,又歌南风,南风不竞,多死声。楚必无功。"董叔曰:"天道多在西北。南师不时,必无

---

① 吴毓江. 墨子校注 [M]. 孙启治,点校. 北京:中华书局,1993:267.
② 吴毓江. 墨子校注 [M]. 孙启治,点校. 北京:中华书局,1993:381.
③ 《十三经注疏》整理委员会. 十三经注疏·春秋左传正义:上、中、下 [M]. 李学勤,主编. 北京:北京大学出版社,1999:98-99.
④ 《十三经注疏》整理委员会. 十三经注疏·春秋左传正义:上、中、下 [M]. 李学勤,主编. 北京:北京大学出版社,1999:950.

功。"叔向曰:"在其君之德也。"①

《韩非子》中也记载了师旷和另一位知名音乐生产者师涓的故事:

> 昔者,卫灵公将之晋,至濮水之上,税车而放马,设舍以宿。夜分,而闻鼓新声者而说之,使人问左右,尽报弗闻。乃召师涓而告之曰:"有鼓新声者,使人问左右,尽报弗闻,其状似鬼神,子为我听而写之。"师涓曰:"诺。"因静坐抚琴而写之。师涓明日报曰:"臣得之矣,而未习也,请复一宿习之。"灵公曰:"诺。"因复留宿,明日而习之,遂去之晋。晋平公觞之于施夷之台,酒酣,灵公起曰:"有新声,愿请以示。"平公曰:"善。"乃召师涓,令坐师旷之旁,援琴鼓之。未终,师旷抚止之,曰:"此亡国之声,不可遂也。"平公曰:"此道奚出?"师旷曰:"此师延之所作,与纣为靡靡之乐也。及武王伐纣,师延东走,至于濮水而自投,故闻此声者必于濮水之上。先闻此声者其国必削,不可遂。"平公曰:"寡人所好者音也,子其使遂之。"师涓鼓究之。平公问师旷曰:"此所谓何声也?"师旷曰:"此所谓清商也。"公曰:"清商固最悲乎?"师旷曰:"不如清徵。"公曰:"清徵可得而闻乎?"师旷曰:"不可。古之听清徵者,皆有德义之君也。今吾君德薄,不足以听。"平公曰:"寡人之所好者音也,愿试听之。"师旷不得已,援琴而鼓。一奏之,有玄鹤二八道南方来,集于郎门之垝;再奏之,而列;三奏之,延颈而鸣,舒翼而舞,音中宫商之声,声闻于天。平公大说,坐者皆喜。平公提觞而起,为师旷寿。反坐而问曰:"音莫悲于清徵乎?"师旷曰:"不如清角。"平公曰:"清角可得而闻乎?"师旷曰:"不可。昔者黄帝合鬼神于西泰山之上,驾象车而六蛟龙,毕方并辖,蚩尤居前,风伯进扫,雨师洒道,虎狼在前,鬼神在后,腾蛇伏地,凤皇覆上,大合鬼神,作为清角。今主君德薄,不足听之;听之,将恐有败。"平公曰:"寡人老矣,所好者音也,愿遂听之。"师旷不得已而鼓之。一奏,而有玄云从西北方起;再奏之,大风至,大雨随之,裂帷幕,破俎豆,隳廊瓦,坐者散走,平公恐惧,伏于廊室之间。晋国大旱,赤地三年。平公之身遂癃病。故曰:"不务听治而好五音不

---

① 《十三经注疏》整理委员会. 十三经注疏·春秋左传正义:上、中、下[M]. 李学勤,主编. 北京:北京大学出版社,1999:953-954.

已,则穷身之事也。"①

师乙是春秋战国时期的音乐生产者,见于《礼记正义》卷第三十九"乐记",其云:

> 子赣见师乙而问焉,曰:"赐闻声歌各有宜也,如赐者宜何歌也?"师乙曰:"乙,贱工也,何足以问所宜?请诵其所闻,而吾子自执焉。爱者宜歌《商》,温良而能断者宜歌《齐》……"②

师襄,春秋战国时期知名音乐生产者,以琴乐演奏和教学著称,如《列子》载:

> 瓠巴鼓琴而鸟舞鱼跃,郑师文闻之,弃家从师襄游。柱指钩弦,三年不成章。师襄曰:"子可以归矣。"师文舍其琴,叹曰:"文非弦之不能钩,非章之不能成。文所存者不在弦,所志者不在声。内不得于心,外不应于器,故不敢发手而动弦。且小假之,以观其后。"无几何,复见师襄。师襄曰:"子之琴何如?"师文曰:"得之矣。请尝试之。"于是当春而叩商弦以召南吕,凉风忽至,草木成实。及秋而叩角弦以激夹钟,温风徐回,草木发荣。当夏而叩羽弦以召黄钟,霜雪交下,川池暴沍。及冬而叩徵弦以激蕤宾,阳光炽烈,坚冰立散。将终,命宫而总四弦,则景风翔,庆云浮,甘露降,澧泉涌。师襄乃抚心高蹈曰:"微矣子之弹也!虽师旷之清角,邹衍之吹律,亡以加之。彼将挟琴执管而从子之后耳。"③

师挚,春秋时期的著名乐师,《论语》卷第八"泰伯"就提到了该乐工。孔子曰:"师挚之始,《关雎》之乱,洋洋乎盈耳哉!"

泠州鸠也属于这一类乐人,《春秋左传正义》卷第五十"昭公二十一年至二十三年"载:

> 二十一年,春,天王将铸无射,泠州鸠曰:"王其以心疾死乎!夫乐,天子之职也。夫音,乐之舆也;而钟,音之器也。天子省风以作

---

① 王先慎. 韩非子集解 [M]. 钟哲, 点校. 北京: 中华书局, 1998: 62 - 66.
② 《十三经注疏》整理委员会. 十三经注疏·礼记正义: 上、中、下 [M]. 李学勤, 主编. 北京: 北京大学出版社, 1999: 1147.
③ 张湛. 列子 [M]. 上海: 上海书店出版社, 1986: 59 - 60.

乐，器以钟之，舆以行之。小者不窕，大者不摦，则和于物。物和则嘉成。故和声入于耳而藏于心，心亿则乐。窕则不咸，摦则不容，心是以感，感实生疾。今钟摦矣，王心弗堪，其能久乎！"①

除此之外，见于文献记载的音乐生产者还有善鼓琴之昭文，善演奏之师文，等等。虽然他们地位特殊，但是在奴隶主眼中也依然是私有财产，是国家邦交和政治利益的牺牲品。例如郑人为了避免国家灭亡，而将师悝、师触、师蠲等乐人与兵车、装备、歌钟一并送给晋侯。

当然，作为音乐生产的管理者，乐官也常常被称为伶官。例如《毛诗原解》载：

> 《简兮》，刺不用贤也。卫之贤者仕于伶官，皆可以承事王者也。②

这也说明，春秋战国时期，音乐生产的管理者不一定都是乐人出身。

春秋战国时期的一些男性音乐生产者除了以演奏琴瑟之乐著称于宫廷外，还有一部分从事吹管乐器演奏的乐工。他们人数众多，与兼具美色的女乐艺人一起构成了宫廷和地方诸侯政治体系下的音乐生产主体。《诗经》云："伯氏吹埙，仲氏吹篪"③。《韩非子》也记载齐宣王统治时期，吹竽的音乐生产者非常多，其云：

> 齐宣王使人吹竽，必三百人。南郭处士请为王吹竽，宣王说之，廪食以数百人。宣王死，湣王立，好一一听之，处士逃。④

作为政府体系中的专职乐人，他们除了在宫廷内苑进行音乐生产之外，军队也是他们的音乐生产之地，即这一时期出现了大量的军中专职乐人从事音乐生产。《毛诗正义》载，《诗经》中的《击鼓》《采芑》都是描写战争的，即所谓"击鼓其镗，踊跃用兵""方叔率止，钲人伐鼓，陈师鞠旅。显允方叔，伐鼓渊渊，振旅阗阗。"⑤ 之所以军中重视音乐生产，是因为

---

① 《十三经注疏》整理委员会. 十三经注疏·春秋左传正义：上、中、下 [M]. 李学勤，主编. 北京：北京大学出版社，1999：1410-1412.
② 郝敬. 毛诗原解 [M]. 北京：中华书局，2021：107.
③ 《十三经注疏》整理委员会. 十三经注疏·毛诗正义：上、中、下 [M]. 李学勤，主编. 北京：北京大学出版社，1999：763.
④ 王先慎. 韩非子集解 [M]. 钟哲，点校. 北京：中华书局，1998：232.
⑤ 《十三经注疏》整理委员会. 十三经注疏·毛诗正义：上、中、下 [M]. 李学勤，主编. 北京：北京大学出版社，1999：644.

"军、旅、铁、钺者，先王之所以饰怒也"①。因此，春秋时期军中音乐有明确的划分，即所谓"凡师，有钟鼓曰伐，无曰侵，轻曰袭。"② 具体使用时则是：

> 城上吏卒置之背，卒于头上，城下吏卒置之肩，左军于左肩，右军于右肩，中军置之胸。各一鼓，中军一三。每鼓三、十击之，诸有鼓之吏谨以次应之，当应鼓而不应，不当应而应鼓，主者斩。③

值得注意的是，这一时期的音乐生产者已经成为一种世袭的职业，尤其是从事古琴演奏的乐人，如楚国的古琴演奏者钟仪，其世代皆为宫廷琴师。据《春秋左传正义》记载，春秋时期楚、郑交战的时候，楚国钟仪被郑国俘虏并被献给了晋国：

> 晋侯观于军府，见钟仪，问之曰："南冠而絷者，谁也？"有司对曰："郑人所献楚囚也。"使税之，召而吊之。再拜稽首。问其族，对曰："泠人也。"公曰："能乐乎？"对曰："先父之职官也，敢有二事？"使与之琴，操南音。公曰："君王何如？"对曰："非小人之所得知也。"固问之，对曰："其为大子也，师、保奉之，以朝于婴齐而夕于侧也。不知其他。"公语范文子，文子曰："楚囚，君子也。言称先职，不背本也；乐操土风，不忘旧也；称大子，抑无私也；名其二卿，尊君也。不背本，仁也；不忘旧，信也；无私，忠也；尊君，敏也。仁以接事，信以守之，忠以成之，敏以行之，事虽大，必济。君盍归之，使合晋、楚之成？"公从之，重为之礼，使归求成。
>
> ……
>
> 十二月，楚子使公子辰如晋，报钟仪之使，请修好结成。④

显然，这些被冠以各种专属名称的职业音乐生产者，虽然各善其能，但是在当时是属于音乐资料上的"无产者"，他们通过自己的才华与技能在

---

① 《十三经注疏》整理委员会. 十三经注疏·礼记正义：上、中、下 [M]. 李学勤，主编. 北京：北京大学出版社，1999：1146.

② 《十三经注疏》整理委员会. 十三经注疏·春秋左传正义：上、中、下 [M]. 李学勤，主编. 北京：北京大学出版社，1999：292.

③ 吴毓江. 墨子校注 [M]. 孙启治，点校. 北京：中华书局，1993：904.

④ 《十三经注疏》整理委员会. 十三经注疏·春秋左传正义：上、中、下 [M]. 李学勤，主编. 北京：北京大学出版社，1999：738-740.

恩主那里获得相应的政治利益和经济利益。当然，社会的巨大变迁，王室权力的衰微甚至消亡，"春秋五霸""战国七雄"的崛起，以至于在秦的大一统演变过程中，归属天子及各个地方诸侯的职业音乐生产者随着政权的兴衰更迭呈现出一种流动趋势，这种流动趋势不仅是从"礼崩乐坏"开始的周王室乐人下移到地方为诸侯、臣僚服务，而且包括不同诸侯所属乐人之间的转移。《论语注疏》卷第十八"微子"曾记载，至战国时期，职业音乐生产者的流动已经是极为普遍的现象：

  大师挚适齐，亚饭干适楚，三饭缭适蔡，四饭缺适秦，鼓方叔入于河，播鼗武入于汉，少师阳、击磬襄入于海。①

这说明周王室不再是音乐生产者和专职乐人聚集的主要地方，而地方诸侯、大夫则成了专职乐人的主要恩主。例如春秋后期，鲁国卿大夫公然让私家乐人在自己家里表演天子才能享用的八佾之舞。当然，这些分布在诸侯之家的乐人的来源相对复杂，有的是来自周王室的赏赐，有的是诸侯的蓄养，有的是诸侯之间的互相馈赠。

（二）民间乐人

民间乐人也是春秋战国时期主要音乐生产者之一，他们活跃在市井街陌，属于游离于政府体系之外的、社会底层的专职或兼职乐人。他们并没有明确的恩主，音乐生产只是他们谋生的主要手段，具有一定的独立性。民间音乐生产者群体的扩大是春秋战国音乐生产消费尤其是商业性音乐经济繁荣的标志，也是春秋战国音乐文化繁荣发展的重要时代特征。

民间音乐生产者的来源相对复杂，大多是由社会底层的贫困良民转化而来，如《毛诗正义》云：

  《东门之枌》，疾乱也。幽公淫荒，风化之所行，男女弃其旧业，亟会於道路，歌舞于市井尔。②

因此，贫困是大量底层民众演变成为民间音乐生产者的重要动力之一。对此，《韩非子》中有着明确记载：

---

① 《十三经注疏》整理委员会. 十三经注疏·论语注疏 [M]. 李学勤，主编. 北京：北京大学出版社1999：253.
② 《十三经注疏》整理委员会. 十三经注疏·毛诗正义：上、中、下 [M]. 李学勤，主编. 北京：北京大学出版社，1999：440.

齐尝大饥，道旁饿死者不可胜数也，父子相牵而趋田成氏者不闻不生。故周秦之民相与歌之曰："讴乎，其已乎！苞乎，其往归田成子乎！"《诗》曰："虽无德与女，式歌且舞。"①

《史记》卷一百二十九"货殖列传"亦载：

中山地薄人众，犹有沙丘纣淫地馀民，民俗懁急，仰机利而食。丈夫相聚游戏，悲歌忼慨，起则相随椎剽，休则掘冢作巧奸冶，多美物，为倡优。女子则鼓鸣瑟，跕屣，游媚贵富，入后宫，遍诸侯。……今夫赵女郑姬，设形容，揳鸣琴，揄长袂，蹑利屣，目挑心招，出不远千里，不择老少者，奔富厚也。②

当然，民间乐人"奔富厚"的原因是这一时期不同地域出现了富庶的城镇及大量的富商，即所谓"凡编户之民，富相什则卑下之，伯则畏惮之，千则役，万则仆，物之理也。夫用贫求富农不如工，工不如商，刺绣文不如倚市门，此言末业，贫者之资也"③。"若至力农畜，工虞商贾，为权利以成富，大者倾郡，中者倾县，下者倾乡里者，不可胜数。"④ 在这种社会风气之下，商贾们纷纷向诸侯及大夫们学习，竞相蓄伎，生活奢靡，以致"富至僮千人。田池射猎之乐，拟于人君"⑤。这进一步促使了民间音乐的繁盛。

然而，贫困也不是民众成为民间音乐生产者的唯一动因。富庶之地的民众也会成为业余或专业的音乐生产者，如《史记》卷六十九"苏秦列传"载，春秋时期"车毂击，人肩摩，连衽成帷，举袂成幕，挥汗成雨，家殷人足，志高气扬"的齐国富庶之城，其民众则"无不吹竽鼓瑟，弹琴击筑，斗鸡走狗"⑥。这说明民风对于音乐从业者的形成也具有一定的推动作用。

---

① 王先慎. 韩非子集解［M］. 钟哲, 点校. 北京：中华书局，2003：312 - 313.
② 司马迁. 史记［M］//中华书局编辑部. "二十四史"（简体字本）. 北京：中华书局，2000：2468，2473.
③ 司马迁. 史记［M］//中华书局编辑部. "二十四史"（简体字本）. 北京：中华书局，2000：2475.
④ 司马迁. 史记［M］//中华书局编辑部. "二十四史"（简体字本）. 北京：中华书局，2000：2481.
⑤ 司马迁. 史记［M］//中华书局编辑部. "二十四史"（简体字本）. 北京：中华书局，2000：2478.
⑥ 司马迁. 史记［M］//中华书局编辑部. "二十四史"（简体字本）. 北京：中华书局，2000：1782.

也正因为在这样的民风、民情的双重推动之下，春秋战国之际才形成了很多以地域为标志的歌舞艺术，并由此在各个诸侯君主之中形成了一种这样的风气：竞相蓄养民间艺人，纷纷以采集"韩、魏、齐、燕、赵、卫之妙音美人"充斥后宫为自豪。① 秦之丞相李斯上书秦王的奏折虽强调禁乐，但也进一步证实了这一时期地域音乐表演在各个诸侯邦国的兴盛状况：

> 所以饰后宫充下陈娱心意说耳目者，必出于秦然后可，则是宛珠之簪，傅玑之珥，阿缟之衣，锦绣之饰不进于前，而随俗雅化佳冶窈窕赵女不立于侧也。夫击瓮叩缶弹筝搏髀，而歌呼呜呜快耳（目）者，真秦之声也；郑、卫、桑间、韶、虞、武、象者，异国之乐也。今弃击瓮叩缶而就郑卫，退弹筝而取昭虞，若是者何也？快意当前，适观而已矣。今取人则不然。不问可否，不论曲直，非秦者去，为客者逐。然则是所重者在乎色乐珠玉，而所轻者在乎人民也。②

民间乐人高超的音乐表演技巧往往会给他们带来丰厚的物质回报，甚至是政治利益。如《史记》卷四十三"赵世家"载，民间的歌唱艺人"枪"和"石"二人因为歌唱得好，符合赵烈侯的口味，所以差点取得显赫的政治地位和获得田地万亩。③

当然，民间职业、非职业乐人的音乐生产常常被认为是"新乐""郑卫之音"，其乐人也常常被指代为"赵姬""越歌""宋音"等，如子夏所云：

> "郑音好滥淫志，宋音燕女溺志，卫音趋数烦志，齐音敖辟乔志。"此四者，皆淫于色而害于德，是以祭祀弗用也。④

从文献记载来看，比较著名的民间音乐生产者有王豹、绵驹、秦青、韩娥、薛谭等。

《孟子注疏》卷十二上"告子章句下"载：

---

① 司马迁. 史记［M］//中华书局编辑部. "二十四史"（简体字本）. 北京：中华书局，2000：1785.
② 司马迁. 史记［M］//中华书局编辑部. "二十四史"（简体字本）. 北京：中华书局，2000：1980.
③ 司马迁. 史记［M］//中华书局编辑部. "二十四史"（简体字本）. 北京：中华书局，2000：1461.
④ 《十三经注疏》整理委员会. 十三经注疏·礼记正义：上、中、下［M］. 李学勤，主编. 北京：北京大学出版社，1999：1124-1125.

> 昔者王豹处于淇，而河西善讴。绵驹处于高唐，而齐右善歌。华周、杞梁之妻善哭其夫，而变国俗。有诸内必形诸外，为其事而无其功者，髡未尝睹之也。是故无贤者也；有则髡必识之。①

显然，卫国的王豹，齐国的绵驹、华周都是当时比较有名的民间音乐生产者。

《列子》也记载了歌唱艺人薛谭、秦青和韩娥的音乐生产、教习活动：

> 薛谭学讴于秦青，未穷青之技，自谓尽之；遂辞归。秦青弗止。饯于郊衢，抚节悲歌，声振林木，响遏行云。薛谭乃谢求反，终身不敢言归。秦青顾谓其友曰："昔韩娥东之齐，匮粮，过雍门，鬻歌假食。既去而余音绕梁欐，三日不绝，左右以其人弗去。过逆旅，逆旅人辱之。韩娥因曼声哀哭，一里老幼悲愁，垂涕相对，三日不食。遽而追之。娥还，复为曼声长歌，一里老幼喜跃抃舞，弗能自禁，忘向之悲也。乃厚赂发之。故雍门之人至今善歌哭，放娥之遗声"。②

散乐表演者也应属于这一群体。《周礼》曾有记载，"旄人掌教舞散乐"。郑玄注："散乐，野人为乐之善者，若今黄门倡矣，自有舞。"贾公彦疏："以其不在官之员内，谓之为'散'，故以为野人为乐善者也。"③ 显然，这一时期的散乐不仅是一种单纯的音乐表演，而且是民间一种包括各种技艺在内的综合性演出。这些野人为"乐之善者"，可以被宫廷、诸侯、贵族等蓄养，为宴飨乐舞之用。他们也可以流落街头，以音乐生产来获取经济回报。

除此之外，这一时期音乐生产作为常态化的社会现象，如《诗经》所述："我田既臧，农夫之庆。琴瑟击鼓，以御田祖，以祈甘雨，以介我稷黍，以穀我士女。"④ 乡饮酒、乡人傩等活动中的音乐生产的参与者除了隶属政府的专职乐人之外，还有大量的民间职业或非职业乐人。

---

① 《十三经注疏》整理委员会. 十三经注疏·孟子注疏 [M]. 李学勤，主编. 北京：北京大学出版社，1999：329-330.

② 张湛. 列子 [M]. 上海：上海书店出版社，1986：60-61.

③ 《十三经注疏》整理委员会. 十三经注疏·周礼注疏：上、下 [M]. 李学勤，主编. 北京：北京大学出版社，1999：629.

④ 《十三经注疏》整理委员会. 十三经注疏·毛诗正义：上、中、下 [M]. 李学勤，主编. 北京：北京大学出版社，1999：838.

这一时期的另一个特殊现象是，随着周王室的衰微和瓦解，礼制的崩塌，从"春秋五霸"到"战国群雄"的逐鹿，诸侯之国的纷繁更替，无数原本隶属天子宫室、地域诸侯宫室、大夫之家的职业乐人由于失去了各级恩主的庇护，散落民间，只能以音乐技艺作为乞讨生活的手段。在此种情况之下，这些职业乐人也逐渐演变成民间乐人，从而完成了音乐由宫廷向民间传播、传承的使命。如《论语注疏》卷第十八"微子"就描绘了这一典型现象：

> 大师挚适齐，亚饭干适楚，三饭缭适蔡，四饭缺适秦，鼓方叔入于河，播鼗武入于汉，少师阳、击磬襄入于海。①

（三）天子、地方诸侯及其嫔妃宫人

奴隶社会的最高统治者周天子、地方政府的统治者诸侯，他们是社会音乐生产资料的所有人、职业音乐生产者的最大恩主、音乐的消费者，与此同时，他们自身也是音乐生产者之一。

从文献记载来看，春秋战国时期天子、地方诸侯的音乐生产行为主要表现在以下四个方面。

第一是在宴飨群臣的仪式性音乐中进行。《毛诗正义》载："天子飨元侯，歌《肆夏》，合《文王》。诸侯歌《文王》，合《鹿鸣》。……天子、诸侯燕飨群臣及聘问之宾，皆歌《鹿鸣》，合乡乐。"这虽然不能证明帝王参与音乐生产，但《诗经》中云："呦呦鹿鸣，食野之苹。我有嘉宾，鼓瑟鼓琴。鼓瑟鼓琴，和乐且湛"。② 这说明了在这类注重仪式的音乐活动中，不同等级的王侯也会参与音乐的生产。

第二是在有关国家社稷的重要祭祀活动中进行。天子、诸侯则身先士卒，积极参与、主导音乐生产。《礼记正义》载：

> 及入舞，君执干戚就舞位。君为东上，冕而总干，率其群臣，以乐皇尸。是故天子之祭也，与天下乐之。诸侯之祭也，与竟内乐之。冕而总干，率其群臣，以乐皇尸，此与竟内乐之之义也。

---

① 《十三经注疏》整理委员会. 十三经注疏·论语注疏 [M]. 李学勤, 主编. 北京：北京大学出版社, 1999：253.

② 《十三经注疏》整理委员会. 十三经注疏·毛诗正义：上、中、下 [M]. 李学勤, 主编. 北京：北京大学出版社, 1999：545－546, 560.

> 夫祭有三重焉：献之属莫重于祼，声莫重于升歌，舞莫重于《武宿夜》，此周道也。①

第三是在军队音乐生产中进行。春秋战国之际，地方诸侯国征战不断，诸侯们除了在宴飨之中进行自我娱乐外，还积极参与军队中的音乐生产，以激励士气。例如《春秋左传正义》载，鲁庄公十年（前684年），鲁国与齐国战于长勺，鲁庄公亲自击鼓，至齐师败绩。② 成公二年（前589年）春，齐国与晋国交战，齐侯亲鼓，士陵城。三日，取龙，遂南侵，及巢丘。③《墨子校注》卷四"兼爱中"更是详细记载了越王勾践从事军乐生产的案例：

> 昔越王勾践好士之勇，教驯其臣和合之，焚舟失火，试其士曰："越国之宝尽在此！"越王亲自鼓其士而进之，其士闻鼓音，破碎乱行，蹈火而死者，左右百人有余，越王击金而退之。④

由此可见，帝王的音乐生产有着明确的政治、军事目的，关系到军队的士气和国家的命运。《春秋左传正义》记载了宋公的一段话，代表了这一期的诸侯对亲自参与音乐生产的看法：

> 宋公曰："不可。吾闻之也，君子不厄人。吾虽丧国之余，寡人不忍行也。"既济，未毕陈。有司复曰："请迨其未毕陈而击之。"宋公曰："不可。吾闻之也，君子不鼓不成列。"已陈，然后襄公鼓之，宋师大败。故君子大其不鼓不成列，临大事而不忘大礼，有君而无臣，以为虽文王之战，亦不过此也。⑤

第四是在国家外交性质的特定宴飨活动中进行。之所以说是特定宴飨音乐生产，是因为这种情况并不常常发生，而是在特殊条件下才会发生。

---

① 《十三经注疏》整理委员会. 十三经注疏·礼记正义：上、中、下［M］. 李学勤，主编. 北京：北京大学出版社，1999：1351.

② 《十三经注疏》整理委员会. 十三经注疏·春秋左传正义：上、中、下［M］. 李学勤，主编. 北京：北京大学出版社，1999：240.

③ 《十三经注疏》整理委员会. 十三经注疏·春秋左传正义：上、中、下［M］. 李学勤，主编. 北京：北京大学出版社，1999：689.

④ 吴毓江. 墨子校注［M］. 孙启治，点校. 北京：中华书局，1993：159 – 160.

⑤ 《十三经注疏》整理委员会. 十三经注疏·春秋左传正义：上、中、下［M］. 李学勤，主编. 北京：北京大学出版社，1999：246.

帝王主动或被动地作为音乐生产者，通过自身的音乐生产来娱乐其他君王。典型的案例是战国时期强盛的秦国之主秦王与赵王在渑池相会，燕饮之际，赵王与秦王相互为对方奏乐，其文曰：

> 秦王饮酒酣，曰："寡人窃闻赵王好音，请奏瑟。"赵王鼓瑟。秦御史前书曰"某年月日，秦王与赵王会饮，令赵王鼓瑟"。蔺相如前曰："赵王窃闻秦王善为秦声，请奏盆缻秦王，以相娱乐。"秦王怒，不许。于是相如前进缻，因跪请秦王。秦王不肯击缻。相如曰："五步之内，相如请得以颈血溅大王矣！"左右欲刃相如，相如张目叱之，左右皆靡。於是秦王不怿，为一击缻。相如顾召赵御史书曰"某年月日，秦王为赵王击缻"。秦之群臣曰："请以赵十五城为秦王寿。"蔺相如亦曰："请以秦之咸阳为赵王寿。"秦王竟酒，终不能加胜于赵。赵亦盛设兵以待秦，秦不敢动。①

从文献记载来看，无论是秦王强迫赵王奏瑟，还是蔺相如胁迫秦王击缻，都说明了一个重要的事实，即诸侯国君兼具不同的音乐生产技能，而这一技能往往是通过长期的音乐训练得到的。

除了主掌政权的天子、王侯之外，那些身居后宫的嫔妃、宫女有时候也兼具音乐生产者的职能。她们的娱乐对象是内苑之中的王侯，生产场所则是宫室内苑中的宴飨，如战国之际强盛的楚国广纳韩、魏、齐、燕、赵、卫之妙音美人充斥后宫。这些懂音知乐的宫女嫔妃，极大地丰富了宫廷音乐生产的内容与形式。② 当然，有时候后宫嫔妃的音乐生产也会导致严重的政治事件，如《史记》卷三十七"卫康叔世家"就记载了卫献公为了让宫妾学会鼓琴而专门聘请名师进行教习，最后导致丧国的事件：

> 献公十三年，公令师曹教宫妾鼓琴，妾不善，曹笞之。妾以幸恶曹于公，公亦笞曹三百。十八年，献公戒孙文子、甯惠子食，皆往。日旰不召，而去射鸿于囿。二子从之，公不释射服与之言。二子怒，如宿。孙文子子数侍公饮，使师曹歌巧言之卒章。师曹又怒公之尝笞三百，乃歌之，欲以怒孙文子，报卫献公。文子语蘧伯玉，伯玉曰：

---

① 司马迁. 史记[M]//中华书局编辑部."二十四史"（简体字本）. 北京：中华书局，2000：1907.

② 司马迁. 史记[M]//中华书局编辑部."二十四史"（简体字本）. 北京：中华书局，2000：1785.

"臣不知也。"遂攻出献公。献公奔齐，齐置卫献公于聚邑。孙文子、甯惠子共立定公弟秋，为卫君，是为殇公。①

虽然这种事件属于极端案例，并不可能经常发生，但是这一事件也充分说明了王侯对于后宫嫔妃具有音乐技能，从而在后宫内苑开展音乐生产的重视程度。

（四）官员及新兴士人群体

春秋战国时期是中华文化繁荣发展的一个特定阶段。知识分子以前所未有的速度占据历史舞台，活跃于各个诸侯王国的政治中心，或从政做大夫、谋臣、门客、幕僚，或带着自己的理想与信念四处游走，学界常将这一特定阶层统称为"士"群体。当然，本文所用之"士"，泛指春秋战国时期做官和不做官的知识分子阶层。周室衰微、地方诸侯的强势崛起、礼制的崩塌和百家争鸣盛况的出现，都导致了一种新的社会风尚，这些新兴士人群体也逐渐成为社会音乐生产的一股主要力量。

从文献记载来看，士人群体频繁游走于不同国度、不同政府，以擅长音乐表演而著称，音乐技艺是他们立足于世的一个不可或缺的重要条件，即所谓"大夫无故不彻县，士无故不彻琴瑟"②。当时各国之间频繁的战争及统治者竞相追求豪华的音乐消费，使得这些拥有一定人身自由、丰富的学识与音乐才能的知识分子成为邦国君主、王侯招贤纳士的重要对象。因此，士人群体的音乐生产遍布各个诸侯之国、王臣之家。他们从事音乐生产的案例多不胜举，日常生活中是"窈窕淑女，琴瑟友之……窈窕淑女，钟鼓乐之"；③宴飨朋友故旧则是"坎坎鼓我，蹲蹲舞我"；④群体活动时则是"莫春者，春服既成，冠者五六人，童子六七人，浴乎沂，风乎舞雩，咏而归"⑤。

---

① 司马迁. 史记[M]//中华书局编辑部. "二十四史"（简体字本）. 北京：中华书局，2000：1326.

② 《十三经注疏》整理委员会. 十三经注疏·礼记正义：上、中、下[M]. 李学勤，主编. 北京：北京大学出版社，1999：120.

③ 《十三经注疏》整理委员会. 十三经注疏·毛诗正义：上、中、下[M]. 李学勤，主编. 北京：北京大学出版社，1999：8.

④ 《十三经注疏》整理委员会. 十三经注疏·毛诗正义：上、中、下[M]. 李学勤，主编. 北京：北京大学出版社，1999：576-582.

⑤ 《十三经注疏》整理委员会. 十三经注疏·论语注疏[M]. 李学勤，主编. 北京：北京大学出版社，1999：154.

当然，士人群体中作为音乐生产者的典型代表是儒、墨、道三家的代表人物及其子弟。

儒家学派中有不少具备高超音乐技能者。创始人孔子非常爱好音乐，能弹琴、鼓瑟、吹笙、击磬，即所谓"五日弹琴而不成声，十日而成笙歌"。① 他在五十岁的时候甚至还特意向师襄学鼓琴，从"得其曲"到"得其意"，学得十分专注、认真和刻苦。② 他广收门徒时，以"六艺"来授徒，并将乐教放在突出位置。他周游列国时，无论身在何处，都不忘通过音乐来自娱、抒情达意，如《孔子家语》载：

> 孔子遭厄于陈、蔡之间，绝粮七日，弟子馁病，孔子弦歌。子路入见曰："夫子之歌，礼乎？"孔子弗应。曲终而曰："由，来！吾语汝：君子好乐，为无骄也；小人好乐，为无慑也。其谁之子不我而从我者乎？"子路不悦，援戚而舞，三终而出。
>
> 明日，免于厄。③

《庄子集释》外篇"秋水"也记载了孔子周游列国时进行音乐生产的案例：

> 孔子游于匡，宋人围之数匝，而弦歌不辍。④
>
> 孔子穷于陈蔡之间，七日不火食。左据槁木，右击槁枝，而歌焱氏之风，有其具而无其数，有其声而无宫角。木声与人声，犁然有当于人之心。⑤

孔子的弟子曾子深受孔子乐教的影响，其在卫国期间，也常常曳纵而歌《商颂》，声满天地，若出金石。

孔子的另一弟子颜回也善琴乐，如《列子集释》卷第四"仲尼篇"载：

> 仲尼闲居，子贡入待，而有忧色。子贡不敢问，出告颜回。颜回

---

① 《十三经注疏》整理委员会. 十三经注疏·礼记正义：上、中、下 [M]. 李学勤，主编. 北京：北京大学出版社，1999：192.
② 司马迁. 史记 [M]//中华书局编辑部. "二十四史"（简体字本）. 北京：中华书局，2000：1551.
③ 王国轩，王秀梅. 孔子家语 [M]. 北京：中华书局，2009：188.
④ 郭庆潘. 庄子集释 [M]. 王孝鱼，点校. 北京：中华书局，1985：595.
⑤ 郭庆潘. 庄子集释 [M]. 王孝鱼，点校. 北京：中华书局，1985：679–680.

援琴而歌。孔子闻之,果召回入,问曰:"若奚独乐?"回曰:"夫子奚独忧?"孔子曰:"先言尔志。"①

作为儒家学派的后继者,孟子和荀子都注重自身音乐素养的提高与音乐生产的消费。孟子提出了"独乐乐不如众乐乐"的审美观点,荀子则撰写了《乐论》一书,强调"今之乐由古之乐也"。

道家学派同样重视音乐的生产与教习。道家的创始者老子善音乐,曾提出"五音令人耳聋""大音希声"等音乐美学理论,后继者庄子甚至在妻子死的时候"方箕踞鼓盆而歌",② 并在其论著中提出"天乐""无言而心悦"等音乐美学观点,这些观点对后世音乐美学尤其是音乐表演美学产生了深远影响。

墨家学派代表人物墨子也是一位以吹笙而著称的文士,即所谓"墨子见荆王,衣锦吹笙"。当然,墨子之所以强调要穿上华丽的服装去演奏,是因为想通过音乐生产来满足"荆王之所欲"。当然,墨子从普通手工业者的角度出发,提出了著名的"非乐"观,希望君王能够尽量减少奢侈用乐。

当然,在这些新生知识分子阶层中,除了上文所提到的、大家所熟知的诸子百家中的"文士"外,还有一些依附于贵族阶级的"处士""游士""武士",他们也是一个不容忽视的士人群体。他们也与文士一样,频繁游走于不同国度,择明主而栖身,兼具音乐技能、参与音乐生产。例如《韩非子》对于南郭处士的记载:

> 齐宣王使人吹竽,必三百人。南郭处士请为王吹竽,宣王说之,廪食以数百人。宣王死,湣王立,好一一听之,处士逃。③

从这一文献记载中也可以看出,春秋战国时期,这些士人群体有一定的人身自由、一定的音乐技能和简单的音乐生产资料,如小型乐器,但是对最终成型的大型音乐产品却没有真正的所有权。士人群体只能作为一种特殊的生产力参与其中,通过自己的音乐生产来服务恩主。

武士也不例外。史载晋国武士张骼、辅砾曾在与楚军的交战中乘坐战车弹琴:

---

① 杨伯峻. 列子集释[M]. 北京:中华书局,1985:114.
② 郭庆藩. 庄子集释[M]. 王孝鱼,点校. 北京:中华书局,1985:614.
③ 王先慎. 韩非子集解[M]. 钟哲,点校. 北京:中华书局,2003:232.

> 冬，楚子伐郑以救齐，门于东门，次于棘泽。诸侯还救郑。晋侯使张骼、辅跞致楚师，求御于郑。……二子在幄，坐射犬于外，既食，而后食之。使御广车而行，已皆乘乘车。将及楚师，而后从之乘，皆踞转而鼓琴。近，不告而驰之。皆取胄于橐而胄，入垒，皆下，搏人以投，收禽挟囚。弗待而出。皆超乘，抽弓而射。既免，复踞转而鼓琴，曰："公孙！同乘，兄弟也。胡再不谋？"对曰："曩者志入而已，今则怵也。"皆笑，曰："公孙之亟也。"①

战争中的琴乐演奏是否是战时的暗号或者迷惑敌人的工具，现在已经不得而知。但是武士在战争时依然弹琴，除了表现出其稳定的内心之外，更彰显了武士对琴乐的痴迷程度。无独有偶，另外两名武士荆轲和高渐离也具有相当高的音乐技能：

> 太子及宾客知其事者，皆白衣冠以送之。至易水之上，既祖，取道，高渐离击筑，荆轲和而歌，为变徵之声，士皆垂泪涕泣。又前而为歌曰："风萧萧兮易水寒，壮士一去兮不复还！"复为羽声慷慨，士皆瞋目，发尽上指冠。于是荆轲遂就车而去，终已不顾。②

总之，在西周时代，音乐只是贵族阶级的专属产品。"士"虽然萌发于这一阶层，但还处于贵族的最低阶级。随着"春秋五霸"的崛起，国家政治结构开始发生变化，士人群体也逐渐成为社会的主体阶层，在社会政治生活中发挥着重要作用。百家争鸣的出现、孔子私学的兴起及"有教无类"思想的实践，导致更多的士人游走于诸侯邦国和士大夫之家，通过知识和武艺来服务君王、获取生活资料，并在这一过程中将音乐生产技能作为基本的生存手段之一，进行音乐生产，从而构成了这一时期重要的音乐生产者群体。

（五）巫觋等宗教活动者

春秋战国时期，巫觋等宗教活动者也是音乐生产者之一，如《毛诗正义》载：

---

① 《十三经注疏》整理委员会. 十三经注疏·春秋左传正义：上、中、下 [M]. 李学勤，主编. 北京：北京大学出版社，1999：1006 – 1007.
② 司马迁. 史记 [M] //中华书局编辑部. "二十四史"（简体字本）. 北京：中华书局，2000：1972.

> 陈谱陈者，大皞虙戏氏之墟。……大姬无子，好巫觋祷祈鬼神歌舞之乐，民俗化而为之。①

这说明西周礼乐制度的崩塌并没有影响到社会的祭祀活动，巫觋等宗教活动者依然参与音乐生产。当然，随着春秋战国社会政治的变化，巫觋等宗教活动也呈现出不同的等级性，即所谓"故天子之祭也，与天下乐之。诸侯之祭也，与竟内乐之"②。

《诗经》卷第十三"楚茨"就描写了天子（幽王）祭祀时，巫觋组织乐舞活动的场景：

> 礼仪既备，钟鼓既戒。孝孙徂位，工祝致告。神具醉止，皇尸载起。鼓钟送尸，神保聿归。诸宰君妇，废彻不迟。诸父兄弟，备言燕私。
>
> 乐具入奏，以绥后禄。尔殽既将，莫怨具庆。既醉既饱，小大稽首。"神嗜饮食，使君寿考。……"③

《礼记正义》卷第三十八"乐记"也强调祭祀之乐非谓黄钟、大吕、弦歌、干扬也，"铺筵席，陈尊俎，列笾豆，以升降为礼者，礼之末节也，故有司掌之。乐师辨乎声诗，故北面而弦。宗祝辨乎宗庙之礼，故后尸。商祝辨乎丧礼，故后主人。是故德成而上，艺成而下，行成而先，事成而后。是故先王有上有下，有先有后，然后可以有制于天下也"④。

从文献记载来看，战国时期巫觋活动极盛，尤其在南方楚国、北方郑国。关于楚地政府及民间的巫觋宗教活动，屈原在《楚辞》中记载尤多，如《九歌》中就描述了楚地盛大的祭祀乐舞活动盛况。北方郑国比较知名的宗教活动者是季咸，其事迹见于《庄子》内篇"应帝王"：

> 郑有神巫曰季咸，知人之死生存亡，祸福寿夭，期以岁月旬日，若

---

① 《十三经注疏》整理委员会. 十三经注疏·毛诗正义：上、中、下 [M]. 李学勤，主编. 北京：北京大学出版社，1999：436-437.

② 《十三经注疏》整理委员会. 十三经注疏·礼记正义：上、中、下 [M]. 李学勤，主编. 北京：北京大学出版社，1999：1351.

③ 《十三经注疏》整理委员会. 十三经注疏·毛诗正义：上、中、下 [M]. 李学勤，主编. 北京：北京大学出版社，1999：821-823.

④ 《十三经注疏》整理委员会. 十三经注疏·礼记正义：上、中、下 [M]. 李学勤，主编. 北京：北京大学出版社，1999：1118-1119.

神。郑人见之，皆弃而走。列子见之而心醉……①

（六）乐器及其他音乐产品的生产者

从事乐器生产的人员早已有之，西周时期出现的乐器分类方法"八音分类法"就说明乐器生产不仅成为一种职业，而且具有明确的分工。春秋战国时期也依然延续这一发展趋势，并且对此进行了进一步细化。如《周礼注疏》卷四十一"冬官考工记下"记载了当时的乐器生产情况：

> 磬氏为磬，倨句一矩有半。其博为一，股为二，鼓为三。参分其鼓博，去一以为鼓博；参分其鼓博，以其一为之厚。已上则摩其旁，已下则摩其耑。②
>
> 梓人为笋虡。③

春秋时期铸钟被各个诸侯君主所追捧，如昭公二十一年（前522年），周景王铸无射钟；④ 襄公十九年（前280年），孝武子作林钟；等等。这些耗资巨大、费时一年以上的乐器生产行为，显然不是一人所为，而是群体性的器乐生产者团队协作的结果。

值得注意的是，这一时期也出现了木偶乐人的制造者，如《列子集释》载：

> 周穆王西巡狩，越昆仑，不至弇山。反还，未及中国，道有献工人名偃师，穆王荐之，问曰："若有何能？"偃师曰："臣唯命所试。然臣已有所造，愿王先观之。"穆王曰："日以俱来，吾与若俱观之。"越日偃师谒见王。王荐之，曰："若与偕来者何人邪？"对曰："臣之所造能倡者。"穆王惊视之，趣步俯仰，信人也。巧夫顉其颐，则歌合律；捧其手，则舞应节。千变万化，惟意所适。王以为实人也，与盛姬内御并观之。技将终，倡者瞬其目而招王之左右侍妾。王大怒，立欲诛偃师。偃师大慑，立剖散倡者以示王，皆傅会革、木、胶、漆、白、

---

① 郭庆潘. 庄子集释 [M]. 王孝鱼，点校. 北京：中华书局，1985：297.
② 《十三经注疏》整理委员会. 十三经注疏·周礼注疏：上、下 [M]. 李学勤，主编. 北京：北京大学出版社，1999：1128－1129.
③ 《十三经注疏》整理委员会. 十三经注疏·周礼注疏：上、下 [M]. 李学勤，主编. 北京：北京大学出版社，1999：1135.
④ 《十三经注疏》整理委员会. 十三经注疏·春秋左传正义：上、中、下 [M]. 李学勤，主编. 北京：北京大学出版社，1999：1141－1142.

黑、丹、青之所为。王谛料之，内则肝、胆、心、肺、脾、肾、肠、胃，外则筋骨、支节、皮毛、齿发，皆假物也，而无不毕具者。合会复如初见。王试废其心，则口不能言；废其肝，则目不能视；废其肾，则足不能步。穆王始悦而叹曰："人之巧乃可与造化者同功乎？"诏二车载之以归。①

《史记》卷七十五"孟尝君列传"中也有类似记载：

秦昭王闻其贤，乃先使泾阳君为质于齐，以求见孟尝君。孟尝君将入秦，宾客莫欲其行，谏，不听。苏代谓曰："今旦代从外来，见木禺人与土禺人相与语。木禺人曰：'天雨，子将败矣。'土禺人曰：'我生于土，败则归土。今天雨，流子而行，未知所止息也。'今秦，虎狼之国也，而君欲往，如有不得还，君得无为土禺人所笑乎？"孟尝君乃止。②

上述两条文献说明这一时期已经有木偶戏，即音乐生产者通过木偶来进行音乐表演。这一方面说明当时音乐的繁盛；另一方面也说明当时乐工制造手艺的进步。

二、音乐生产方式、目的

从经济学的角度来看，有什么样的生产力就有什么样的生产关系，即生产力会有与此相适应的生产方式。从春秋战国时期社会属性的角度来看，其属于从奴隶社会向封建社会过渡的阶段；从经济特征开始来看，商业经济纵横交错，城镇商业中心开始形成，以利为主的商人阶层开始崛起；从生产力发展的角度来看，冶铁技术得到发展，铁农具和牛耕技术得到普及，这些有力促进了社会经济的发展；从文化发展特征的角度来看，各种思想蓬勃发展、激荡交流、百家争鸣。

李学勤先生也将这一期的历史特征归纳为四点：第一，在考古学上这一时期属于由青铜器时代向铁器时代的过渡；第二，在经济史上这一时期属于井田制的崩溃和奴隶制关系的衰落；第三，在政治史上这一时期属于

---

① 杨伯峻．列子集释［M］．北京：中华书局，1985：179–181．
② 司马迁．史记［M］//中华书局编辑部．"二十四史"（简体字本）．北京：中华书局，2000：1847．

从以宗法制为基础的分封制到中央集权的专制主义国家；第四，在文化艺术史上这一时期属于百家争鸣的繁荣和结束。①

因此，纵观这一时期，乐舞作为社会化大生产的一部分，它的基本生产方式可以归纳为四类：地方诸侯政权主导下的集约式音乐生产，以地域文化、经济和政治中心城镇为标志的区域化音乐生产，以教习为核心的音乐生产，以文士自娱为主体的自给自足的音乐生产。

（一）地方诸侯政权主导下的集约式音乐生产

地方诸侯主导下的集约式音乐生产是指春秋战国时期的音乐生产以地方邦国政权为核心，由诸侯国各级管理机构组织进行的社会化、政府性音乐生产。生产者是隶属各级政府的专业乐人，从诸侯到各级官员是音乐生产资料（包括乐人）的拥有者，生产者必须按照恩主的需要进行音乐生产，生产的目的是实现恩主的娱乐需求和邦国政治需要。正如荀子所说：

> 故先王圣人为之不然。知夫为人主上者不美不饰之不足以一民也，不富不厚之不足以管下也，不威不强之不足以禁暴胜悍也。故必撞大钟、击鸣鼓、吹笙竽，弹琴瑟以塞其耳，……然后众人徒、备官职、渐庆赏、严刑罚以戒其心。②

或如《毛诗正义》所云：

> 风之始也，所以风天下而正夫妇也，故用之乡人焉，用之邦国焉。③

在周天子权力衰弱、礼崩乐坏的社会大环境下，地方诸侯的集约式音乐生产重点集中在对天子或上一级礼乐的僭越或向往、对世俗靡靡之乐的追求上。例如鲁国的卿大夫季孙氏在自家庙堂之上，让乐人表演原本属于周天子的"八佾之舞"，导致孔子批评他"八佾舞于庭，是可忍孰不可忍也"；成公二年（前589年），新筑人仲叔于奚救孙桓子，桓子是以免，于是卫侯赏赐给仲叔城池但被拒绝，仲叔要求赏赐轩悬之乐舞，卫侯竟然允许了，此事例充分说明当时人们对上一级礼乐的向往胜过对都邑的拥有。

---

① 李学勤. 东周与秦代文明 [M] 北京：文物出版社，1984：371 – 372.
② 王先谦. 荀子集解 [M]. 沈啸寰，王星贤，点校. 北京：中华书局，1988：186 – 187.
③ 《十三经注疏》整理委员会. 十三经注疏·毛诗正义：上、中、下 [M]. 李学勤，主编. 北京：北京大学出版社，1999：5.

曾侯乙墓葬出土的曾侯乙编钟本质上是三面乐悬，却以曲尺形排列的现象更是充分说明僭越现象贯穿整个春秋战国时期。显然，地方诸侯、卿大夫对周代礼乐制度的破坏是通过政府集约式音乐生产行为来实现的，从另一角度来说这也代表了春秋战国时期礼乐生产的繁盛。

礼崩乐坏的另一方面就是地方诸侯、卿大夫对新乐的向往。例如战国初期魏文侯曾说听新乐三日而不知倦，足见诸侯对新乐的迷恋。与此类似，鲁国因得到了齐国赠送的80多名女乐，导致季桓子君臣终日迷恋歌舞而不理朝政，忽视了孔子，以致孔子出走他国。因此，所谓新乐生产，本质上是地方诸侯、卿大夫通过政治行为、利用国家财富来蓄养大量的专职新乐生产者，并以个人代表政府行为的方式组织新乐生产者按照自己的审美需要进行音乐表演。在这一过程中，音乐表演者、生产资料、场所都归属诸侯、卿大夫所有。

除此之外，军中音乐生产也属于典型的政府集约式音乐生产。

当然，集约式音乐生产的核心是地方诸侯、卿大夫主导下的钟鼓之乐。究其原因有以下两点：其一，继承商周之际的钟磬乐舞在礼的统筹下，成为社会等级的标志，也成为王权式微下地方豪强追逐的对象，从而通过所谓的"僭越"行为来标榜自己的地位；其二，钟磬乐舞需要耗费大量的人力和物力，如六代乐舞都是大型的国家乐舞，其表演需要众多的乐舞人员，钟磬等金石之乐的生产需要高超的生产工艺、金属的冶炼技术、贵重的原料，这不是一般等级的人所能拥有的，往往需要举国之力。因此，拥有贵重的钟磬乐器也是财富和权力的象征。

（二）区域化音乐生产

春秋时期的政治结构本质上是松散式的诸侯邦国联盟，仅仅是形式上统一于周天子的管辖，地方诸侯在自己的邦国内有着绝对的统治权力，彼此之间是群雄纷争，致使齐桓公、晋文公、宋襄公、秦穆公、楚庄王相继称霸。至战国时期，齐、楚、燕、韩、赵、魏、秦七国崛起，战乱纷迭，由此构建了不同的区域性政治和区域性文化。对此，李学勤先生又根据不同地域文化和艺术的特点，将其归纳为7个文化圈：

中原文化圈：战国时由地处黄河中游的周和三晋（不包括赵国北部）组成；

北方文化圈：由中原以北包括赵国北部、中山国、燕国及更北的方国部族组成；

齐鲁文化圈：由今山东省范围内的齐、鲁和若干小诸侯国组成；
楚文化圈：位于长江中游，以楚国为中心；
吴越文化圈：东南地区；
巴蜀滇文化圈：西南地区；
秦文化圈：西北地区。①

这一划分得到学界的肯定，由此也充分说明春秋战国时期音乐生产的地域化特征显著。从文献记载来看，以地域邦国为基础的区域文化圈形成的基础就是每个文化圈内的音乐具有鲜明的地域性。例如《史记》卷二十四"乐书"载，魏文侯与子夏讨论溺音问题时，已经明确指出了当时音乐生产的地域性：

> 文侯曰："敢问溺音者何从出也？"
> 子夏答曰："郑音好滥淫志，宋音燕女溺志，卫音趣数烦志，齐音骜辟骄志，四者皆淫于色而害于德，是以祭祀不用也"。②

例如齐鲁文化圈的音乐生产以齐都临淄为中心，音乐生产具有典型的地域性特征。《史记》卷六十九"苏秦列传"载：

> 临菑富而实，其民无不吹竽鼓瑟，弹琴击筑，斗鸡走狗，六博蹋鞠者。临菑之涂，车毂击，人肩摩，连衽成帷，举袂成幕，挥汗成雨，家殷人足，志高气扬。③

显然，在这样繁华的大都会里，一种以中下层平民为主要消费对象的音乐生产逐渐形成。这些音乐生产者往往是民间音乐家，音乐生产方式相当灵活，《列子集释》卷第五"汤问篇"记载：

> 昔韩娥东之齐，匮粮，过雍门，鬻歌假食。既去而余音绕梁欐，三日不绝，左右以其人弗去。过逆旅，逆旅人辱之。韩娥因曼声哀哭，一里老幼悲愁，垂涕相对，三日不食。遽而追之。娥还，复为曼声长

---

① 李学勤. 东周与秦代文明［M］北京：文物出版社，1984：371－372.
② 司马迁. 史记［M］//中华书局编辑部. "二十四史"（简体字本）. 北京：中华书局，2000：1071.
③ 司马迁. 史记［M］//中华书局编辑部. "二十四史"（简体字本）. 北京：中华书局，2000：1782.

歌。一里老幼喜跃抃舞，弗能自禁，忘向之悲也。乃厚赂发之。①

从中可见，这种卖艺行为几乎是一种根据消费者需要随时进行的音乐生产方式。当然，更典型的应属齐鲁之地继承西周时期的礼乐，这在周天子衰微之后各个诸侯邦国竞相追逐新乐的背景下显得尤为引人注目。《春秋左传正义》卷第三十九"襄公二十九年"记载了吴公子札来访鲁国，鲁国诸侯、卿大夫请其欣赏周乐一事，这充分说明当时鲁国以保存完备的周乐而自豪：

>请观于周乐。使工为之歌《周南》《召南》。曰："美哉！始基之矣，犹未也，然勤而不怨矣。"为之歌《邶》《鄘》《卫》。曰："美哉渊乎！忧而不困者也。吾闻卫康叔、武公之德如是，是其《卫风》乎！"为之歌《王》。曰："美哉！思而不惧，其周之东乎！"为之歌《郑》。曰："美哉！其细已甚，民弗堪也，是其先亡乎！"为之歌《齐》。曰："美哉！泱泱乎，大风也哉！表东海者，其大公乎！国未可量也。"为之歌《豳》。曰："美哉，荡乎！乐而不淫，其周公之东乎！"为之歌《秦》。曰："此之谓夏声。夫能夏则大，大之至也，其周之旧乎！"为之歌《魏》。曰："美哉，沨沨乎！大而婉，险而易行，以德辅此，则明主也。"为之歌《唐》。曰："思深哉！其有陶唐氏之遗民乎！不然，何忧之远也？非令德之後，谁能若是？"为之歌《陈》。曰："国无主，其能久乎！"自《郐》以下，无讥焉。为之歌小雅。曰："美哉！思而不贰，怨而不言，其周德之衰乎！犹有先王之遗民焉。"为之歌大雅。曰："广哉，熙熙乎！曲而有直体，其文王之德乎！"为之歌颂。曰："至矣哉！直而不倨，曲而不屈，迩而不偪，远而不携，迁而不淫，复而不厌，哀而不愁，乐而不荒，用而不匮，广而不宣，施而不费，取而不贪，处而不底，行而不流。五声和，八风平，节有度，守有序，盛德之所同也。"

>见舞《象箾》《南籥》者，曰："美哉！犹有憾。"见舞《大武》者，曰："美哉！周之盛也，其若此乎！"见舞《韶濩》者，曰："圣人之弘也，而犹有惭德，圣人之难也。"见舞《大夏》者，曰："美哉！勤而不德，非禹，其谁能修之？"见舞《韶箾》者，曰："德至矣哉，

---

① 杨伯峻. 列子集释 [M]. 北京：中华书局，1979：177-178.

大矣！如天之无不帱也，如地之无不载也。虽甚盛德，其蔑以加于此矣。观止矣！若有他乐，吾不敢请已。"①

显然，作为天子象征的八佾之舞《韶乐》，不仅令吴国公子季札叹为观止，而且连出身鲁国的孔子也大加赞赏，其云："尽美矣，又尽善也。"值得注意的是，孔子是在齐国看到了《韶乐》，这说明齐鲁之地的音乐生产具有典型的西周礼乐之风，这些音乐产品虽然沿承前代，但是已经与地域文化融合，甚至成为地域性音乐产品的标志。

究其原因在于齐鲁两国与周的政治渊源，鲁国是周公之子伯禽的封地，因而严格遵循周之礼乐制度，享受特殊的待遇，可演奏六代音乐，也可享受国之祭祀。齐国是太公姜尚的封地，姜太公善舞，到齐地之后"因其俗，简其礼"，创作出的新音乐既遵循了周之礼乐制度，又融入了当地乡土气息，华丽活泼，易被当地人接受，以推行他的礼乐之治。②《汉书》卷二十二"礼乐志"记载，春秋时期"陈公子完奔齐。陈，舜之后，招乐存焉"。因此，在春秋时期天下战争纷乱、各诸侯国礼崩乐坏之时，唯独在齐鲁之地，尤其在鲁，周礼被保存得相当完整，这必然促使齐鲁音乐文化具有更多的礼乐特征。

北方文化圈的音乐生产以燕赵地区为核心。燕国是召公始封之地，位于今河北、辽宁及朝鲜边界处。赵国是"三家分晋"分裂出来的国家之一，位于今山西中部、山西东北及河北西南部。独特的地理环境和具有侠义之风的人文风情导致燕赵悲歌的形成。燕赵悲歌具有一种燕赵文化融合草原游牧文化的色彩。正如司马迁对燕赵地区的描述：

种、代，石北也，地边胡，数被寇。人民矜懻忮，好气，任侠为奸，不事农商。然迫近北夷，师旅亟往，中国委输时有奇羡。其民羯羠不均，自全晋之时固已患其僄悍，而武灵王益厉之，其谣俗犹有赵之风也。③

这里音乐生产风俗的情况则是：

---

① 《十三经注疏》整理委员会.十三经注疏·春秋左传正义：上、中、下［M］.李学勤，主编.北京：北京大学出版社，1999：1095－1107
② 彭玮.春秋战国音乐生产概况［D］.北京：中国艺术研究院，2010：18.
③ 司马迁.史记［M］//中华书局编辑部."二十四史"（简体字本）.北京：中华书局，2000：2467－2468.

> 中山地薄人众，犹有沙丘纣淫地馀民，民俗懁急，仰机利而食。丈夫相聚游戏，悲歌忼慨，起则相随椎剽，休则掘冢作巧奸冶，多美物，为倡优。女子则鼓鸣瑟，跕屣，游媚贵富，入后宫，遍诸侯。①

因此，人文风情和地域特征导致燕赵地区形成了独特的音乐风格：慷慨悲歌、任侠尚气，具有既不同于中原、关陇，又不同于齐鲁、江南的特点。当然，这类悲歌壮曲主要是指侠客、刺客所吟唱的歌曲，往往有乐器伴奏，是一种"轻生死，重大义"之侠士情怀的自然流露。《史记》卷八十六"刺客列传"载：

> 荆轲既至燕，……日与狗屠及高渐离饮于燕市，酒酣以往，高渐离击筑，荆轲和而歌于市中，相乐也，已而相泣，旁若无人者。②

这种音乐的生产在春秋战国时期多以武士（刺客）个人情感发泄、自我娱乐的生产方式为主。据《史记》记载，荆轲刺秦王时与太子丹诀别而歌："风萧萧兮易水寒，壮士一去兮不复还！"③

即便是在日常生活中，这种音乐也依然具有侠义气概，如《史记》卷八十六"刺客列传"载，荆轲刺秦王失败后数年，秦灭赵，继又统一天下，高渐离遂隐姓埋名：

> 久之，作苦，闻其家堂上客击筑，傍徨不能去。每出言曰："彼有善有不善。"从者以告其主，曰："彼庸乃知音，窃言是非。"家丈人召使前击筑，一坐称善，赐酒。而高渐离念久隐畏约无穷时，乃退，出其装匣中筑与其善衣，更容貌而前。举坐客皆惊，下与抗礼，以为上客。使击筑而歌，客无不流涕而去者。④

正因为燕赵地区的音乐生产具有典型的地域文化特征，唐代诗人李白在《侠客行》中生动歌咏了自古燕赵多慷慨悲歌之士的侠义精神。从文献

---

① 司马迁. 史记［M］//中华书局编辑部."二十四史"（简体字本）. 北京：中华书局，1982：3263.

② 司马迁. 史记［M］//中华书局编辑部."二十四史"（简体字本）. 北京：中华书局，2000：1968.

③ 司马迁. 史记［M］//中华书局编辑部."二十四史"（简体字本）. 北京：中华书局，2000：1972.

④ 司马迁. 史记［M］//中华书局编辑部."二十四史"（简体字本）. 北京：中华书局，2000：1974.

记载来看，燕赵地区以悲歌为典型地域音乐生产内容不是依靠大量的经济投入，而是依靠君王对大量武士侠客的蓄养之情，靠武士侠客自身精神文化价值而产生的。

中原文化圈以郑国和卫国为中心，其音乐生产也具有典型的地域性特征。例如这一时期极为盛行、被称作新乐代表的"郑卫之音"，本身就是郑国和卫国等地（今河南新郑、滑县一带）的民间音乐，也被称为"桑间濮上之音"。这种音乐的生产依托于浓厚的商代音乐遗风和当地一种"手执兰草，拔除不祥"的风俗。由于它具有奔放、热烈和大胆的特点，所以被归结为"靡靡之乐""亡国之音"抑或"乱世之音"，因而被推崇雅乐礼制的周王室及其维护者排斥和否定，即所谓"恶郑声之乱雅也"。

郑卫地域音乐生产的繁荣促使大量以从事"郑卫之音"为主的职业乐舞生产者的出现，他们不仅活跃在郑卫之地，还流布其他邦国，深受各地诸侯、士大夫的欢迎和喜爱，严重冲击了礼乐的生存空间。例如屈原在《楚辞》中，铺陈种种美女歌舞来诱招孤鬼游魂，包括"二八齐容，起郑舞些"。王逸注云："言二八美女，其仪容齐一，被服同饰，奋袂俱起而郑舞也。"李斯在《谏逐客书》中说："郑、卫、桑间、韶、虞、武、象者，异国之乐也。今弃击瓮叩缶而就郑卫，退弹筝而取昭虞，若是者何也？"①

因此，"郑姬""郑女""郑舞"等专属名词的出现，以及专业乐人遍布不同邦国宫廷的现象，说明中原文化圈地域音乐生产的繁盛，其音乐已经是一种十分具有影响力的输出性特色商品。

楚文化圈的音乐生产以楚国为中心，遍布长江中游，包括两湖及河南、安徽、江西部分地区。其地域性音乐生产历史悠久，文化渊源可上溯至传说中的祝融、三苗。从楚地人文风情的角度来看，巫乐舞的生产是楚文化圈最典型的地域音乐产品。因为南方楚地巫觋活动频繁，楚人对先祖功业极度崇敬、对神鬼的奉祀极度虔诚，所以从宫廷到民间的"淫祠"繁多、巫风盛行。《国语》说，楚国"民神杂揉，不可方物，夫人作享，家为巫史"。南宋朱熹曾说："昔楚南郢之邑，沅、湘之间，其俗信鬼而好祀，其祀必使巫觋作乐，歌舞以娱神。"因此，娱神悦鬼是楚人的重要生活内容，甚至达到了人鬼无间的地步。

由此可见，从宫廷到民间到处都存在巫乐舞的生产与消费，以楚王为

---

① 司马迁. 史记［M］//中华书局编辑部. "二十四史"（简体字本）. 北京：中华书局，2000：1980.

首的宫廷蓄养了大量的巫觋乐舞人员以从事祭祀乐舞活动。《左传》载，楚共王有宠子五人，不知立谁，遂遍祭名山大川，"请神择于五子者，使主社稷"。东汉桓谭《新论》载，春秋时期吴王阖闾率兵攻陷楚王宫室，但此时楚灵王犹自鼓舞于神坛，端赖鬼神之佑，可见楚人对神鬼迷信之深。即便到了战国末期，楚之巫风仍炽。《汉书》卷二十五下"郊祀志下"载："楚怀王隆祭祀，事鬼神，欲以获福助，却秦师，而兵挫地削，身辱国危。"①显然，巫乐舞生产在当时已经成为国家的政治事务。当然，楚地民间的祭祀乐舞活动更为频繁。屈原流放湘江之际，所搜集整理改编诗集《楚辞》，生动刻画了楚地民间音乐活动的盛况。

除了巫乐之外，楚地舞蹈也著称于世。《韩非子》说，舞人以腰细为美，这是楚国宫廷的风尚，尤其是楚灵王好细腰，国中遂"多饿人"。出土楚国的文物中的楚舞人形象大多袅袅长袖、纤纤细腰，加上曳地长裙和向上翻卷的裙边，更衬托出舞人优美的身姿。因此，长袖、细腰也成为战国至汉代楚地出土音乐图像材料中最为多见的乐人形象特征。

再者就是楚地盛产金石之乐。虽然金石之乐是先秦音乐发展的主体，但从文献记载来看，楚地所生产的金石之器、所表演的金石之乐，是构建远古时期金石之乐的重要基石。代表性乐器就是1978年湖北随县曾侯乙墓出土的编钟、编磬等乐器，乐器品种之多、规模之大，充分展现了令人惊叹的楚地金石之乐的巨大成就，也是我国先秦音乐文化的光辉代表。

曾侯乙墓出土乐器之多、器量之重、制作工艺之精美，举世震惊。仅从其中一套编钟来看，精美绝伦、辉煌罕见。全套编钟（图1）共65件之多，包括甬钟45件、钮钟19件，加上楚王镈1件，总重达2 567公斤。最大的一件甬钟高达152.3厘米，重达203.6公斤。从演奏实践来看，它需要一定数量的、具有高超演奏技艺的乐人。

---

① 班固. 汉书［M］//中华书局编辑部."二十四史"（简体字本）. 北京：中华书局，2000：1042.

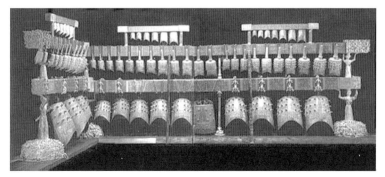

图 1 曾侯乙墓出土的编钟

从出土乐器种类来看，共有钟、磬、鼓、篪、笙、箫、琴、瑟等种类共125件，宛如一座规模宏大的地下音乐宫殿。从这些乐器制作工艺来看，编钟、编磬的设计、制造、调音、编悬等方面都达到了全新的高度。其他乐器也同样显示出在设计、制作等方面的重大发展。战国初年的曾国只是附庸于楚国的一个小国，在当时大国争雄的历史舞台上，只能扮演配角，但曾侯乙墓出土的随葬器物之多、之重、之精，竟远远超过已知的蔡昭侯墓及其他王侯贵族墓葬。由此推测，曾侯乙这样一个小国诸侯，竟拥有如此豪华宏丽的金石之乐，实力更强的楚国宫廷音乐，其场面又当是何等奢华浩大！

吴越文化圈以吴都姑苏、越都绍兴为核心，其音乐生产也具有典型的地域性特征，尤以美女歌舞为代表。史载越王勾践为打败夫差，投其所好，送上两名能歌善舞的绝代佳人，间接导致了吴国的灭亡。《拾遗记译注》中载：

> 越谋灭吴，蓄天下奇宝、美人、异味进于吴。……越又有美女二人，一名夷光，一名脩明，以贡于吴。吴处之以椒华之房，贯细珠为帘幌，……二人当轩并坐，现镜靓妆于珠幌之内。窃窥者莫不动心惊魄，谓之神人。吴王妖惑忘政。①

秦文化圈主要以西秦之地为中心，因地处西部边陲，与西戎相接，音乐产品具有刚健纯朴的风格、游牧民族的风情。正如李斯在《谏逐客书》

---

① 王嘉. 拾遗记译注 [M]. 孟庆祥，商微姝，译注. 哈尔滨：黑龙江人民出版社，1989：103.

中所云："夫击瓮叩缶弹筝搏髀，而歌呼呜呜快耳目（目）者，真秦之声也……"①髀即大腿，搏髀是一种非常质朴、粗狂、奔放的舞蹈动作，而"歌呼呜呜"据推测可能是一种大声歌唱的形式。显然，在秦人看来，他们的家乡的音乐与郑卫之音有着显著的差异。

巴蜀滇文化圈以巴国、蜀国为中心。这是一个神秘的群体，曾有过自己灿烂的文化。在常璩的《华阳国志》中，古代的巴族人被描述为"勇猛、剽悍、善战，能歌善舞"。在中原人眼里，巴蜀是"西僻之国，戎狄之长"，文化僻陋。实际上，巴蜀有其独特的经济发展方式和文化艺术特点，其音乐生产也具有鲜明的地域性特征。比较具有代表性的是巴渝之舞，这是一种兼具巫术和军乐性质的歌舞形式。据史料记载，早在夏商之际，巴渝人就将生活中积累的歌舞编排成整齐有序的军歌、军舞，以其庞大的气势鼓舞军队、慑服敌人。晋代常璩在《华阳国志》中载，"周武王伐纣，实得巴蜀之师，……巴师勇锐，歌舞以凌殷人，〔殷人〕倒戈，故世称之曰'武王伐纣，前歌后舞'也"②。司马相如在《上林赋》中描绘了"前歌后舞"的壮观场景，即所谓"撞千石之钟，立万石之虡；建翠华之旗，树灵鼍之鼓。奏陶唐氏之舞，听葛天氏之歌，千人唱，万人和，山陵为之震动，川谷为之荡波"③。

除歌舞之外，巴蜀之人常在巴渝舞中使用一些独特的乐器，如錞于。李纯一《先秦音乐史》中亦云："战国时期的錞于大多出土于南方，尤以湖南和鄂西、川东巴人活动地区出土较多。看来錞于已经成为巴族的一种重要的打击乐器和军器。"④ 从近些年出土的文物来看，这些錞于的顶盖上都镶着铜虎，很多还雕刻着巴蜀图语，故其又名虎钮錞于。（图2）

---

① 司马迁. 史记［M］//中华书局编辑部. "二十四史"（简体字本）. 北京：中华书局，2000：1980.

② 刘晓东，等. 二十五别史：10：华阳国志［M］. 济南：齐鲁书社，2000：2.

③ 司马迁. 史记［M］//中华书局编辑部. "二十四史"（简体字本）. 北京：中华书局，2000：2314－2315.

④ 李纯一. 先秦音乐史［M］. 北京：人民音乐出版社，2005：198.

图 2　虎钮錞于

（三）以教习为核心的音乐生产

春秋战国时期的音乐生产还有一种比较重要的生产方式，即通过音乐的教育传承来实现音乐生产。音乐生产活动本身就是音乐的教习活动，其生产的目的和核心就是教育传承。

从文献记载来看，这一时期的音乐教育活动极为发达，并伴随着社会教育的发展和受社会音乐习俗的影响而形成了多维乐教体系，归纳起来主要有二个维度：其一是以天子、诸侯、卿大夫等奴隶主统治者为核心的音乐教育生产行为，即政府乐教体系；其二是以文士阶层、普通民众和新型商人阶层为基础的民间音乐教育生产行为，和以社会流动的职业乐人或民间乐人为主体的民间专业音乐生产教育行为，即民间乐教体系。

政府乐教体系的一类是政府所蓄养的职业乐人内部进行的乐教活动。他们的乐教活动以满足恩主需要为目标，通过乐教活动来实现音乐生产技能在乐人之间的传承，从而保证天子、诸侯和卿大夫等奴隶主个人的娱乐需求及国家的需要，具有代表性的如周代形成的大司乐机构及其内部的职业乐人教育传承。

政府乐教体系的另一类是由地位较高的职业乐人、乐官对奴隶主子女、妻妾所进行的音乐教育活动。这是一种有明确的教育目的、教育年限和教育内容的政府教育活动，其前身是西周时期以大司乐为主体对国子和世子进行的乐教活动，如《礼记正义》卷第十三"王制"载：

> 乐正崇四术，立四教。顺先王《诗》《书》《礼》《乐》以造士。春秋教以《礼》《乐》，冬夏教以《诗》《书》。……凡入学以齿。将出学，小胥、大胥、小乐正简不帅教者，以告于大乐正，大乐正以告于王。①
>
> 凡三王教世子，必以礼乐。乐，所以修内也，礼，所以修外也。礼乐交错于中，发形于外，是故其成也怿，恭敬而温文。②

关于其教育的内容和年限也有明确的规定：

> 十有三年，学乐诵《诗》，舞《勺》。成童，舞《象》，学射御。二十而冠，始学礼，可以衣裘帛，舞《大夏》，……③

当然，在春秋战国时期，以周天子子女为主要教育对象的音乐教习活动进一步得到普及，地方诸侯、卿大夫的子女也都在这一教育体系之中，如《礼记正义》卷三十五"少仪"云：

> 问大夫之子长幼，长，则曰"能从乐人之事矣"；幼，则曰"能正于乐人""未能正于乐人"。④

这说明这一时期大夫之家教子弟习乐是一种常态，也充分说明当时政府体系下乐教生产的普遍性。

不仅如此，部分诸侯还专门聘请社会上的著名乐人对自己及自己的嫔妃进行专项的音乐教育活动。如《史记》卷三十七"卫康叔世家"载：

> 献公十三年，公令师曹教宫妾鼓琴，妾不善，曹笞之。妾以幸恶曹于公，公亦笞曹三百。⑤

---

① 《十三经注疏》整理委员会. 十三经注疏·礼记正义：上、中、下[M]. 李学勤，主编. 北京：北京大学出版社，1999：404.
② 《十三经注疏》整理委员会. 十三经注疏·礼记正义：上、中、下[M]. 李学勤，主编. 北京：北京大学出版社，1999：634-635.
③ 《十三经注疏》整理委员会. 十三经注疏·礼记正义：上、中、下[M]. 李学勤，主编. 北京：北京大学出版社，1999：869.
④ 《十三经注疏》整理委员会. 十三经注疏·礼记正义：上、中、下[M]. 李学勤，主编. 北京：北京大学出版社，1999：1028.
⑤ 司马迁. 史记[M]//中华书局编辑部. "二十四史"（简体字本）. 北京：中华书局，2000：1326.

民间乐教体系在春秋战国时期得到发展和普及，主要分为文人乐教体系和职业乐工的乐教体系两类。前者受益于百家争鸣、不同思想的传播需要，由此带动文士投身教育，最典型的是以孔子为首的乐教活动，其核心在于乐教而不是专职的教习活动，乐教贯穿于教育者的整个教育过程，乐教是其教育活动的主要内容之一，其目的是通过音乐技能的训练来实现受教育者乐德的提升，追求的是音乐背后的道义和情怀。用现在的概念来说，这是一种音乐素养教育，是美育。例如孔子率先在家乡举办私学，倡导教授六艺，"乐"是其教育弟子的重要内容之一。因此，文士阶层进行的乐教活动及其内容有着一定的价值判断和价值导向，如孔子认为：

  子曰："先进于礼乐，野人也。后进于礼乐，君子也。如用之，则吾从先进。"
  ……
  对曰："非曰能之，愿学焉。宗庙之事，如会同，端章甫，愿为小相焉。""点！尔何如？"鼓瑟希，铿尔，舍瑟而作，对曰："异乎三子者之撰。"子曰："何伤乎？亦各言其志也。"曰："莫春者，春服既成，冠者五六人，童子六七人，浴乎沂，风乎舞雩，咏而归。"夫子喟然叹曰："吾与点也！"①

孔子自己也善于学习，"五日弹琴而不成声，十日而成笙歌"②。孔子还曾向师襄苦学琴艺，终得其意。

墨子则不同，如《墨子》卷十二"公孟"载：

  公孟子曰："无鬼神。"又曰："君子必学祭祀。"子墨子曰："执无鬼而学祭礼，是犹无客而学客礼也，是犹无鱼而为鱼罟也。"

民间乐教体系的另一类就是以职业乐人为主体进行的音乐教习活动，此类音乐教习活动与政府乐教体系有着显著不同。首先，这类音乐的教习者有一定的自由性，往往会根据自己的职业特长从事乐教活动，而且没有固定的教育年限、教育对象，但教育活动的本质具有一定的商业性，即通

---

① 《十三经注疏》整理委员会. 十三经注疏·论语注疏［M］. 李学勤，主编. 北京：北京大学出版社，1999：142，153-154.
② 《十三经注疏》整理委员会. 十三经注疏·礼记正义：上、中、下［M］. 李学勤，主编. 北京：北京大学出版社，1999：192.

过乐教生产活动来实现一定的商业目的。从文献记载来看，这一时期民间专业的乐教活动非常盛行，并在不同的专业方向上总结出了系统性的教育理论，如：

> 善歌者使人继其声，善教者使人继其志。①
>
> 夫教歌者，使先呼而诎之，其声反清徵者，乃教之。一曰：教歌者先揆以法，疾呼中宫，徐呼中徵。疾不中宫，徐不中徵，不可谓教。②

这说明音乐教习者已经成为一种社会职业。文献中记载的秦青、韩娥就是民间职业的音乐教习者。关于他们的教习故事，《列子集释》中有详细的记载。

（四）文人自给自足的音乐生产

所谓文人自给自足的音乐生产，是指以文士阶层为主体，生产资料为自己所有，生产形式由自己决定，生产目的以自娱、抒情达志为主的音乐生产方式。例如孔子在带领弟子周游列国的过程中，常常鼓琴以抒发自己在不同境遇下的情怀与心志。

这种音乐生产方式的产生与这一时代的社会风气有密切关系，即在百家争鸣的背景下，新崛起的文士阶层为了自身修养和为政的需要，把音乐技艺当成必备的核心素养之一。因此，当文士们隐身独居时，则"被发行歌而游于塘下"③，"行乎廊之野，鹿裘带索，鼓琴而歌"；与友人相处时则"为窟室，而夜饮酒，击钟焉"④；友人相携游览山川时则"拾遗穗于故畦，并歌并进。……林类行不留，歌不辍"⑤。因此，文人之间的惺惺相惜之情、高山流水之志是通过音乐来进行传递交流的。文士阶层的典型代表是伯牙与钟子期之间的琴乐互动：

> 伯牙善鼓琴，钟子期善听。伯牙鼓琴，志在登高山。钟子期曰：

---

① 《十三经注疏》整理委员会. 十三经注疏·礼记正义：上、中、下 [M]. 李学勤，主编. 北京：北京大学出版社，1999：1065.

② 王先慎. 韩非子集解 [M]. 钟哲，点校. 北京：中华书局，2003：326.

③ 郭庆藩. 庄子集释 [M]. 王孝鱼，点校. 北京：中华书局，1985：656.

④ 《十三经注疏》整理委员会. 十三经注疏·春秋左传正义：上、中、下 [M]. 李学勤，主编. 北京：北京大学出版社，1999：1118.

⑤ 杨伯峻. 列子集释 [M]. 北京：中华书局，1985：24.

"善哉！峨峨兮若泰山！"志在流水。钟子期曰："善哉！洋洋兮若江河！"伯牙所念，钟子期必得之。伯牙游于泰山之阴，卒逢暴雨，止于岩下；心悲，用援琴而鼓之。初为霖雨之操，更造崩山之音。曲每奏，钟子期辄穷其趣。伯牙乃舍琴而叹曰："善哉，善哉，子之听夫！志想象犹吾心也。吾于何逃声哉？"①

武士阶层的代表有高渐离与荆轲：

荆轲既至燕，爱燕之狗屠及善击筑者高渐离。荆轲嗜酒，日与狗屠及高渐离饮于燕市，酒酣以往，高渐离击筑，荆轲和而歌于市中，相乐也，已而相泣，旁若无人者。②

即便是丧葬之事，文士们也强调歌舞娱人，如《庄子集释》所云：

莫然有间而子桑户死，未葬。孔子闻之，使子贡往侍事焉。或编曲，或鼓琴，相和而歌曰："嗟来桑户乎！嗟来桑户乎！而已反其真，而我犹为人猗！"子贡趋而进曰："敢问临尸而歌，礼乎？"

二人相视而笑曰："是恶知礼意！"

子贡反，以告孔子，曰："彼何人者邪？修行无有，而外其形骸，临尸而歌，颜色不变，无以命之。彼何人者邪？"③

究其原因，正如儒家代表人物孔子所强调的："鼓琴足以自娱，所学夫子之道者足以自乐也。"④

三、音乐产品类型

（一）祭祀性音乐

春秋战国时期音乐生产的主要内容之一就是祭祀性音乐。相较于前代，这种祭祀性音乐主要集中在两个层面：一是天子之国、诸侯之国的政治性祭祀，即各级政府组织的国家祭祀中用的音乐，对此，诗经中"雅""颂"分别记录了当时祭祀所用的音乐名称，及其使用场所、地域和对象。如

---

① 杨伯峻. 列子集释 [M]. 北京：中华书局，1985：178.
② 司马迁. 史记 [M] 中华书局编辑部. "二十四史"（简体字本）. 北京：中华书局，2000：1968.
③ 郭庆潘. 庄子集释 [M]. 王孝鱼，点校. 北京：中华书局，1985：266.
④ 郭庆潘. 庄子集释 [M]. 王孝鱼，点校. 北京：中华书局，1985：978.

《毛诗正义》卷十九"清庙之什"中记录的音乐作品有：

《清庙》，祀文王也。周公既成洛邑，朝诸侯，率以祀文王焉。
《维天之命》，大平告文王也。
《维清》，奏《象舞》也。
《烈文》，成王即政，诸侯助祭也。
《天作》，祀先王先公也。
《昊天有成命》，郊祀天地也。
《我将》，祀文王于明堂也。
《时迈》，巡守告祭柴望也。
《执竞》，祀武王也。
《思文》，后稷配天也。
《臣工》，诸侯助祭遣于庙也。
《噫嘻》，春夏祈谷于上帝也。
《振鹭》，二王之後来助祭也。
《丰年》，秋冬报也。
《有瞽》，始作乐而合乎祖也。
《潜》，季冬荐鱼，春献鲔也。
《雍》，禘大祖也。
《载见》，诸侯始见乎武王庙也。
《有客》，微子来见祖庙也。
《武》，奏《大武》也。
《闵予小子》，嗣王朝于庙也。
《访落》，嗣王谋于庙也。
《敬之》，群臣进戒嗣王也。
《小毖》，嗣王求助也。
《载芟》，春籍田而祈社稷也。
《良耜》，秋报社稷也。
《丝衣》，绎宾尸也。
《酌》，告成《大武》也。
《桓》，讲武类祃也。
《赉》，大封于庙也。

《般》,巡守而祀四岳河海也。①

在国家礼制崩塌之后,地方诸侯国尤以南方楚国所用国之祭祀音乐最为频繁,北方鲁国所用周代祭祀音乐最为典型。

二是民间祭祀性音乐。春秋战国时期,南方地域民众尚巫、宗教活动极为频繁。屈原《楚辞》记载了大量南方民间的祭祀音乐,如《九歌》《天问》中宏大的祭祀音乐场景。

(二)娱乐性音乐

娱乐性音乐有两种类型,其一是天子、诸侯、卿大夫等奴隶主的宴飨娱乐所用音乐作品,如《毛诗正义》载,天子宴诸侯时所用的音乐作品有《肆夏》《文王》《鹿鸣》《湛露》,天子送别使臣时用《皇皇者华》,天子赐有功之诸侯时用《彤弓》,兄弟之间宴飨用《常棣》,款待朋友时用《伐木》,等等。② 其二是文士阶层的宴飨娱乐所用音乐作品,由于文士阶层涵盖广泛,包括文士、武士、游士等,所以宴飨之中所用音乐作品多样繁杂;也有隐士、樵夫所唱之歌,如《诗经》中的《汉广》被认为是樵夫所唱之歌。

(三)教化性音乐

奴隶社会时期,教化性音乐一直是社会音乐生产的一个重要内容,因为在统治者看来,音乐是国家统治的重要措施之一,因此,西周制定了严格的礼乐制度。春秋战国时期,虽然礼制崩塌了,但对于地方诸侯来说,通过音乐来教化子弟以提升其德行、教化民众遵守秩序依然是一种重要的措施。"春秋五霸"之鲁国沿承周代礼乐体系,是进行音乐教化的典型代表。

(四)军事性音乐

军队历来重视音乐生产。春秋战国时期军队音乐作品主要有三类,其一是国家制定的具有庄严仪式性的军乐,一般是在重要军事活动中使用,以彰显国家对军队的重视,展示军队之威仪,如《毛诗正义》载:

---

① 《十三经注疏》整理委员会. 十三经注疏·毛诗正义:上、中、下 [M]. 李学勤,主编. 北京:北京大学出版社,1999:1279-1375.

② 《十三经注疏》整理委员会. 十三经注疏·毛诗正义:上、中、下 [M]. 李学勤,主编. 北京:北京大学出版社,1999:1545-1588.

《采薇》，遣戍役也。文王之时，西有昆夷之患，北有猃狁之难。以天子之命，命将率遣戍役，以守卫中国。故歌《采薇》以遣之，《出车》以劳还，《杕杜》以勤归也。①

其二是在战争中参与战事的武士们所唱、所奏之乐。由于战国时期武士盛行，慷慨悲歌、鼓琴相和是武士阶层的标配。因此，武士的喜乐、奏乐之风也渗透到战争中，导致这一时期的军乐呈现出一种新的、个性化的景象，例如上文所说，出现晋国武士张骼、辅砾乘坐战车挑战楚军，并适时弹琴的情景。《史记》卷八十一"廉颇蔺相如列传"记载，在秦赵两国对垒时，两国国君在渑池相会，在剑拔弩张的局面下，秦昭王让赵惠王为其弹瑟，赵惠王则让秦昭王为其击缶，这也是一种特殊情况。

其三是军中所用的娱乐性音乐作品，这些作品的选择取决于军中音乐消费者的审美需求、娱乐宴飨的层次，以及招待的对象。

（五）仪式性音乐

虽然西周礼制已经渐趋凋落，但仪式性音乐依然在春秋战国时期具有重要的地位，尤其是在春秋时期，东周天子的存在依然使天子之国和地方诸侯国之内延续着来自西周的礼乐制度，这些按照前朝礼乐制度进行表演的音乐，其中的一个重要内容就是凸显仪式性。因此，这一时期的仪式性音乐与娱乐宴飨、教化性音乐有一定的交叉融合，部分作品很难被界定，只能根据其所在的音乐生产场所和目的而定。例如《礼记正义》载，投壶之礼所用乐曲有《貍首》《若一》；射仪时天子用《驺虞》，诸侯用《貍首》，卿大夫用《采蘋》；乡饮酒也有固定的音乐仪式：

> 工入，升歌三终，主人献之。笙入三中，主人献之。间歌三终，合乐三终，工告乐备，遂出。一人扬觯，乃立司正焉。知其能和乐而不流也。②

（六）乐器

从音乐生产的角度讲，作为音乐的固化形态之一——乐器，是最能直

---

① 《十三经注疏》整理委员会. 十三经注疏·毛诗正义：上、中、下 [M]. 李学勤，主编. 北京：北京大学出版社，1999：587–588.

② 《十三经注疏》整理委员会. 十三经注疏·礼记正义：上、中、下 [M]. 李学勤，主编. 北京：北京大学出版社，1999：1634.

观体现音乐与经济关系的音乐产品类型之一。乐器的生产直接由经济状况决定，而乐器的类型、制作工艺、材料、产量、形制等直接决定音乐的风格、表演形式和表演规模。春秋战国时期乐器生产主要包含宫廷和民间两个层面：一方面是大型乐器的制作受到各个诸侯国家经济实力的支配和影响。这些乐器的制作不仅需要较高的经济成本和稀有的金属材料——铜，而且编制完备，代表性乐器就是编钟。另一方面是在民间能够流传的乐器，它们往往小巧且容易被携带、成本较低，材质是一些容易获得的物质，形制也可以单独出现、单独演奏，这类乐器的生产和传播为独奏乐器的发展奠定了基础。就同一类型乐器而言，在宫廷和在民间制作所用材料，其形制大小、生产数量也都存在差别。比如同样是编钟，在经济实力雄厚的国家是用铜来制作的，在经济实力薄弱的国家可能用陶来制作。

这一时期乐器生产还具有一个典型特征，即诸侯割据的地域性，以及由此形成的区域性的文化格局，从而促使乐器生产具有地域性和多样化。例如，吴越地区特有的乐器钩，四川和湘鄂西部巴族流行的扁形甬钟，西南民族的铜鼓、圆顶平口钮钟、羊角形錞钟、铜葫芦笙，等等。此外，琴的形制也开始变化，据考古发现有七弦、十弦等不同形制，这在民间和文士阶层中都有流行。

乐器生产的另一特征是当时各国乐器发展的不平衡性。这种不平衡是由于不同诸侯国之间的经济发展不平衡性及其所拥有的乐工乐器制作水平的参差不齐造成的，当然这也与不同诸侯国所沿承的文化传统有一定关系。例如鲁国作为周天子重视的邦国之地，常常被赐赠乐工与乐器，这导致鲁国乐器产品丰富。楚国的乐器制作水平较高，到战国初期，楚国的编磬、编钟制作已经达到了相当高的水平，曾侯乙墓编钟的出土就是一个很好的例证。

从现有史料文献及考古资料可以确证，春秋战国时期盛行的乐器，除了类似曾侯乙墓出土的编钟、编磬之外，打击类乐器有建鼓、悬鼓、铜鼓、磬、铃、筑、铎、钲、錞于、缶等；吹管类乐器有笙、竽、篪、箫（排箫）等；弦乐器有琴、瑟、筝等。但此时一些旧有乐器如镛在春秋时期以后逐渐渐消亡，取而代之的是音乐表现性能更佳的编钟等乐器。

总之，春秋战国时期乐器制造技术有了很大进步，这一时期乐器的制作，无论是形制、材料，还是制作工艺及髹漆装饰，都有很大发展。据考古发现，春秋晚期的石排箫、战国时期楚国的虎座鸟架悬鼓、漆瑟及彩绘编磬等乐器，其材质、造型、装饰等各有特色、极为精美。

第二节　春秋战国时期的音乐传播、消费

一、音乐消费的主要场所

（一）天子、诸侯的宫室

春秋战国时期的社会本质属性依然是奴隶社会，因此，春秋时期的天子、地方诸侯，战国时期的各个诸侯，依然是音乐消费的主要群体，也是政府管辖职业乐人的最大恩主。因此，他们的音乐消费场所也是这一时期音乐生产的主要场所。

从文献记载来看，天子、诸侯的消费场所主要是宫室，包括与嫔妃们一起进行音乐消费的内苑，宴飨群臣、来使的殿堂，以及赏赐有功之诸侯、臣僚的地方。

（二）官员的庭院

除了天子、诸侯的宫室，卿大夫及各级官员的音乐消费之地主要集中在官员自己的庭院，如宋国的宠臣左师每次吃饭时都要击钟；襄公二十九年（前546年）吴公子札来访鲁国，鲁国的卿大夫请他在自家庙堂之上欣赏乐舞，导致孔子批评他"八佾舞于庭，是可忍孰不可忍也"。①

（三）诸侯邦国外交聚会之地

春秋战国时期的一个重要现象是地方诸侯之国竞相称霸，相互之间常年战争，国家兴衰在顷刻之间。有识之士长期游走于不同国度，传播自己的治国理念，因此，外交成为这一时期重要的政治事务。诸侯邦国之间在君君相会、君臣相会时，款待来访者的外交聚会之地就成为音乐消费的重要场所之一。此种案例不可胜数，如晋侯曾与诸侯宴于温，使诸大夫舞，曰："歌诗必类！"② 秦王曾于赵王相会与渑池，酒宴之中，为了国家尊严，互相被迫为对方奏瑟、击缶。

---

① 《十三经注疏》整理委员会. 十三经注疏·论语注疏［M］. 李学勤，主编. 北京：北京大学出版社，1999：28.

② 《十三经注疏》整理委员会. 十三经注疏·春秋左传正义：上、中、下［M］. 李学勤，主编. 北京：北京大学出版社，1999：939.

(四)政府指定场所

有时候,诸侯之间、诸侯自己的宴飨娱乐并不一定都在宫室庭院内,为了特定的需要,宴飨音乐的消费场所会在某些特定的场所。例如"晋郤至如楚聘,且莅盟。楚子享之,子反相,为地室而县焉。郤至将登,金奏作于下,惊而走出"①。《春秋左传正义》卷三十"襄公五年至九年"载,晋悼公为襄公在黄河边上设宴以表示诚意。②《晏子春秋》载,景公特意建造长庲台,以进行乐舞娱乐表演:

> 景公为长庲,将欲美之。有风雨作,公与晏子入坐,饮酒,致堂上之乐。酒酣,晏子作歌曰:"穗乎不得获,秋风至兮殚零落。风雨之拂杀也,太上之靡弊也。"歌终,顾而流涕,张躬而舞。公就晏子而止之,曰:"今日夫子为赐,而诫于寡人,是寡人之罪。"遂废酒罢役,不果成长庲。③

(五)民间风俗之地

民间风俗之地一直是音乐消费的主要场所之一,春秋战国时期也是如此。这一方面是由于从天子到地方诸侯国之中的政府性祭祀的存在;另一方是新兴的士人阶层和商人群体的壮大、城市民众的扩充导致民间奢靡之风盛行,民众的婚丧嫁娶都离不开音乐,尤其是在南方崇信巫觋的楚国,民间风俗更盛,音乐的消费充斥着举行风俗活动之地。例如《楚辞》中对南方民间祭祀音乐的描写,同样,《诗经》也记载了大量北方民众在风俗之中进行音乐消费的情景。

(六)士人的教学、游历之地

春秋战国时期,文士阶层在从政之余投身私家教育也是一种新的社会现象,典型的代表就是孔子,其在周游列国之后,返乡开办私学,广招门徒,即所谓"弟子三千,贤人七十二"。因此,以孔子为代表的儒士们在教学之所常常进行音乐娱乐和教习,他们的生活情境也常常是"弟子读书,

---

① 《十三经注疏》整理委员会. 十三经注疏·春秋左传正义:上、中、下 [M]. 李学勤,主编. 北京:北京大学出版社,1999:749-752.
② 《十三经注疏》整理委员会. 十三经注疏·春秋左传正义:上、中、下 [M]. 李学勤,主编. 北京:北京大学出版社,1999:876-878.
③ 陈涛. 晏子春秋 [M] 北京:中华书局,2007:84.

孔子弦歌鼓琴"①。

由于鼓琴奏乐在这一时期成为文人的基本素养，因此，文士阶层的游历之所也是音乐的消费之所。对此，史料记载颇丰，如孔子曾"游于匡，宋人围之数匝，而弦歌不辍"②。孔子"游于太山，见荣启期行乎郕之野，鹿裘带索，鼓琴而歌"③。

当然，从史料记载来看，山林溪边常常也是文人隐士们用音乐来抒情达志的绝佳之处。《列子》载，春秋时期著名琴家伯牙就常常游于山林之间，鼓琴娱乐。

二、音乐消费的方式、对象、目的

（一）宗教活动

宗教活动是春秋战国时期音乐消费的一种主要方式，包括政府层面的宗教活动和民间层面的宗教活动。前者由天子或诸侯亲自制定仪式、对象、场所及所用音乐内容，音乐的消费者是参与宗教活动的天子、诸公、诸侯、卿大夫等，政府管理下的职业乐人是宗教活动中的音乐表演者，即消费对象。后者主要是民间的各种宗教活动，参与群体众多，音乐表演者一般是民间乐人或组织、主持宗教活动的巫觋人员或其他人员，这些组织者往往兼具音乐技能，通过音乐的表演来实现宗教活动目的，音乐消费者则是参与活动的群众。

（二）宴飨活动

宴飨活动作为音乐消费的另一种主要方式，在春秋战国时期尤为突出。宴飨活动的类别也多种多样，其既包括春秋战国时期天子宫内与嫔妃的娱乐宴飨、天子宴飨群臣、天子宴飨地方诸侯和邦国来使，又包括重要的节日宴飨、赏赐性宴飨等。当然，春秋战国时期地方诸侯国及诸侯邦国之间的宴飨活动是这一期的主体。宴飨之中的音乐消费根据消费对象的不同分为不同的等级和内容，如天子宴飨群臣强调仪式性、等级性，诸侯宴飨强调娱乐性、仪式性。

另外，《诗经》"大雅"记载了诸侯的宴飨音乐活动，"小雅"也有大

---

① 郭庆藩. 庄子集释 [M]. 王孝鱼，点校. 北京：中华书局，1985：1023.
② 郭庆藩. 庄子集释 [M]. 王孝鱼，点校. 北京：中华书局，1985：595.
③ 杨伯峻. 列子集释 [M]. 北京：中华书局，1985：22–23.

量对贵族卿大夫宴飨娱乐的描述。当然,宴飨活动中的音乐消费者无一例外是音乐生产者的恩主们,表演者除了政府管辖下的专职乐人之外,还有天子和诸侯的嫔妃,诸侯及诸公、卿大夫,游走于诸侯之间的文士、武士、门客等。例如《史记》卷八十六"刺客列传"记载,战国时期燕国著名刺客荆轲与挚友高渐离常常在宴飨之中击筑而歌、把酒言欢。当荆轲死后,高渐离隐居于宋国,但依然在与朋友的宴飨之中奏乐悲歌不断,客无不流涕而去。① 因此,从这一角度来说,宴飨活动往往存在着自娱与娱人的双重定位。

（三）教习活动

教习活动作为音乐消费的一种主要方式,是由于这一时期音乐教育行为极为发达而产生的。前文已述,在政府层面有宫廷专职乐人为音乐教育者对天子、诸侯、诸卿的子女、妻妾进行音乐教育,通过有目的、有计划的音乐教育,提升统治者及其弟子自身的音乐修养、乐德修养,从而提升政治素养。在政府层面的另一种职业性音乐教习活动是发生在政府所管辖的职业乐工群体之中的。为了提升音乐的服务水平,职业乐工们需要不断提升自己的音乐记忆能力,尤其是新招募的乐人,更要通过系统的音乐学习活动来实现音乐消费。因此,在政府层面的教习活动中,音乐消费是通过教习活动而实现的,消费者是接受音乐教育的奴隶主子弟、职业乐人和奴隶主的妻妾。

在民间层面的音乐教习活动主要发生在以儒家为首的六艺私学教育之中,乐教作为私学教育的重要内容,通过教师的乐教行为,促使受教育者获得音乐消费。民间层面的另一种音乐教习活动是民间艺人的职业音乐教育,这也是中国古代音乐教师传承体系的发端。从本质上说,这两种音乐教习活动的背后,消费者都投入了一定的经济成本,如孔子广收门徒,但学生都需要交学费。（如《礼记》中说,"其以乘壶酒、束脩、一犬赐人"。②）而秦青教授薛谭歌唱多年,也应是因为薛谭交了一定的学费作为回报的。

---

① 司马迁.史记[M]//中华书局编辑部."二十四史"（简体字本）.北京：中华书局,2000：1974.
② 《十三经注疏》整理委员会.十三经注疏·礼记正义：上、中、下[M].李学勤,主编.北京：北京大学出版社,1999：1033.

（四）外交活动

春秋战国时期独特的政治格局导致诸侯邦国之间外交事务繁多，再加上众多以音乐技艺为特长的士人的参与，他们在外交活动中的音乐消费也极为频繁多样。例如《诗经》"大雅"记载了诸侯之间的外交性宴飨音乐消费，上文提到的秦王与赵王在渑池之会的宴飨活动就属于典型的外交活动。再如《晏子春秋》中记载了晏子出使鲁国，景公宴请晏子的音乐消费：

> 晏子至，已复事，公延坐，饮酒乐，晏子曰："君若赐臣，臣请歌之。"歌曰："庶民之言曰：'冻水洗我，若之何！太上靡散我，若之何！'"歌终，喟然叹而流涕。公就止之曰："夫子曷为至此？殆为大台之役夫！寡人将速罢之。"晏子再拜。
>
> ……
>
> 景公为长庲，将欲美之，有风雨作，公与晏子入坐饮酒，致堂上之乐。酒酣，晏子作歌曰："穗乎不得获，秋风至兮殚零落，风雨之拂杀也，太上之靡弊也。"歌终，顾而流涕，张躬而舞。公就晏子而止之曰："今日夫子为赐而诫于寡人，是寡人之罪。"遂废酒，罢役，不果成长庲。①

在诸侯的外交活动中，音乐消费一般隶属于特定的宴飨，音乐消费是以国家政治外交获取政治利益为核心，音乐消费者是参与宴飨活动的诸侯、来使，消费对象则是宴飨活动中的音乐生产者。

（五）民俗活动

民俗活动也是音乐消费的主要方式之一，尤其是在春秋战国时期，社会阶层进一步分化，普通民众、士人、商人群体日趋壮大，社会民俗活动增多，奢靡之风、厚葬之风盛行。按照前朝定制，丧礼贵贱有定仪，如天子棺椁七重，诸侯五重，大夫三重，士再重。但到了春秋战国时期已经发生了变化，墨子就明确指出了这一时期的风气：

> 今天下之士君子，将犹多皆疑惑厚葬久丧之为中是非利害也。故子墨子言曰：然则姑尝稽之。今虽毋法执厚葬久丧者言，以为事乎国家。此存乎王公大人有丧者，曰棺椁必重，葬埋必厚，衣衾必多，文

---

① 吴则虞. 晏子春秋集释 [M]. 北京：中华书局，1982：111-114.

绣必繁，丘陇必巨。①

西周的各种仪礼用乐制度在国家礼制层面瓦解之后，开始在民间的婚丧嫁娶中得以借鉴或运用。因此，在民间的婚丧嫁娶活动中所进行的音乐消费，消费者属于雇主，音乐表演者一般都是民间艺人。

当然，民俗活动并不一定是指在民间进行的音乐活动，有时候诸侯、卿大夫等奴隶主贵族的婚丧嫁娶也属于此类。例如《春秋左传正义》载，襄公六年（前567年），晋将嫁女于吴，齐侯使析归父媵之，进行大规模的音乐消费。②

（六）赠送音乐活动

在奴隶制国家中，天子赐赠诸公、诸侯及臣僚音乐也是音乐消费的一种方式。春秋战国时期，这种赐赠音乐活动随着周朝天子集权的衰微，以及地方诸侯势力的崛起，逐渐呈现出不同的形式。具体来说主要有以下三类。

其一，赐赠。春秋时期，象征中央集权的天子为了笼络各地诸侯、实现国家政治需求，实施赐赠音乐活动。

其二，互赠。诸侯国之间为了实现本国政治利益的最大化或维持私人友谊，进行赠送音乐、乐人活动。此类事情在春秋战国时期尤为频繁，赠送的事由、内容也多种多样。例如《春秋左传正义》卷第二十九"襄公元年至四年"载，襄公二年（前563年）夏，齐姜薨。初，穆姜使择美檟，以自为榇与颂琴。③ 显然，鲁国夫人亲自扶棺送琴是为了邦国之间友好礼节的需要。同书卷第十五"僖公二十二年至二十四年"载，楚子入飨于郑，郑国为了显示重视程度，在宴飨之中行九献之礼，飨毕，取郑二姬以归。④

其三，贿赠。所谓贿赠，即诸侯国君或卿大夫为了国家和个人的利益或某种特殊目的，利用音乐、乐人、乐器来贿赂对方。例如襄公二年，晋侯讨伐齐国，齐侯听信臣僚建议，将大批的乐人、乐器、宗器贿赂给晋国，

---

① 吴毓江. 墨子校注［M］. 孙启治，点校. 北京：中华书局，1993：263.
② 《十三经注疏》整理委员会. 十三经注疏·春秋左传正义：上、中、下［M］. 李学勤，主编. 北京：北京大学出版社，1999：987－988.
③ 《十三经注疏》整理委员会. 十三经注疏·春秋左传正义：上、中、下［M］. 李学勤，主编. 北京：北京大学出版社，1999：817－818.
④ 《十三经注疏》整理委员会. 十三经注疏·春秋左传正义：上、中、下［M］. 李学勤，主编. 北京：北京大学出版社，1999：405－406.

"自六正、五吏、三十帅、三军之大夫、百官之正长、师旅及处守者皆有赂"①。由此足见齐侯行贿规模之大，行贿乐器、乐人之多，史无前例，也充分说明乐器、乐人皆是当时重要的财产标志。

类似案例有很多，如《韩非子集解》卷第十"内储说下六微"中载：

> 仲尼为政于鲁，道不拾遗。齐景公患之。黎且谓景公曰："去仲尼犹吹毛耳，君何不迎之以重禄高位，遗哀公女乐以骄荣其意。哀公新乐之，必怠于政，仲尼必谏，谏必轻绝于鲁。"景公曰："善。"乃令黎且以女乐二八遗哀公，哀公乐之，果怠于政。仲尼谏，不听，去而之楚。
>
> ……
>
> 晋献公欲伐虞、虢，乃遗之屈产之乘，垂棘之璧，女乐二八，以萦其意而乱其政。②

《春秋左传正义》载：

> 秋，九月，荆败蔡师于莘。以蔡侯献舞归。③

总之，在赠送音乐活动中，音乐消费的本质是赠送者和接受者都共同肯定了音乐、乐器、乐人的私有、稀有和经济化的本质，音乐与其他物质一起作为赠送者获得利益、接受者获得享乐的桥梁。因此，接受者是音乐消费者，而音乐生产者并没有独立的地位，仅在这一过程中实现恩主的更替，并实现自身的经济价值。

（七）军事活动

军事活动也是音乐消费的一种方式。从文献记载来看，这一时期的军中音乐消费主要有两个方面，其一是将乐器作为军队管理一种频繁使用的工具。例如《墨子校注》在卷十五"旗帜"和"号令"中详细记载了军中乐器——鼓的使用规则：

> 城上吏卒置之背，卒于头上，城下吏卒置之肩，左军于左肩，右

---

① 《十三经注疏》整理委员会. 十三经注疏·春秋左传正义：上、中、下 [M]. 李学勤，主编. 北京：北京大学出版社，1999：1018.

② 王先慎. 韩非子集解 [M]. 钟哲，点校. 北京：中华书局，2003：256-258.

③ 《十三经注疏》整理委员会. 十三经注疏·春秋左传正义：上、中、下 [M]. 李学勤，主编. 北京：北京大学出版社，1999：239.

军于右肩，中军置之胸，各一鼓，中军一三。每鼓三、十击之，诸有鼓之吏谨以次应之，当应鼓而不应，不当应而应鼓，主者斩。①

因此，在战争中，鼓的作用非常重要，如《春秋左传正义》载：

> 战于长勺，公将鼓之。刿曰："未可。"齐人三鼓，刿曰："可以。"齐师败绩。②

当然，除了鼓之外，作为宴飨娱乐的钟磬等乐器也被用在军事活动中，并具有特定的意义。《春秋左传正义》载：

> "夏，郑人侵许"。凡师，有钟鼓曰伐，无曰侵，轻曰袭。③

这说明在春秋时期，军队中必备钟鼓之器，而且钟鼓配备、演奏决定了战争的性质。

军队音乐消费的另一种情况是作为军事活动中仪式和宴飨娱乐，如军队出行前的仪式、行军途中的宴飨娱乐、获胜之后的庆典娱乐等。在战国时期，由于大量拥有音乐技能的武士参与军事活动，所以军队中的音乐消费也呈现出多样化的特征。例如《春秋左传正义》载，两位武士在战争中反复鼓琴，体现了武士淡定自如的气概。

（八）城市管理及个人出行

春秋时期，随着社会经济的发展、社会阶层的分化，音乐（乐器）进一步增强了其实用性功能，在科技还不发达的时期，具有声响信号意义的乐器还被用在日益繁荣的城市管理中。典型的音乐消费就是鼓在城市管理中的使用，据文献记载，这一时期不同诸侯国为了增强城市管理的职能，大量使用了鼓：

> 宿鼓在守大门中。莫，令骑若使者、操节闭城者皆以执毚。昏鼓，鼓十，诸门亭皆闭之。行者断，必击问行故，乃行其罪。晨见，掌文鼓，纵行者。诸城门吏各入，请籥开门，已辄复上籥。有符节，不用

---

① 吴毓江. 墨子校注［M］. 孙启治, 点校. 北京：中华书局, 1993：904.
② 《十三经注疏》整理委员会. 十三经注疏·春秋左传正义：上、中、下［M］. 李学勤, 主编. 北京：北京大学出版社, 1999：240.
③ 《十三经注疏》整理委员会. 十三经注疏·春秋左传正义：上、中、下［M］. 李学勤, 主编. 北京：北京大学出版社, 1999：292.

此令。寇至，楼鼓五，有周鼓，杂小鼓乃应之，小鼓五后众军，断。

命必足畏，赏必足利，令必行，令出辄人随，省其可行、不行。号，夕有号，失号，断。①

音乐的实用性还体现在这一时期的贵族、富商把音乐作为一种个人身份的象征，将其用于出行仪仗，类似后世鼓吹乐的部分职能。例如《韩非子集解》载：

一曰：管仲父出，朱盖青衣，置鼓而归，庭有陈鼎，家有三归。孔子曰："良大夫也，其侈逼上"。②

当然，管仲父亲的这种行为实际上也是西周礼乐制度的一种延续，通过出行奏乐行为来体现个人身份的等级性。

三、春秋战国时期音乐生产、消费成本

从社会经济学的角度来说，具有物质与精神双重属性的音乐作为一种特殊的社会产品，有生产者和消费者，这就必然会在生产与消费的过程中，形成或耗费必要的成本。当然，由于这种产品的特殊性，再加上历史的久远性，留下的记录文献稀少，很难简单根据商业经济的理论去找出每一个、每一类音乐产品的直接经济成本或商业价值。因此，根据马克思有关艺术经济的相关理论及当代艺术经济学的理论来看，探讨这一时期的音乐生产和消费成本，实际上也是从宏观角度去分析这一时期众多的音乐生产、消费活动背后的推动力，即音乐生产、消费背后抽象的、朦胧的经济成本、物质成本、政治成本，甚至是生命成本。具体来说，主要按照社会阶层的理论，从以下三个方面展开论述。

（一）以诸侯为代表的政府音乐生产、消费成本

春秋战国时期，以诸侯为代表的政府音乐生产、消费是这一时期音乐生产、消费的主体和核心。政府主导的音乐生产、消费过程中处处体现出政府的成本支出。

从音乐生产的角度来看，无论是春秋时期延续存在的周天子宫室及各级政府，还是以"春秋五霸"为代表的各地分封诸侯及其次一级的诸侯；

---

① 吴毓江. 墨子校注［M］. 孙启治，点校. 北京：中华书局，1993：918.
② 王先慎. 韩非子集解［M］. 钟哲，点校. 北京：中华书局，2003：305.

无论是战国时期的七雄强国，还是各个诸侯政府的各级官员机构，要想从事音乐的生产并进行音乐消费，必然要蓄养大量乐人、构建音乐表演场所、购置乐器、组织生产乐器、购买服饰等，并需要支付音乐表演人员、乐器生产者相关的生活经费。

例如周代制定的礼乐制度在东周天子、地方诸侯中依然延续，最典型的是祭祀音乐。据史料记载，天子之国的祭祀分为不同类别，所用音乐繁多，如《云门》《大卷》《咸池》《韶》《大夏》《大濩》《大武》等，表演时音乐人员众多、耗资巨大。虽然这些没有直接的证明材料，但是从墨子的记载中也能看出天子、诸侯祭祀音乐的消费成本之高：

> 当今之主，其为宫室则与此异矣。必厚作敛于百姓，暴夺民衣食之财，以为宫室台榭曲直之望，青黄刻镂之饰。
>
> ……
>
> 当今之王，其为衣服则与此异矣。冬则轻暖，夏则轻清，皆已具矣。必厚作敛于百姓，暴夺民衣食之财，以为锦绣文采靡曼之衣。铸金以为钩，珠玉以为佩，女工作文采，男工作刻镂，以为身服。此非云益暖之情也，单财劳力，毕归之于无用也。以此观之，其为衣服。非为身体，皆为观好。是以其民淫僻而难治，其君奢侈而难谏也。①

地方诸侯的宴飨娱乐更是如此，如齐宣王喜爱笙竽之乐，每次演出"必三百人"的大合奏，且不必说所用乐器之费用，三百人乐队的日常耗费也是一笔不小的开支。因此，据《春秋左传正义》载，齐侯为了能够保证"高台深池，撞钟舞女"的音乐生产、消费，不得不"斩刈民力，输掠其聚，以成其违，不恤后人"。②

《孟子注疏》卷第二上"梁惠王章句下"载，宋王好乐，曾言直好世俗之乐，庄子听闻就明确指出其音乐消费成本之高，云：

> 今王鼓乐于此，百姓闻王钟鼓之声、管籥之音，举疾首蹙頞而相告曰："吾王之好鼓乐，夫何使我至于此极也！父子不相见，兄弟妻子

---

① 吴毓江. 墨子校注 [M]. 孙启治，点校. 北京：中华书局，1993：46.
② 《十三经注疏》整理委员会. 十三经注疏·春秋左传正义：上、中、下 [M]. 李学勤，主编. 北京：北京大学出版社，1999：1398.

离散。"①

《墨子校注》详细记载了齐康公在《万舞》上的生产、消费状况：

> 昔者齐康公兴乐万，万人不可衣短褐，不可食糠糟。曰："食饮不美，面目颜色不足视也；衣服不美，身体从容不足观也。"是以食必粱肉，衣必文绣。此掌不从事乎衣食之财，而掌食乎人者也。②

因为帝王的音乐消费是建立在无数农民上缴的税收、粮食之上的，所以墨子说："为乐非也。""今王公大人惟无为乐，亏夺民衣食之财以拊乐，如此多也。"③

因此，这一时期也出现了许多因沉迷音乐享乐而忽视治国，最后导致亡国的事例，如《史记》卷五"秦本纪"载，秦王得知戎王好乐，于是"令内史廖以女乐二八遗戎王"，其结果是"戎王受而说之，终年不还"④。

春秋战国时期的乐器生产成本也极其高昂，这从曾侯乙墓出土的乐器可见一斑。从出土实物来看，战国时期曾国作为楚国辖内的次一级诸侯国，曾侯生前曾经拥有规模宏大的乐队，所用乐器有超越礼制的三面乐悬之编钟，并包含镈钟和甬钟，还有编磬、鼓、琴、瑟、均钟（律准）、笙、排箫、篪，共计125件。鉴于当时的社会科技水平，造钟，尤其是造大钟，不是一件容易的事，需要耗费大量的人力和财力，甚至是举国之力。《吕氏春秋》记载了中山之地的仇由国因钟而丧国的事件：

> 中山之国有厹繇者。智伯欲攻之而无道也，为铸大钟，方车二轨以遗之。厹繇之君将斩岸堙溪以迎钟。赤章蔓枝谏曰："《诗》云：'唯则定国。'我胡则以得是于智伯？夫智伯之为人也贪而无信，必欲攻我而无道也，故为大钟，方车二轨以遗君。君因斩岸堙溪以迎钟，师必随之。"弗听。有顷，谏之。君曰："大国为欢，而子逆之，不祥。子释之。"赤章蔓枝曰："为人臣不忠贞，罪也；忠贞不用，远身可也。"断毂而行，至卫七日而厹繇亡。欲钟之心胜也。欲钟之心胜则安厹繇

---

① 《十三经注疏》整理委员会. 十三经注疏. 孟子注疏 [M]. 李学勤, 主编. 北京：北京大学出版社, 1999：31.
② 吴毓江. 墨子校注 [M]. 孙启治, 点校. 北京：中华书局, 1993：381.
③ 吴毓江. 墨子校注 [M]. 孙启治, 点校. 北京：中华书局, 1993：381-382.
④ 司马迁. 史记 [M]. 北京：中华书局, 2000：139.

之说塞矣。凡听说，所胜不可不审也，故太上先胜。①

仇由国因钟而丧国，智伯则因造钟而获得了巨大的政治利益。深究其丧国原因，一方面是仇由国国君的内心始终怀有对礼乐的追求；另一方面也说明造钟需要耗费巨大的财力，而仇由国没有这样的实力。

《庄子》外篇"山本"记载了卫灵公的乐器消费情况：

> 北宫奢为卫灵公赋敛以为钟，为坛乎郭门之外，三月而成上下之县。王子庆忌见而问焉，曰："子何术之设？"奢曰："一之间，无敢设也。奢闻之：'既雕既琢，复归于朴。'侗乎其无识，傥乎其怠疑；萃乎芒乎，其送往而迎来；来者勿禁，往者勿止；从其强梁，随其曲傅，因其自穷，故朝夕赋敛而毫毛不挫，而况有大涂者乎！"②

另外一个事例也说明乐器的制造成本巨大，《春秋左传正义》引《周语》云，周景王二十三年（前522年），将铸无射钟，单穆公明确反对，说：

> "不可。作重币以绝民资，又铸大钟，以鲜其继。三年之中，而有离民之器二焉，国其危哉！"王弗听。问之泠州鸠，州鸠对，王又弗听，卒铸大钟。二十四年，钟成。二十五年，王崩。③

由此可见，乐器的制造成本不仅仅包括经济上的，还包括政治上的。盲目地进行乐器生产、消费，轻则耗费民资，重者亡政丧国。

丧葬音乐消费也是天子诸侯、王公大臣的一项重要支出。《墨子》卷六"节条"记载了春秋时期贵族的厚葬之风及其音乐消费：

> 此存乎王公大人有丧者，曰棺椁必重，葬埋必厚，衣衾必多，文绣必繁，丘陇必巨。存乎匹夫贱人死者，殆竭家室。存乎诸侯死者，虚车府，然后金玉珠玑比乎身，纶组节约，车马藏乎圹，又必多为屋幕、鼎鼓、几梴、壶滥、戈剑、羽旄、齿革，寝而埋之。满意若送殉从，曰：天子杀殉，众者数百，寡者数十。将军大夫杀殉，众者数十，

---

① 冀昀. 吕氏春秋 [M]. 北京：线装书局，2007：313.
② 郭庆藩. 庄子集释 [M]. 王孝鱼，点校. 北京：中华书局，1985：676-677.
③ 《十三经注疏》整理委员会. 十三经注疏·春秋左传正义：上、中、下 [M]. 李学勤，主编. 北京：北京大学出版社，1999：1410-1411.

寡者数人。

……

今王公大人之为葬埋，则异于此。必大棺中棺，革阇三操，璧玉即具，戈剑鼎鼓壶滥、文绣素练、大鞅万领、舆马女乐皆具，曰：必捶涂差通，垄虽凡山陵。此为辍民之事，靡民之财，不可胜计也。其为毋用若此矣。①

综上，春秋战国时期天子王侯的音乐生产、消费的成本极为巨大，这一时期的很多文士都明确指出了这一问题，如墨子从音乐消费的经济成本出发强调要"非乐"。管子也明确呼吁"凡观乐者，宫室台池，珠玉声乐也。此皆费财尽力，伤国之道也"②。

(二) 以文士为代表的个人音乐生产、消费成本

前文已述，春秋战国时期的社会发展的标志之一是广大文士阶层的崛起，这些拥有知识、胆识、口才、武术、音乐技艺的文士群体以自己的才艺游走于各个诸侯之国。宴飨音乐娱乐、雅集奏乐、独居奏乐抒怀是他们的生活乐趣，即所谓"大夫无故不彻县，士无故不彻琴瑟"③。从经济学的角度来看，这些个体性的音乐生产、消费也必然存在着一定的经济成本。

《列子集释》卷第七"杨朱篇"记载了卫国子贡的后代端木叔奢靡的音乐消费情况：

墙屋台榭，园囿池沼，饮食车服，声乐嫔御，拟齐楚之君焉。至其情所欲好，耳所欲听，目所欲视，口所欲尝，虽殊方偏国，非齐土之所产育者，无不必致；犹藩墙之物也。及其游也，虽山川阻险，途径修远，无不必之，犹人之行咫步也。宾客在庭者日百住，庖厨之下不绝烟火，堂庑之上不绝声乐。④

能承担起如此奢靡的支出原因在于"藉其先赀，家累万金"。

文士音乐教习活动中的成本比较明确，如孔子教授学生"乐"的学费与教授其他课程融为一体，这显然是以物质化的形态来体现教师教授音乐

---

① 吴毓江．墨子校注 [M]．孙启治，点校．北京：中华书局，1993：264，267．
② 黎翔凤．管子校注 [M]．梁运华，整理．北京：中华书局，2004：1194．
③ 《十三经注疏》整理委员会．十三经注疏·礼记正义：上、中、下 [M]．李学勤，主编．北京：北京大学出版社，1999：120．
④ 杨伯峻．列子集释 [M]．北京：中华书局，1985：228．

的经济收入，以及学生学习音乐的成本。孔子自己曾专门向师襄学习琴艺，必然也存在一定的成本支出。

有时候，音乐也成为文士群体谋生的一种手段。《史记》卷七十九"范雎蔡泽列传"载，伍子胥落魄出逃，橐载而出昭关，夜行昼伏，至于陵水，无以糊其口只能"稽首肉袒，鼓腹吹篪"，乞食于吴市。① 这充分说明音乐在当时已经成为一种典型的商业行为，通过音乐生产能够获得经济上的回报。音乐产品此时已经等同于商品，至于其价值则是通过欣赏者提供的食物或金钱来体现。

齐国的文士邹忌与伍子胥类似，也曾将音乐作为生存的途径，只不过邹忌是通过音乐演奏换取了自己的政治地位，如《史记》卷七十四"孟子荀卿列传"载：

> 齐有三驺子。其前驺忌，以鼓琴干威王，因及国政，封为成侯而受相印，先孟子。②

（三）民间音乐的生产、消费成本

民间音乐的生产、消费成本体现在两个方面：一是在城市、乡村的民俗音乐活动中所体现出来的音乐生产、消费成本，即《墨子校注》卷一"三辩"所云："农夫春耕夏耘，秋敛冬藏，息于聆缶之乐。"③ 当然，只有民众富庶，才能进行音乐娱乐，正如《史记》卷六十九"苏秦列传"载，春秋时期齐国都城之民无不吹竽鼓瑟、弹琴击筑、斗鸡走狗，根本原因在于临淄甚富而实。

二是流动的民间艺人游走在各个邦国的城市、乡村谋生存的过程中，所形成的音乐生产、消费成本。从文献记载来看，这一时期的民间艺人及从天子和诸侯宫廷流落出来的艺人为了生存，只能以歌舞娱人来换取必要的物质产品，这种情况在当时比较普遍。《论语》就描绘了当时诸多艺人四处卖艺的情况：

> 大师挚适齐，亚饭干适楚，三饭缭适蔡，四饭缺适秦，鼓方叔入

---

① 司马迁. 史记［M］//中华书局编辑部."二十四史"（简体字本）. 北京：中华书局，2000：1883.

② 司马迁. 史记［M］//中华书局编辑部."二十四史"（简体字本）. 北京：中华书局，2000：1839.

③ 吴毓江. 墨子校注［M］. 孙启治，点校. 北京：中华书局，1993：61.

于河,播鼗武入于汉,少师阳、击磬襄入于海。①

《列子》卷第五"汤问篇"也记载了当时著名乐人韩娥卖艺之事:

> 昔韩娥东之齐,匮粮,过雍门,鬻歌假食。既去而余音绕梁欐,三日不绝,左右以其人弗去。过逆旅,逆旅人辱之。韩娥因曼声哀哭,一里老幼悲愁,垂涕相对,三日不食。遽而追之。娥还,复为曼声长歌。一里老幼喜跃抃舞,弗能自禁,忘向之悲也。乃厚赂发之。故雍门之人至今善歌哭,放娥之遗声。②

这有力说明了春秋战国时期音乐生产、消费的商业行为已经萌发,并得到一定的发展,音乐作为商业行为已经获得大众的肯定。同样,乐器制造及演奏也是民间职业艺人的谋生手段之一,如《史记》卷一百二十九"货殖列传"中记载了当时通过技艺致富的人,即所谓"而富者必用奇胜",其中就有张里以擅长击钟而致富的记载。

第三节 春秋战国时期音乐经济的总体特征

一、音乐生产、消费的等级化、阶层化特征显著

夏商周时期音乐生产、消费具有典型的等级化、阶层化特征,进入春秋战国时期,虽然西周时期所制定的严格礼乐制度已经瓦解,周天子的羸弱导致地方诸侯、卿大夫常常在音乐生产、消费上产生僭越行为,但总体来看,音乐生产、消费的等级化、阶层化依然存在并深入人心。例如强调"非乐"的墨子所云:"夫子曰:'圣王不为乐。'昔诸侯倦于听治,息于钟鼓之乐。士大夫倦于听治,息于竽瑟之乐。农夫春耕夏耘,秋敛冬藏,息于聆缶之乐。"③从钟鼓之乐到竽瑟之乐再到聆缶之乐,将不同等级群体的音乐生产、消费对象进行严格的界定和区分。而孔子所谓"八佾舞于庭,是可忍孰不可忍也"的感慨,也充分说明前代的音乐生产、消费等级制依

---

① 《十三经注疏》整理委员会. 十三经注疏·论语注疏 [M]. 北京:北京大学出版社,1999:253.
② 杨伯峻. 列子集释 [M]. 北京:中华书局,1985:177-178.
③ 吴毓江. 墨子校注 [M]. 孙启治,点校. 北京:中华书局,1993:61.

然在这一时期的文士阶层中得到认同,在贵族阶层得到执行。

二、音乐生产、消费的区域化特征显著

音乐生产、消费的区域化是这一时期音乐经济的显著特征。前文已述,春秋战国时期的独特政治结构及社会经济发展,为社会音乐生产、消费的区域化奠定了基础。首先,从政治结构上来说,春秋战国时期是典型的诸侯割据时代,这些分布在不同地域的邦国相对封闭,地理上的区域特征及传统风俗文化的交融必然形成了不同的地域音乐文化。其次,奴隶社会的分封制遇到弱势的中央集权之后,各个分封国家开始走向独立,从而形成国中之国。争霸天下之心导致诸侯邦国都积极发展社会经济,每个国家都是一个经济独立体,它们有着各自的货币、度量衡。于是,从"春秋五霸"到"战国七雄",产生了差异化的社会经济。不同地域群众的审美差异性、经济差异性也必然导致音乐生产、消费的差异性。最后,不同的邦国政权有着自己的历史源流,在历史上会接受中央集权不同程度的对待或恩宠。属于天子嫡系的邦国享受着与天子类似的音乐生产、消费,甚至是中央集权直接赐予的天子之乐,再加上地域的封闭性,导致邦国也逐渐成为天子之乐的有效保存者,这也必然导致礼乐发展的不平衡性。

当然,地域邦国的经济、政治封闭性并不影响国民的自由流动。因此,流动的民众、趋利的音乐生产逐渐走出自己原有的生存环境,再加上各个诸侯国为了发展经济、军事实行的吸引民众的惠民政策,音乐的流动性进一步促进了地域品牌的形成。因此,文献上提到的秦声、楚声、越声、吴歈、蔡讴、郑舞等,就是各地域邦国音乐繁荣并逐渐形成鲜明地方特色的一种标志,同时也是各国音乐交流频繁的体现。尤其是战国时期,各国的都城和处在某些交通要道上的城市,逐渐发展成为集市贸易繁荣的大都市,如齐国的临淄、赵国的邯郸、秦国的咸阳、楚国的郢等,繁荣的都城经济有力地吸引了各国职业乐人,从而促进了音乐经济的发展。

三、自给自足的生产方式居于主体地位

春秋战国时期的音乐生产方式基本是一种自给自足的生产方式,这主要体现在两个层面。首先,作为社会音乐生产、消费的主体,以天子、诸侯及卿大夫等奴隶主贵族为主体的音乐生产、消费,本质上是一种自我循环,即奴隶主贵族运用政府和自己的资金蓄养大量的音乐生产者,这些音

乐生产者没有独立性，本身也属于恩主的生产资料，由奴隶主贵族任意支配。奴隶主购买生产资料以进行音乐生产，生产目的是满足自己娱乐需求。因此，音乐的生产与消费始终处于恩主的自我循环之中。

其次，音乐生产自给自足的现象还体现在文士阶层身上。这一时期的奏乐技能尤其是鼓琴已经成为文士阶层的基本素养之一。乐器演奏成为文士、武士的生活内容之一。然而文士阶层的音乐生产资料（如乐器）是由自己购置的，所有权归自己所有，生产目的是自我消费，即大多数情况下文士阶层的音乐消费是一种自娱自乐、生产与消费合二为一的行为。

四、音乐生产、消费的商业化得到普及

这一时期的音乐生产、消费出现了典型的商业行为，音乐不仅作为一种商业产品进行流通，而且这种商业行为得到了社会的普遍认可。据《史记》所载，春秋时期张里因擅长击钟而致富。实际上，礼乐制度的崩塌、诸侯国之间纷繁的战争、城市经济的蓬勃发展、大城市的形成、部分民众的富庶生活及商贾群体的增多等因素，促使音乐生产者四处游走，逐利卖艺成为社会常态。例如韩国艺人韩娥因匮粮而来到齐国雍门卖艺，力图通过商业性的歌唱表演来获得食饭，即所谓"鬻歌假食"，也正因为其技艺高超，获得了丰厚的经济回报，消费者（观众）"乃厚赂发之"[1]。与此类似，《论语》载："大师挚适齐，亚饭干适楚，三饭缭适蔡，四饭缺适秦，鼓方叔入于河，播鼗武入于汉，少师阳、击磬襄入于海。"[2] 这更是充分说明了这一时期音乐生产、消费商业化普及程度之高。当然，除了职业乐人之外，那些身处危难、困顿的文士们也把音乐生产作为一种商业行为，如伍子胥"稽首肉袒，鼓腹吹篪"，乞食于吴市。[3] 因此，音乐作为典型的商业行为，在春秋战国时期显得极为繁荣，并得到不同社会阶层的认同。

五、音乐生产、消费的个性化

春秋战国时期的音乐生产、消费呈现出鲜明的个性化特征。从政府层

---

[1] 杨伯峻. 列子集释 [M]. 北京：中华书局，1979：177-178.
[2] 《十三经注疏》整理委员会. 十三经注疏·论语注疏 [M]. 北京：北京大学出版社，1999：253.
[3] 司马迁. 史记 [M] //中华书局编辑部. "二十四史"（简体字本）. 北京：中华书局，2000：1883.

面来说，传统的礼乐制度在春秋时期得到一定的延续，但严格的等级制度开始瓦解。地方诸侯国的君主及其卿大夫开始追求更高级别的礼乐，并用个人的音乐生产、消费实践进行着僭越行为。例如鲁国的卿大夫在家中享用前朝只有天子才享用的八佾之舞和专属音乐作品，楚国下属的小国国君曾候也偷偷享用原本属于诸公诸侯才能享用的钟磬乐悬。这些生动的案例说明当时大到诸侯国及其君主小到政府官员，都在进行蓄伎行为，音乐生产、消费呈现出个性化特征。

从个人层面来说，民间音乐生产、消费也呈现出个性化特征。例如齐国这样的富庶之国、富庶之城邦、富庶之民的音乐追求的是笙竽之乐，即所谓民众无不吹竽；而传统文化之风浓郁的鲁国的民众则喜欢前代雅乐歌舞；相对偏远的西秦之地民风淳朴，人人喜欢铮铮然的击缶之乐；荆楚之地则崇尚巫觋之乐。诸侯国君个人的音乐生产、消费也极具个性化，如齐宣王不仅喜欢笙竽之乐，而且崇尚数百人的笙竽合奏，但其儿子喜欢让乐人们一一独奏；吴王夫差爱好蹁跹、婀娜的越国之音乐；仇由国国君、周景王等则偏好金石之乐（铸钟）；魏文侯听郑卫之音而不知倦。文士阶层的音乐生产、消费更具个性化，如孔子笃爱鼓琴，无论是游历邦国的途中还是教授学生的过程中，都以鼓琴为乐；大部分武士笃爱鼓琴，甚至在战争中依然抚琴不断，荆轲擅长歌唱、高渐离偏爱击筑，即便是在友人去世之后隐居山林，也依然筑声不绝于耳。

因此，在礼乐制度渐趋瓦解的时代，音乐生产、消费个性化特征的出现，标志着人们思想的解放及音乐观念的转变。

六、音乐生产、消费与国家政治、经济密不可分

春秋战国时期的音乐生产、消费不仅体现出商业经济的典型特征，而且与国家的政治、经济有密切关系。这种密切的关系可以归纳为以下三个方面。

其一，政府的音乐生产、消费直接建立在国家的政治和经济实力之上，如春秋时期的鲁国、秦国。鲁国的国君为姬姓，因为首封国君为周武王弟弟周公旦之子伯禽，所以在中央集权的政治体系中具有特殊地位，常常收到天子赏赐的高级别的音乐、乐器，即所谓"周之最亲莫如鲁，而鲁所宜翼戴者莫如周"。因此，鲁国成为典型周礼的保存者和实施者，即所谓"周礼尽在鲁矣"。

经济实力更是决定了一个国家的音乐生产、消费的层次与规模。周景王能够铸大钟,楚国能够生产出精美的编钟,曾侯也能够拥有三面乐悬的编钟,这些都是由富庶的国家经济实力决定的。然而,仇由国因钟而丧国的血淋淋的事实则说明,很多诸侯小国并没有经济实力来制造大型金石之乐。

其二,音乐生产、消费直接关系到国家的命运。经济是音乐生产、消费的基础,同理,奢靡的音乐生产、消费必然会消耗国家的经济实力,导致民怨沸腾,最终导致君王沉迷音乐、不理朝政、国家灭亡。《左传》载,晋侯为了音乐享乐,大造宫室,劳民伤财,师旷曾直言劝谏。墨子就直接指责了当时社会的奢乐状况:"今王公大人虽无造为乐器、以为事乎国家,非直掊潦水、折壤坦而为之也,将必厚措敛乎万民,以为大钟鸣鼓、琴瑟竽笙之声。"① 墨子还指出,有了乐器,还要养蓄乐工舞伎来吹奏表演,《万舞》表演者还必须吃好、穿好,才能供王公大人赏心悦目。因此,这些"亏夺民衣食之财"的乐器、舞蹈,完全无补于"兴天下之利,除天下之害"。无节制的音乐生产、消费最终必然导致国家衰亡、民不聊生。

《春秋左传正义》载,郑伯始朝于楚,楚子赐之金,既而悔之,与之盟曰:"无以铸兵。"故以铸三钟。② 楚国担心郑伯用楚所赐之铜来铸造兵器,所以规定其只准铸钟。从这一故事中可见,铜用于铸钟之后便没有多余财力来铸造兵器了,可见统治者是用音乐来调节各国在军备上的投资。

当然这一时期也有一些更为极端的例子,如《春秋左传正义》载,当时著名乐人师旷在晋国聆听音乐而识别国家命运之事:

> 丙寅晦,齐师夜遁。师旷告晋侯曰:"鸟乌之声乐,齐师其遁。"邢伯告中行伯曰:"有班马之声,齐师其遁。"叔向告晋侯曰:"城上有乌,齐师其遁。"
> ……
> 晋人闻有楚师,师旷曰:"不害。吾骤歌北风,又歌南风。南风不竞,多死声。楚必无功。"董叔曰:"天道多在西北。南师不时,必无

---

① 吴毓江. 墨子校注 [M]. 孙启治, 点校. 北京: 中华书局, 1993: 391.
② 《十三经注疏》整理委员会. 十三经注疏·春秋左传正义: 上、中、下 [M]. 李学勤, 主编. 北京: 北京大学出版社, 1999:

功。"叔向曰:"在其君之德也。"①

其三,音乐生产、消费本身就是国家政治外交的一部分。钟磬乐舞成本的高昂、郑卫之乐的稀有及礼乐的等级功能,导致这一时期的诸侯邦国非常重视音乐的实用功能,即强调音乐在国家政治、军事、外交中的作用,并将其作为牟取政治利益的一种重要手段。《春秋左传正义》载,晋师从齐师,入自丘舆,击马陉。齐侯使宾媚人赂以纪甗、玉磬与地。② 又载,郑人为了国家利益,赂晋侯以师悝、师触、师蠲;广车、軘车淳十五乘,甲兵备,凡兵车百乘,歌钟二肆,及其镈、磬,女乐二八。③ 春秋时期楚、郑两国交战,楚国的著名宫廷琴师钟仪被郑国俘虏,因为钟仪是当时的知名乐人,所以郑国将其作为珍贵物品献给晋国,希望能够与晋国结盟。晋国得到钟仪之后,得知其世代都是乐师,并朝夕为楚王演奏,就把他又献给了楚国,希望能够借此缓和两国的关系。④《春秋左传正义》花费了大量篇幅来记载乐人钟仪之事,这充分说明了在诸侯邦国之间的政治、外交事务中,在国与国的利益交换中乐人的重要性。

---

① 《十三经注疏》整理委员会. 十三经注疏·春秋左传正义:上、中、下 [M]. 李学勤,主编. 北京:北京大学出版社,1999:950,953 - 954.
② 《十三经注疏》整理委员会. 十三经注疏·春秋左传正义:上、中、下 [M]. 李学勤,主编. 北京:北京大学出版社,1999:697.
③ 《十三经注疏》整理委员会. 十三经注疏·春秋左传正义:上、中、下 [M]. 李学勤,主编. 北京:北京大学出版社,1999:900 - 902.
④ 《十三经注疏》整理委员会. 十三经注疏·春秋左传正义:上、中、下 [M]. 李学勤,主编. 北京:北京大学出版社,1999:738 - 739.

第四章　两汉时期的音乐经济

公元前 202 年，在经历了秦末天下大乱、楚汉之争的连年战乱之后，刘邦终于统一疆土，建立汉朝，定都长安，史称西汉，国家政治、经济发展也趋于稳定。随后，"文景之治"为汉武帝的盛世帝国奠定了扎实的经济、政治基础。直到公元 9 年，王莽废汉立国，标志着西汉政权的灭亡。光武帝刘秀于公元 25 年建都洛阳，史称东汉。公元 220 年，在经历了黄巾起义、董卓之乱、地方豪绅拥兵自立等事件后，曹丕称帝，东汉灭亡。

从政治版图来看，西汉政权建立初期疆域相对较小，直到汉武帝时期，疆域得到极大拓展，西至河西走廊，设立西域都护府，东至渤海之滨，东北囊括朝鲜半岛，南至越国、海南岛，北至边塞、戈壁沙漠。当然，东汉疆土则相对缩小。两汉的行政区划沿袭秦代以来的郡县制，全国设十三个州，内辖若干郡，郡下设县。在政治管理体系上实行三公九卿制，以丞相、太尉、御史大夫三公为首，选才方式是察举制，东汉时期则进一步形成察举与考试相结合的选士制度。但汉初为了巩固疆土而实施的分封制在西汉中期以后，逐渐形成了世袭的世家大族群体，其拥有强大的政治和经济特权，也成了社会娱乐音乐消费的主要群体。

从经济角度来看，西汉初期百废待兴，政府沿承了秦代的土地制度，实行休养生息、重农抑商的政策，铁制农具和牛耕技术得到进一步普及，生产力也得到一定程度的恢复。汉文帝时期政府则强调商业的重要性，肯定商人的地位，由此商业经济得到迅速发展，商贾日益繁多，染织、冶铁、酿造、车船、制盐、造纸等手工业也得到大力发展。如司马迁《史记》卷一百二十九"货殖列传"所说："汉兴，海内为一，开关梁，弛山泽之禁，是以富商大贾周流天下，交易之物莫不通，得其所欲。"① 桓宽《盐铁论》卷一"力耕"亦云："自京师东西南北，历山川，经郡国，诸殷富大都，无非街衢五通，商贾之所臻，万物之所殖者……宛、周、齐、鲁，商遍天下。"② 尤其是西汉的都城长安，更是富商云集，班固在《两都赋》中描写当时的情景是："内则街衢洞达，闾阎且千。九市开场，货别随分，人不得顾，车不得旋。衢城溢郭。旁流百廛，红尘四合，烟云相连。"③

但汉代中期以后，又强调重农抑商的政策，整个社会贪腐、享乐之风日渐严重，大量农民破产并沦为佃农，豪强官员的土地兼并之风导致了豪绅地主庄园的形成，庄园之内良田万顷、佃农数千，从生产到生活构成了一个相对独立、封闭的经济实体。由此，蓄伎之风也遍布官员、豪绅之家。

因此，两汉之际经济的繁荣、豪绅富商的奢靡享乐之风，导致整个社会纵情声色，奢靡消费之风也遍及社会各个阶层。所谓"贵戚五侯定陵、富平外戚之家淫侈过度，至与人主争女乐。"④ 宴飨之际"多列女倡歌舞于前"。《后汉书》记载：

> 豪人之室，连栋数百，膏田满野，奴婢千群，徒附万计。船车贾贩，周于四方；废居积贮，满于都城。琦赂宝货，巨室不能容；马牛羊豕，山谷不能受。妖童美妾，填乎绮室；倡讴（妓）〔伎〕乐，列乎深堂。宾客待见而不敢去，车骑交错而不敢进。三牲之肉，臭而不可食；清醇之酎，败而不可饮。⑤

不仅如此，连宫廷、民间的祭祀活动也成为音乐生产消费的重要场所，如汉哀帝时期京师诸县皆有侍祠使者，祭祀之地凡七百余所，一年之中进

---

① 司马迁. 史记［M］//中华书局编辑部. "二十四史"（简体字本）. 北京：中华书局，2000：2466.

② 桓宽. 盐铁论［M］. 上海：上海人民出版社，1974：6.

③ 班固. 两都赋［C］//郑竞. 全汉赋. 杭州：之江出版社，1994：96.

④ 班固. 汉书［M］//中华书局编辑部. "二十四史"（简体字本）. 北京：中华书局，2000：913.

⑤ 范晔. 后汉书［M］//中华书局编辑部. "二十四史"（简体字本）. 北京：中华书局，2000：1112.

行 37 000 次祭祀活动。而王莽时期则新增祭祀活动高达 15 000 多次，民间更是数不胜数。显然，在此背景下，从宫廷到民间的音乐生产与消费都呈现出繁荣景象。

第一节　两汉时期的音乐生产

一、音乐生产者

（一）职业乐人

两汉时期，随着封建制度的建立与完善，与社会政治制度相适应的封建经济制度也在奴隶制的基础上构建起来。与此相适应，社会的阶层进一步分化，作为音乐生产的主体，"乐人"这一宽泛的社会群体也逐渐细化。从目前文献来看，这一时期职业乐人可以基本划分为，国家正式在册的乐籍人员、国家行政委任管理音乐的官员（乐官）、私家乐人。

汉承秦制，国家音乐体系在汉初基本构建完成，但由于政治经济原因，汉初乐人规模相对较小。

《史记》卷二十四"乐书"载，汉高祖在立国之初回到故乡沛县，得小儿歌者一百二十人在宫廷中加以训练。"高祖崩，令沛得以四时歌舞宗庙。孝惠、孝文、孝景无所增更，于乐府习常肄旧而已。"① 后世一直延续在宗庙祭祀中使用乐人的习俗，如《史记》载：

> 汉家常以正月上辛祠太一甘泉，以昏时夜祠，到明而终。常有流星经于祠坛上。使僮男僮女七十人俱歌。春歌青阳，夏歌朱明，秋歌西暤，冬歌玄冥。世多有，故不论。②

这些职业乐人不仅是宫廷音乐生产的主力军，也是皇室乃至王侯将相府邸音乐生产的主体，如《史记》载：

---

① 司马迁. 史记 [M] //中华书局编辑部."二十四史"（简体字本）. 北京：中华书局，2000：1038.

② 司马迁. 史记 [M] //中华书局编辑部."二十四史"（简体字本）. 北京：中华书局，2000：1039.

> 太后以吕产女为赵王后。王后从官皆诸吕，擅权，微伺赵王，赵王不得自恣。王有所爱姬，王后使人酖杀之。王乃为歌诗四章，令乐人歌之。①

经历文景之治的积淀，至汉武帝时期，政治开明，经济繁荣，专业音乐人员队伍也逐渐得到扩充。《汉书》卷六"武帝纪"载，为了兴盛礼乐、扩充宫廷乐人，汉武帝进行了大规模的音乐生产人员的招募工作：

> 诏曰："盖闻导民以礼，风之以乐。今礼坏乐崩，朕甚闵焉。故详延天下方闻之士，咸荐诸朝。其令礼官劝学，讲议洽闻，举遗举礼，以为天下先。太常其议予博士弟子，崇乡党之化，以厉贤材焉。"丞相弘请为博士置弟子员，学者益广。②

尤其是启用以职业乐人出身的李延年作为协律都尉，主管政府音乐之后，专业音乐生产者等级清晰、分工明确、规模空前。

具体来说，两汉时期专业的音乐生产者主要有以下几类。

第一，帝王身边的知名乐人，他们往往兼具音乐的生产者和组织者双重身份属性。代表性的乐人有以下几位。

李延年，《史记》卷一百二十五"佞幸列传"载：

> 李延年，中山人也。父母及身兄弟及女，皆故倡也。延年坐法腐，给事狗中。而平阳公主言延年女弟善舞，上见，心说之，及入永巷，而召贵延年。延年善歌，为变新声，而上方兴天地祠，欲造乐诗歌弦之。延年善承意，弦次初诗。其女弟亦幸，有子男。延年佩二千石印，号协声律。③

韩嫣，武帝时期的乐人，地位与李延年类似：

> 与上卧起，甚贵幸，埒如韩嫣也。久之，寝与中人乱，出入骄恣。

---

① 司马迁. 史记［M］//中华书局编辑部. "二十四史"（简体字本）. 北京：中华书局，2000：285.
② 班固. 汉书［M］//中华书局编辑部. "二十四史"（简体字本）. 北京：中华书局，2000：122.
③ 司马迁. 史记［M］//中华书局编辑部. "二十四史"（简体字本）. 北京：中华书局，2000：2422.

及其女弟李夫人卒后,爱弛,则禽诛延年昆弟也。①

郭舍人,《史记》载:

> 武帝时有所幸倡郭舍人者,发言陈辞虽不合大道,然令人主和说。②

除此之外,还有很多专业的乐人深受帝王喜爱,《汉书》卷九十三"佞幸传"载:

> 汉兴,佞幸宠臣,高祖时则有籍孺,孝惠有闳孺。此两人非有材能,但以婉媚贵幸,与上卧起,公卿皆因关说。故孝惠时,郎侍中皆冠鵕䴊,贝带,傅脂粉,化闳、籍之属也。两人徙家安陵。其后宠臣,孝文时士人则邓通,宦者则赵谈、北宫伯子;孝武时士人则韩嫣,宦者则李延年;孝元时宦者则弘恭、石显;孝成时士人则张放、淳于长;孝哀时则有董贤。孝景、昭、宣时皆无宠臣。景帝唯有郎中令周仁。③

第二,隶属乐府管辖的不同职业乐人。据《汉书》记载,汉武帝统治之前,乐府乐工大约只有120人,此后汉武帝扩充乐府,在李延年的领导下,音乐人员增加到800多人。成帝时"倡优伎乐"曾达1 000多人。至哀帝罢乐府时,乐工犹有829人之多。《汉书》详细记载了这一时期音乐生产者的清单,其中:

> 郊祭乐人员六十二人,给祠南北郊。大乐鼓员六人,嘉至鼓员十人,邯郸鼓员二人,骑吹鼓员三人,江南鼓员二人,淮南鼓员四人,巴俞鼓员三十六人,歌鼓员二十四人,楚严鼓员一人,梁皇鼓员四人,临淮鼓员三十五人,兹邡鼓员三人,凡鼓十二,员百二十八人,朝贺置酒陈殿下,应古兵法。外郊祭员十三人,诸族乐人兼云招给祠南郊用六十七人,兼给事雅乐用四人,夜诵员五人,刚、别柎员二人,给盛德主调筥员二人,听工以律知日冬夏至一人,钟工、磬工、箫工员

---

① 司马迁. 史记 [M] //中华书局编辑部. "二十四史"(简体字本). 北京:中华书局,2000:2422.

② 司马迁. 史记 [M] //中华书局编辑部. "二十四史"(简体字本). 北京:中华书局,2000:2427.

③ 班固. 汉书 [M] //中华书局编辑部. "二十四史"(简体字本). 北京:中华书局,2000:2755.

各一人，仆射二人主领诸乐人，皆不可罢。竽工员三人，一人可罢。琴工员五人，三人可罢。柱工员二人，一人可罢。绳弦工员六人，四人可罢。郑四会员六十二人，一人给事雅乐，六十一人可罢。张瑟员八人，七人可罢。安世乐鼓员二十人，十九人可罢。沛吹鼓员十二人，族歌鼓员二十七人，陈吹鼓员十三人，商乐鼓员十四人，东海鼓员十六人，长乐鼓员十三人，缦乐鼓员十三人，凡鼓八，员百二十八人，朝贺置酒，陈前殿旁中，不应经法。治竽员五人，楚鼓员六人，常从倡三十人，常从象人四人，诏随常从倡十六人，秦倡员二十九人，秦倡象人员三人，诏随秦倡一人，雅大人员九人，朝贺置酒为乐。楚四会员十七人，巴四会员十二人，铫四会员十二人，齐四会员十九人，蔡讴员三人，齐讴员六人，竽瑟钟磬员五人，皆郑声，可罢。①

由于政治原因，哀帝在这829人中罢免440人，留下389人继续从事音乐生产。乐府制度到东汉时一直延续，由于宦官当道、皇权衰微，政府中的乐府管理机构逐渐衰落甚至断续废止，但乐府机构中依然还存在着一定数量的乐人为宫廷进行着音乐生产。

第三，掖庭材人。皇帝内庭宴飨娱乐的主要音乐生产者，以女乐表演为主。《汉书》卷二十二"礼乐志"载：

> 今汉郊庙诗歌，未有祖宗之事，八音调均，又不协于钟律，而内有掖庭材人，外有上林乐府，皆以郑声施于朝廷。②

《后汉书》卷六十六"陈王列传"也记载了窦氏兄弟父子，多取掖庭宫人，作乐饮宴，旬月之间，赀财亿计。③《汉书》卷九十八"元后传"记载了当时部分掖庭音乐生产者的名字，其云：

> 内怀奸邪，欲笔朝政，推亲近吏主簿张业以为尚书，蔽上壅下，内塞王路，外交藩臣，骄奢僭上，坏乱制度。案根骨肉至亲，社稷大臣，先帝弃天下，根不悲哀思慕，山陵未成，公聘取故掖庭女乐五官

---

① 班固. 汉书[M]//中华书局编辑部."二十四史"（简体字本）. 北京：中华书局，2000：913-914.

② 班固. 汉书[M]//中华书局编辑部."二十四史"（简体字本）. 北京：中华书局，2000：912.

③ 范晔. 后汉书[M]//中华书局编辑部."二十四史"（简体字本）. 北京：中华书局，2000：1466.

殷严、王飞君等，置酒歌舞，捐忘先帝厚恩，背臣子义。及根兄子成都侯况幸得以外亲继父为列侯侍中，不思报厚恩，亦聘取故掖庭贵人以为妻，皆无人臣礼，大不敬不道。①

第四，黄门乐人。黄门是汉代设立的一种音乐机构，也称黄门乐署。据载，汉少府设八官令丞，下设中黄门，有黄门倡之职。在汉武帝时期，黄门官典掌鼓吹乐事。东汉黄门机构建制更为完备，黄门鼓吹也成为汉乐四品之一。当然，也有学者认为西汉时期的黄门乐人主要是掖庭女乐，在乐府受训，隶属黄门管辖，东汉黄门乐则是教于承华，掌于黄门。②

除了掌管鼓吹乐之外，黄门乐也包括散乐，即黄门乐署中拥有大量没有进入乐府、太乐机构的正式编制的乐人，也称黄门散乐。史料记载，郭舍人就是武帝时期的黄门名倡；丙彊、景武都是哀帝时期的黄门名倡。③ 元帝时期的黄门乐人有陈惠、李微。《汉书》卷八十二"王商史丹傅喜传"载：

建昭之间，元帝被疾，不亲政事，留好音乐。或置鼙鼓殿下，天子自临轩槛上，陨铜丸以擿鼓，声中严鼓之节。后宫及左右习知音者莫能为，而定陶王亦能之，上数称其材。丹进曰："凡所谓材者，敏而好学，温故知新，皇太子是也。若乃器人于丝竹鼓鼙之间，则是陈惠、李微高于匡衡，可相国也。"于是上嘿然而咲。师古曰："鼙本骑上之鼓，音步迷反。"李奇曰："庄严之鼓节也。"晋灼曰："疾击之鼓也。"师古曰："李说是也。"如淳曰："器人，取人器能也。陈惠、李微是时好音者也。"服虔曰："二人皆黄门鼓吹也。"④

第五，异邦所献乐人。国家随着政治的稳定、经济的繁荣，汉代疆域版图实现了大一统。四夷邦国在臣服的同时，不断地向汉代皇室进贡音乐及其乐人。这些以礼物形式贡奉给汉室的音乐人员也是汉代宫廷音乐的专

---

① 班固. 汉书 [M] //中华书局编辑部. "二十四史"（简体字本）. 北京：中华书局，2000：2961.

② 许继起. 汉代黄门乐署考 [J]. 云南艺术学院学报，2002（04）：22-28.

③ 班固. 汉书 [M] //中华书局编辑部. "二十四史"（简体字本）. 北京：中华书局，2000：913.

④ 班固. 汉书 [M] //中华书局编辑部. "二十四史"（简体字本）. 北京：中华书局，2000：2513-2514.

业生产者。《后汉书》卷五十一"李陈诚陈桥列传"对此有着明确记载：

> 永宁元年，西南夷掸国王献乐及幻人，能吐火，自支解，易牛马头。明年元会，作之于庭，安帝与群臣共观，大奇之。禅独离席举手大言曰："昔齐鲁为夹谷之会，齐作侏儒之乐，仲尼诛之。又曰：'放郑声，远佞人。'帝王之庭，不宜设夷狄之技。"尚书陈忠劾奏禅曰："古者合欢之乐舞于堂，四夷之乐陈于门，故诗云'以雅以南，韎任朱离'。今掸国越流沙，逾县度，万里贡献；非郑卫之声，佞人之比，而禅廷讪朝政，请劾禅下狱。"有诏勿收，左转为玄菟候城障尉，诏"敢不之官，上妻子从者名"。禅既行，朝廷多讼之。①

上述文献所载朝廷官员针对异族献乐进行辩论的史实，一方面说明汉室官员头脑中存在着强烈的正统音乐观念；另一方面也说明地方邦国献乐已经成为一种常态，再加上汉室自我炫耀的需要，宫廷拥有了大量的夷族音乐，导致此类音乐生产者的数量和规模极为庞大，甚至已经影响到其他类型的音乐生产与表演。

第六，官宦、商贾之家的乐人。汉代除了宫廷乐人之外，专职乐人也遍布在各个地方政府、官宦、商贾庭院中。虽然此类乐人来源相对复杂，但是政府按定制配乐和帝王赐乐是主要的来源。如《后汉书》志二十四载：

> 长史、司马皆一人，千石。本注曰：司马主兵，如太尉。从事中郎二人，六百石。本注曰：职参谋议。掾属二十九人。令史及御属三十一人。本注曰：此皆府员职也。又赐官骑三十人，及鼓吹。②

这些职业乐人的身份归属源自何处？从史料来看，一方面可能是世代为倡的特定阶层（也称倡籍人员或乐籍人员）；另一方面可能是贫民，其因生活所需而转成职业乐人。对此，《汉书》卷二十八下"地理志"亦有所描述：

> 赵、中山地薄人众，犹有沙丘纣淫乱馀民，丈夫相聚游戏，悲歌

---

① 范晔. 后汉书［M］//中华书局编辑部. "二十四史"（简体字本）. 北京：中华书局，2000：1138.

② 范晔. 后汉书［M］//中华书局编辑部. "二十四史"（简体字本）. 北京：中华书局，2000：2431.

慷慨，起则椎剽掘冢，作奸巧，多弄物，为倡优。文子弹弦跕蹻，游媚富贵，遍诸侯之后宫。①

第七，乐官。乐官是两汉政府为了进行音乐生产而委任的专业管理人员，他们是音乐生产的管理者，但由于这些管理者本身就是职业乐人，所以在很多情况下他们也是音乐的直接生产者。

据史料所载，汉代从事音乐生产的管理者主要有：

奉常，秦官，掌宗庙礼仪，有丞。景帝中六年更名太常。属官有太乐、太祝、太宰、太史、太卜、太医六令丞。②

少府，秦官，掌山海池泽之税，以给共养，有六丞。属官有尚书、符节、太医、太官、汤官、导官、乐府、若卢、考工室、左弋、居室、甘泉居室、左右司空、东织、西织、东园匠十六官令丞……③

《后汉书》志二十五"百官二"载，汉代设有大予乐令一人，丞一人，主要掌管伎乐。"凡国祭祀，掌请奏乐，及大飨用乐，掌其陈序。"汉官曰："员吏二十五人，其二人百石，二人斗食，七人佐，十人学事，四人守学事。乐人八佾舞三百八十人。"卢植礼注曰："大予令如古大胥。汉大乐律，卑者之子不得舞宗庙之酎。除吏二千石到六百石，及关内侯到五大夫子，取適子高五尺已上，年十二到三十，颜色和，身体修治者，以为舞人。"④

另外，史料还记载汉代有"礼乐长"一职，实为"主乐人"。⑤

汉代史料记载有真实姓名的乐官有很多，如高祖时期的叔孙通，文帝时期的北平侯张苍，孝惠帝时期的乐府令夏侯宽，武帝时期的协律都尉李延年，成帝时期的太乐令桓谭，元帝时期的中郎京房，东汉章帝时期的待诏候钟律殷肜，东汉灵帝时期典律者太子舍人张光，汉明帝时期的五官中郎将（董）钧，等等。

---

① 班固. 汉书［M］//中华书局编辑部. "二十四史"（简体字本）. 北京：中华书局，2000：1320.

② 班固. 汉书［M］//中华书局编辑部. "二十四史"（简体字本）. 北京：中华书局，2000：613.

③ 班固. 汉书［M］//中华书局编辑部. "二十四史"（简体字本）. 北京：中华书局，2000：616.

④ 范晔. 后汉书［M］//中华书局编辑部. "二十四史"（简体字本）. 北京：中华书局，2000：2436-2437.

⑤ 范晔. 后汉书［M］//中华书局编辑部. "二十四史"（简体字本）. 北京：中华书局，2000：2479.

桓谭，《后汉书》卷二十八上"桓谭冯衍列传"载：

> 桓谭字君山，沛国相人也。父成帝时为太乐令。谭以父任为郎，因好音律，善鼓琴。博学多通，遍习五经，皆诂训大义，不为章句。能文章，尤好古学，数从刘歆、杨雄辩析疑异。性嗜倡乐，简易不修威仪，而憙非毁俗儒，由是多见排抵。……初，谭著书言当世行事二十九篇，号曰新论，上书献之，世祖善焉。琴道一篇未成，肃宗使班固续成之。所著赋、诔、书、奏，凡二十六篇。①

（董）钧，《后汉书》卷七十九下"儒林列传"载：

> 钧博通古今，数言政事。永平初，为博士。时草创五郊祭祀，及宗庙礼乐，威仪章服，辄令钧参议，多见从用，当世称为通儒。累迁五官中郎将，常教授门生百馀人。后坐事左转骑都尉。年七十馀，卒于家。②

（二）半职业乐人

目前所发现的史料并没有关于汉代政府将专职乐人列属乐籍，并制定相关乐籍制度的明确记载。但从现有的研究成果来看，汉代专职乐人已经成为一个固定的阶层，如《汉书》卷九十三"佞幸传"载："李延年，中山人，身及父母兄弟皆故倡也。"③纵观汉代文献，可以发现除了这些以音乐生产为职业，身属倡籍的乐人之外，还广泛存在着游弋于职业与半职业之间的一种乐人，本书将其称之为半职业乐人。这类音乐生产者本身不是专业的乐人，属于奴婢阶层或平民、良人（也包含部分出身倡籍者）。由于生活所迫或恩主所需，从小开始接受系统的音乐培训，从而具备较高的音乐技能，后因色艺得到帝王、将相或主人的喜爱，而脱离奴婢或良人阶层，获得较高的政治地位，如成为嫔妃、皇后、娘娘或夫人等。由于身份的转换，她们不再以歌舞生产为主，仅仅将歌舞作为业余能力之一，呈现出一

---

① 范晔. 后汉书［M］//中华书局编辑部. "二十四史"（简体字本）. 北京：中华书局，2000：639，643.
② 范晔. 后汉书［M］//中华书局编辑部. "二十四史"（简体字本）. 北京：中华书局，2000：1738.
③ 班固. 汉书［M］//中华书局编辑部. "二十四史"（简体字本）. 北京：中华书局，2000：2758.

种断续式的音乐生产现象。

如汉高祖时期，万石君石奋的妹妹就属于这类半职业乐人。《汉书》卷四十六"万石卫直周张传"载：

> 时奋年十五，为小吏，侍高祖。高祖与语，爱其恭敬，问曰："若何有？"对曰："有母，不幸失明。家贫。有姊，能鼓瑟。"高祖曰："若能从我乎？"曰："愿尽力。"于是高祖召其姊为美人，以奋为中涓，受书谒。徙其家长安中戚里，以姊为美人故也。①

汉景帝时期，广川王刘去的皇后昭信也是如此，《汉书》卷五十三"景十三王传"载：

> 令昭信声鼓为节，以教诸姬歌之，歌罢辄归永巷，封门。独昭信兄子初为乘华夫人，得朝夕见。昭信与去从十馀奴博饮游敖。②

汉武帝时期卫子夫也是出身良人之家的半职业乐人。《汉书》卷九十七上"外戚传上"载：

> 孝武卫皇后，字子夫，生微也。其家号曰卫氏，出平阳侯邑。子夫为平阳主讴者。武帝即位，数年无子。平阳主求良家女十馀人，饰置家。帝祓霸上，还过平阳主。主见所侍美人，帝不说。既饮，讴者进，帝独说子夫。帝起更衣，子夫侍尚衣轩中，得幸。还坐欢甚，赐平阳主金千斤。主因奏子夫送入宫。子夫上车，主拊其背曰："行矣！强饭勉之。即贵，愿无相忘！"入宫岁馀，不复幸。武帝择宫人不中用者斥出之，子夫得见，涕泣请出。上怜之，复幸。遂有身，尊宠。召其兄卫长君、弟青侍中。而子夫生三女，元朔元年生男据，遂立为皇后。③

李夫人，其本人及父母兄弟皆故倡也（职业乐人出身），但因深受汉武

---

① 班固. 汉书 [M] //中华书局编辑部."二十四史"（简体字本）. 北京：中华书局，2000：1687.

② 班固. 汉书 [M] //中华书局编辑部."二十四史"（简体字本）. 北京：中华书局，2000：1853.

③ 班固. 汉书 [M] //中华书局编辑部."二十四史"（简体字本）. 北京：中华书局，2000：2907-2908.

帝喜爱，赐号李夫人，生下昌邑王。①

赵飞燕与其妹妹赵合德出身为平民，因家庭贫困而被父母抛弃，长大后入阳阿公主府，学习歌舞。阳阿公主为讨好汉成帝，将其所养色艺俱全的良家女在宴飨中呈献给汉成帝。因此，汉成帝为赵飞燕的舞姿和美艳所迷，将其召至宫廷，封为皇后。其后又将其妹妹召至宫廷封为婕妤。成帝去世后，汉哀帝尊奉赵飞燕为皇太后。②

《汉书》卷九十七下"外戚传下"对此有着详细记载：

> 孝成赵皇后，本长安宫人。初生时，父母不举，三日不死，乃收养之。及壮，属阳阿主家，学歌舞，号曰飞燕。成帝尝微行出。过阳阿主，作乐，上见飞燕而说之，召入宫，大幸。有女弟复召入，俱为婕妤，贵倾后宫。
>
> 许后之废也，上欲立赵婕妤。皇太后嫌其所出微甚，难之。太后姊子淳于长为侍中，数往来传语，得太后指，上立封赵婕妤父临为成阳侯。后月馀，乃立婕妤为皇后。追以长前白罢昌陵功，封为定陵侯。③

汉宣帝的母亲王夫人，名翁须，也是一位半职业乐人。《汉书》卷九十七上"外戚传上"载：

> 家本涿郡蠡吾平乡。……翁须年八九岁时，寄居广望节侯子刘仲卿宅，……仲卿教翁须歌舞，……"往二十岁，太子舍人侯明从长安来求歌舞者，请翁须等五人。长儿使遂送至长安，皆入太子家。"④

汉哀帝未即位之前，身为昌邑王的时候，家中所蓄歌舞者张修等十人，也属此类。史载是"歌舞者张修等十人，又非姬，但良人，无官名"。⑤

---

① 班固. 汉书［M］//中华书局编辑部."二十四史"（简体字本）. 北京：中华书局，2000：2758.

② 班固. 汉书［M］//中华书局编辑部."二十四史"（简体字本）. 北京：中华书局，2000：2761.

③ 班固. 汉书［M］//中华书局编辑部."二十四史"（简体字本）. 北京：中华书局，2000：2933－2934.

④ 班固. 汉书［M］//中华书局编辑部."二十四史"（简体字本）. 北京：中华书局，2000：2916－2917.

⑤ 班固. 汉书［M］//中华书局编辑部."二十四史"（简体字本）. 北京：中华书局，2000：2091.

（三）帝王及其妻女、地方王侯

两汉时期，帝王是音乐消费的主体，是音乐生产者的主要恩主，但在音乐消费的同时，很多帝王也参与了音乐的生产，成为这一时期独特的音乐生产者之一。对此，史料记载颇多。

《史记》卷七"项羽本纪"载，在秦末楚汉相争之际，西楚霸王项羽兵败垓下，夜闻汉军四面皆楚歌，项王则深夜起来在营帐之中慷慨悲歌，高歌数阕，美人和之。如此感人的音乐生产导致生产者本人——项王泣数行下，左右皆泣，莫能仰视。①

西汉立国之初，汉高祖刘邦回故乡，置酒沛宫，悉召故人父老子弟纵酒，酒酣，高祖击筑，自为歌诗曰："大风起兮云飞扬，威加海内兮归故乡，安得猛士兮守四方！"令儿皆和习之。高祖乃起舞，慷慨伤怀，泣数行下。②

《汉书》卷四十"张陈王周传"载高祖刘邦喜爱戚夫人，想立戚夫人子为太子，但因吕后专权而不得立，"戚夫人泣涕，上曰：'为我楚舞，吾为若楚歌。'歌曰：'鸿鹄高飞，一举千里。羽翼以就，横绝四海。横绝四海，又可奈何！虽有矰缴，尚安所施！'歌数阕，戚夫人嘘唏流涕。"③

《汉书》卷五十"张冯汲郑传"载，文帝外出，行至霸陵，触情生情，使慎夫人鼓瑟，自倚瑟而歌，意凄怆悲怀。④《汉书》卷八十二"王商史丹傅喜传"又载，元帝也是一位重要的音乐生产者，其云：

> 建昭之间，元帝被疾，不亲政事，留好音乐。或置鼙鼓殿下，天子自临轩槛上，隤铜丸以擿鼓，声中严鼓之节。后宫及左右习知音者莫能为，而定陶王亦能之，上数称其材。丹进曰："凡所谓材者，敏而好学，温故知新，皇太子是也。若乃器人于丝竹鼓鼙之间，则是陈惠、李微高于匡衡，可相国也。"于是上嘿然而咲。⑤

---

① 司马迁. 史记［M］//中华书局编辑部."二十四史"（简体字本）. 北京：中华书局，2000：236.《汉书》卷三十一"陈胜项籍传"对此也有详细记载。

② 司马迁. 史记［M］//中华书局编辑部."二十四史"（简体字本）. 北京：中华书局，2000：274.

③ 班固. 汉书［M］. 北京：中华书局，2000：1576.

④ 班固. 汉书［M］//中华书局编辑部."二十四史"（简体字本）. 北京：中华书局，2000：1768.

⑤ 班固. 汉书［M］. 北京：中华书局，2000：2513-2514.

东汉显宗皇帝在南巡狩的时候，临幸南阳，祠旧宅，召校官弟子作雅乐，奏《鹿鸣》，皇帝亲自御埙篪和之，以娱嘉宾。① 可见，帝王在音乐活动中并没有严格的等级之分。

不仅仅是位高权重的帝王，那些帝王子女及地方王侯也频繁参与音乐生产。《汉书》卷三十八"高五王传"载，吕后"擅权，微司赵王，王不得自恣。王有爱姬，王后鸩杀之。王乃为歌诗四章，令乐人歌之。"②

《汉书》卷六十三"武五子传"又载，（燕王）忧懑兵败，置酒万载宫，会宾客、群臣、妃妾坐饮。燕王为了抒发忧郁之情绪，自歌曰："归空城兮，狗不吠，鸡不鸣，横术何广广兮，固知国中之无人！"华容夫人起舞曰："发纷纷兮置渠，骨籍籍兮亡居。母求死子兮，妻求死夫。裴回两渠间兮，君子独安居！"坐者皆泣。③

厉王刘胥曾置酒显阳殿，召太子霸及子女董訾、胡生等夜饮，使所幸八子郭昭君、家人子赵左君等鼓瑟歌舞。王自歌曰："欲久生兮无终，长不乐兮安穷！奉天期兮不得须臾，千里马兮驻待路。黄泉下兮幽深，人生要死，何为苦心！何用为乐心所喜，出入无惊为乐亟。蒿里召兮郭门阅，死不得取代庸，身自逝。"左右悉更涕泣奏酒，至鸡鸣时罢。④

东汉末年董卓把持朝政，"卓乃置弘农王于阁上，使郎中令李儒进鸩，曰：'服此药，可以辟恶。'王曰：'我无疾，是欲杀我耳！'不肯饮。强饮之，不得已，乃与妻唐姬及宫人饮宴别。酒行，王悲歌曰：'天道易兮我何艰！弃万乘兮退守蕃。逆臣见迫兮命不延，逝将去汝兮适幽玄！'因令唐姬起舞，姬抗袖而歌曰：'皇天崩兮后土颓，身为帝兮命夭摧。死生路异兮从此乖，奈我茕独兮心中哀！'因泣下呜咽，坐者皆歔欷。"⑤ 显然，在此种境况之下，唯有音乐才能抒情达意。

汉代由于政治需要，常常将公主远嫁匈奴，懂音知乐的公主远离家乡，

---

① 范晔. 后汉书［M］//中华书局编辑部. "二十四史"（简体字本）. 北京：中华书局，2000：77.

② 班固. 汉书［M］//中华书局编辑部. "二十四史"（简体字本）. 北京：中华书局，2000：1543.

③ 班固. 汉书［M］//中华书局编辑部. "二十四史"（简体字本）. 北京：中华书局，2000：2084.

④ 班固. 汉书［M］//中华书局编辑部. "二十四史"（简体字本）. 北京：中华书局，2000：2087.

⑤ 范晔. 后汉书［M］//中华书局编辑部. "二十四史"（简体字本）. 北京：中华书局，2000：299－300.

饮酒作乐，抒发离别、思乡之情也成为一种常态。《汉书》卷九十六下"西域传下"记载了乌孙王昆莫年老，言语不通，公主自为作歌，以表悲愁。①

宫廷内部的政治斗争也促使部分失意的皇妃、皇后加入音乐生产者的行列，借以抒发情感，表达境况。如《汉书》卷九十七上"外戚传上"载："高祖崩，惠帝立，吕后为皇太后，乃令永巷囚戚夫人，髡钳衣赭衣，令春。戚夫人春且歌曰：'子为王，母为虏，终日春薄暮，常与死为伍！相离三千里，当谁使告女？'"②

综上，帝王及其妻女、地方王侯参与音乐生产，也是这一时期的特色，从表达感情的目的来说，王室贵族的音乐生产与专业乐人音乐生产并没有显著的差异。

（四）贵族官员、文人

汉代奢乐之风盛行，贵族官员、文人也成为音乐的生产者之一。贵族官员、文士阶层作为音乐生产者的主要形式之一，就是盛行于贵族宴飨之中的一种交谊舞蹈，也称"以舞相属"③。

何谓"以舞相属"？从文献来看，它是指秦汉以来，贵族文人在宴会上，通过舞蹈进行邀请、敬酒、劝酒以实现某种政治意图、个人意图而进行的一种礼仪性质的宴飨歌舞形式。正如宋代刘颁在《中山诗话》中所说："古人饮酒，皆以舞相属，献寿尊者，亦往往歌舞。"即宴飨至高潮时，主人先起舞，舞罢，以舞相属于某客人，该客人紧接着起舞，以作酬答，然后再属舞于另一人，如此以往接连不断，使酒宴气氛非常活跃。宾客们通过舞蹈实现两个基本目的：欢愉与劝酒，其核心是"礼"与"乐"，强调的是共娱，而非自娱。正如梁代沈约所撰《宋书》云：

> 前世乐饮，酒酣，必起自舞。诗云"屡舞仙仙"是也。宴乐必舞，但不宜屡尔。讥在屡舞，不讥舞也。汉武帝乐饮，长沙定王舞又

---

① 班固. 汉书［M］//中华书局编辑部."二十四史"（简体字本）. 北京：中华书局，2000：2876－2877.

② 班固. 汉书［M］//中华书局编辑部."二十四史"（简体字本）. 北京：中华书局，2000：2900.

③ 笔者曾有专文论述，此节部分内容源自于笔者所撰《"以舞相属"考》（南京艺术学院学报（音乐与表演版），2014年第2期，第90－97页，第104页）

是也。①

"以舞相属"作为一种上层贵族亲自参与的音乐生产方式在两汉酒宴之中盛行的状况,在这一时期的文献中有着非常多的记载。

《史记》卷一百七"魏其武安侯列传"载:

> 及饮酒酣,夫起舞属丞相,丞相不起,夫从坐上语侵之。②

《史记》卷五十二"齐悼惠王世家"又载:

> 朱虚侯年二十,有气力,忿刘氏不得职。尝入侍高后燕饮,高后令朱虚侯刘章为酒吏。章自请曰:"臣,将种也,请得以军法行酒。"高后曰:"可。"酒酣,章进饮歌舞。……顷之,诸吕有一人醉,亡酒,章追,拔剑斩之而还,报曰:"有亡酒一人,臣谨行法斩之。"太后左右皆大惊。业已许其军法,无以罪也。因罢。③

《汉书》卷五十四"李广苏建传"载:

> 于是李陵置酒贺武曰:"今足下还归,……壹别长绝!"陵起舞,歌曰:"径万里兮度沙幕,为君将兮奋匈奴。路穷绝兮矢刃摧,士众灭兮名已隤。老母已死,虽欲报恩将安归!"陵泣下数行,因与武决。④

《汉书》卷七十七"盖诸葛刘郑孙毋将何传"又载:

> 平恩侯许伯入第,丞相、御史、将军、中二千石皆贺,……酒酣乐作,长信少府檀长卿起舞,为沐猴与狗斗,坐皆大笑。宽饶不说,卬视屋而叹曰:"美哉!然富贵无常,忽则易人,此如传舍,所阅多矣。唯谨慎为得久,君侯可不戒哉!"因起趋出,劾奏长信少府以列卿

---

① 沈约. 宋书 [M] // 中华书局编辑部. "二十四史"(简体字本). 北京:中华书局,2000:371. 郭茂倩《乐府诗集》卷五十二"舞曲歌辞一"也记载了此条文献。
② 司马迁. 史记 [M] // 中华书局编辑部. "二十四史"(简体字本). 北京:中华书局,2000:2185. 《汉书》卷五十二"窦田灌韩传第二十二"记载与此相同。
③ 司马迁. 史记 [M] // 中华书局编辑部. "二十四史"(简体字本). 北京:中华书局,2000:1602.
④ 班固. 汉书 [M] // 中华书局编辑部. "二十四史"(简体字本). 北京:中华书局,2000:1877.

而沐猴舞,失礼不敬。上欲罪少府,许伯为谢,良久,上乃解。①

到东汉时,"以舞相属"渐渐成为文人宴集时重要的交流方式。如《后汉书》卷六十下"蔡邕列传"载:

邕自徙及归,凡九月焉。将就还路,五原太守王智饯之。酒酣,智起舞属邕,邕不为报。智者,中常侍王甫弟也,素贵娇,惭于宾客,诟邕曰:"徒敢轻我!"邕拂衣而去。智衔之,密告邕怨于囚放,谤讪朝廷。内宠恶之。邕虑卒不免,乃亡命江海,远迹吴会。②

从目前的史料记载来看,"以舞相属"的表演形式有三种:一是男子相属;二是男女相属;三是女女相属。《汉书》卷九十二"游侠传"记载了男女相属的案例:

初,遵为河南太守……乘籓车入闾巷,过寡妇左阿君置酒歌讴,遵起舞跳梁,顿仆坐上,暮因留宿,为侍婢扶卧。③

除了在"以舞相属"的活动中作为主要生产者之外,这些贵族文人、官宦之人也频频在其他场合中以音乐生产者身份出现。《汉书》卷三十九就记载了当时相国、从吏的音乐生活,其云:

相舍后园近吏舍,吏舍日饮歌呼。从吏患之,无如何,乃请参游后园。闻吏醉歌呼,从吏幸相国召按之。乃反取酒张坐饮,大歌呼与相和。④

《汉书》卷五十一"贾邹枚路传"又载,汉武帝时,著名文人枚乘之子枚皋官拜为郎,善诙笑类俳倡,为赋颂好嫚戏,深受武帝喜爱,在宫廷比

---

① 班固. 汉书[M]//中华书局编辑部."二十四史"(简体字本). 北京:中华书局,2000:2422.

② 范晔. 后汉书[M]//中华书局编辑部."二十四史"(简体字本). 北京:中华书局,2000:1354.

③ 班固. 汉书[M]//中华书局编辑部."二十四史"(简体字本). 北京:中华书局,2000:2747.

④ 班固. 汉书[M]//中华书局编辑部."二十四史"(简体字本). 北京:中华书局,2000:1563.

肩东方朔、郭舍人等，创作了尤女曼戏不可读者尚数十篇。①

汉代著名文人司马相如更是以鼓琴著称于世，《汉书》卷五十七上"司马相如传上"载：

> 临邛多富人，卓王孙僮客八百人，程郑亦数百人，乃相谓曰："令有贵客，为具召之。并召令。"令既至，卓氏客以百数，至日中请司马长卿，长卿谢病不能临。临邛令不敢尝食，身自迎相如，相如为不得已而强往，一坐尽倾。酒酣，临邛令前奏琴曰："窃闻长卿好之，愿以自娱。"相如辞谢，为鼓一再行。是时，卓王孙有女文君新寡，好音，故相如缪与令相重而以琴心挑之。相如时从车骑，雍容闲雅，甚都。及饮卓氏弄琴，文君窃从户窥，心说而好之，恐不得当也。②

据《汉书》记载，汉代善鼓琴者还有渤海赵定、梁国龚德、益州王褒、沛国醒谭、南郡太守马融、蔡邕、刘坤、淮南王安等。如沛国醒谭常常在光武帝宴飨之中鼓琴，光武帝好其繁声。③ 南郡太守马融不仅善鼓琴，也好吹笛，所著有琴歌等二十一篇。④ 刘坤亦"能弹雅琴，知清角之操"。⑤ 蔡邕亦妙操音律、善鼓琴，董卓非常重视其才学，厚相遇待，每集宴时，"辄令邕鼓琴赞事，邕亦每存匡益。"⑥ 蔡邕之女蔡文姬也是以鼓琴著称。当然，蔡邕不仅仅是音乐的生产者，还是乐器的制造者。《后汉书》卷六十下"蔡邕列传"载："吴人有烧桐以爨者，邕闻火烈之声，知其良木，因请而裁为琴，果有美音，而其尾犹焦，故时人名曰'焦尾琴'焉。"⑦

《后汉书》卷三十七"桓荣丁鸿列传"还记载，东汉时期帝王常常驾幸

---

① 班固. 汉书［M］//中华书局编辑部. "二十四史"（简体字本）. 北京：中华书局，2000：1808-1809.
② 班固. 汉书［M］//中华书局编辑部. "二十四史"（简体字本）. 北京：中华书局，2000：1924.
③ 范晔. 后汉书［M］//中华书局编辑部. "二十四史"（简体字本）. 北京：中华书局，2000：604.
④ 范晔. 后汉书［M］//中华书局编辑部. "二十四史"（简体字本）. 北京：中华书局，2000：1333.
⑤ 范晔. 后汉书［M］//中华书局编辑部. "二十四史"（简体字本）. 北京：中华书局，2000：1720.
⑥ 范晔. 后汉书［M］//中华书局编辑部. "二十四史"（简体字本）. 北京：中华书局，2000：1355.
⑦ 范晔. 后汉书［M］//中华书局编辑部. "二十四史"（简体字本）. 北京：中华书局，2000：1354-1355.

大学,会诸博士,辩经明义,又"诏诸生雅吹击磬,尽日乃罢"。①

而那些生活在市井之中、山林之内的隐士,其音乐生活的状态又是另一种状况,如《后汉书》卷五十三"周黄徐姜申屠列传"所载,"昔人之隐,遭时则放声灭迹,巢栖茹薇。其不遇也,则裸身大笑,被发狂歌"。②东汉梁鸿与妻子隐居霸陵山中,以耕织为业,咏《诗》《书》,弹琴以自娱。仰慕前世高士,因东出关,过京师,作《五噫之歌》。③

除贵族文人、士大夫之外,这些贵族官员的家人也常常参与音乐生产,如《汉书》卷六十六"公孙刘田王杨蔡陈郑传"载,西汉丞相杨敞之子杨恽常常在家中乐舞娱乐,宴飨之中他的妻子赵女雅善鼓瑟,常常和所蓄乐伎一起奏乐助兴。④

(五) 巫觋

汉代政府尤为重视宫廷祭祀音乐的生产,其音乐生产者前文已述,主要是专业乐人。但在民间进行的宗教祭祀活动中,则处处有着类似前代巫觋者的身影。

汉代祭祀之风盛行,如《汉书》卷二十五下"郊祀志下"载,哀帝即位之后,因寝疾,博征方术士人,以致"京师诸县皆有侍祠使者,尽复前世所常兴诸神祠官",凡七百余所,一年之中进行37 000次祭祀活动。如此庞大的祭祀活动,虽是由官方组织,但涉及宫廷、政府、民间,足见主持祭祀活动的方术之人、侍祠使者的音乐生产之盛。⑤

东汉末年宗教活动更是遍及宫廷内外,史载,王莽篡位之后,兴神仙之事,以方士苏乐言,起八风台于宫中,作乐其上。由于王莽崇鬼神淫祀,至其主政末年,自天地六宗以下至诸小鬼神,凡一千七百所,⑥足见这一时

---

① 范晔. 后汉书 [M] //中华书局编辑部."二十四史"(简体字本). 北京:中华书局,2000:840.

② 范晔. 后汉书 [M] //中华书局编辑部."二十四史"(简体字本). 北京:中华书局,2000:1182.

③ 范晔. 后汉书 [M] //中华书局编辑部."二十四史"(简体字本). 北京:中华书局,2000:1868 – 1869.

④ 班固. 汉书 [M] //中华书局编辑部."二十四史"(简体字本). 北京:中华书局,2000:2183.

⑤ 班固. 汉书 [M] //中华书局编辑部."二十四史"(简体字本). 北京:中华书局,2000:1044.

⑥ 班固. 汉书 [M] //中华书局编辑部."二十四史"(简体字本). 北京:中华书局,2000:1048 – 1049.

期祭祀活动丝毫不逊于哀帝时期。

帝王崇奉鬼神之淫祀深刻地影响到了民间，导致民间祭祀之风盛行。《汉书》卷二十七下之上"五行志下六上"记载了哀帝建平四年（前3年）京师民众的祭祀活动，其云："其夏，京师郡国民聚会里巷阡陌，设（祭）张博具，歌舞祠西王母。"①

《后汉书》卷四十九"王充王符仲长统列传"更是详细描述了民间巫祝的盛行状况及其原因，说当时"妇人不修中馈，休其蚕织，而起学巫祝，鼓舞事神，以欺诬细民，荧惑百姓妻女。羸弱疾病之家，怀忧愤愤，易为恐惧。至使奔走便时，去离正宅，崎岖路侧，风寒所伤，奸人所利，盗贼所中。或增祸重祟，至于死亡，而不知巫所欺误，反恨事神之晚，此妖妄之甚者也。"②

当然巫祝在进行音乐生产的时候，由于活动内容与场所的局限，也存在着一定的危险性。《后汉书》卷八十四"列女传"载，会稽上虞孝女曹娥的父亲曹盱能弦歌，成为巫祝。但在汉安二年（143年）五月初五，他在县江溯涛婆娑迎神，溺死，以至尸骸沉入江河中无法被找到。③

值得注意的是，汉代宫廷、民间的祭祀之风也影响到军队，导致军队之中也存在祭祀音乐生产现象。如《后汉书》卷十一"刘玄刘盆子列传"载："军中常有齐巫鼓舞祠城阳景王，以求福助。"④

（六）普通民众

在远古时代，音乐很少涉及普通民众，音乐生产、消费的主体都是奴隶主贵族。自进入封建社会以来，随着社会政治结构的重建，新型的社会阶层开始形成。在社会经济发展的支撑之下，广大普通民众由于传统习俗以及自身喜好，逐渐将音乐作为生活的内容之一，并逐渐参与音乐生产。如《汉书》卷九十二"游侠传"载，河南太守遵曾乘籓车入闾巷，过寡妇

---

① 班固. 汉书 [M] // 中华书局编辑部. "二十四史"（简体字本）. 北京：中华书局，2000：1195.

② 范晔. 后汉书 [M] // 中华书局编辑部. "二十四史"（简体字本）. 北京：中华书局，2000：1102-1103.

③ 范晔. 后汉书 [M] // 中华书局编辑部. "二十四史"（简体字本）. 北京：中华书局，2000：1888.

④ 范晔. 后汉书 [M] // 中华书局编辑部. "二十四史"（简体字本）. 北京：中华书局，2000：319.

左阿君之家时，左阿君置酒歌讴。①

尤其是部分少数民族，歌舞更是其生活中不可或缺的重要内容。《后汉书》卷八十五"东夷列传"载，东夷"率皆土著，憙饮酒歌舞"②；夫馀国"好歌吟，音声不绝"③；高句骊"男女群聚为倡乐"④；濊北"昼夜饮酒歌舞"⑤；马韩人"昼夜酒会，群聚歌舞"⑥；辰韩"俗憙歌舞"⑦；巴渝之地"俗喜歌舞"；⑧等等。

二、音乐生产方式、目的

（一）音乐生产方式

1. 政府主导下的音乐生产

两汉之际，封建政府主导下的音乐生产是汉代最主要的音乐生产方式。所谓政府主导下的音乐生产方式，即整个音乐的生产是由封建王朝（从宫廷到地方政府）统一规划，由政府供养的专业乐人参与，由政府委任乐官组织，由政府统一采购生产资料，生产目的主要是为皇室及各级政府服务。

根据音乐产品的性质、功能及使用场合来看，这种音乐生产方式从生产者到产品类型主要分为礼仪性音乐生产、宴飨性音乐生产两大类。之所以说是政府主导下的音乐生产，首先从生产内容上来说，是政府统一分类、统一定性。据《隋书》记载，汉明帝时期将音乐分为四品：

> 一曰大予乐，郊庙上陵之所用焉。则易所谓"先王作乐崇德，殷

---

① 班固. 汉书［M］//中华书局编辑部."二十四史"（简体字本）. 北京：中华书局，2000：2747.

② 范晔. 后汉书［M］//中华书局编辑部."二十四史"（简体字本）. 北京：中华书局，2000：1899.

③ 范晔. 后汉书［M］//中华书局编辑部."二十四史"（简体字本）. 北京：中华书局，2000：1899-1900.

④ 范晔. 后汉书［M］//中华书局编辑部."二十四史"（简体字本）. 北京：中华书局，2000：1901.

⑤ 范晔. 后汉书［M］//中华书局编辑部."二十四史"（简体字本）. 北京：中华书局，2000：1904.

⑥ 范晔. 后汉书［M］//中华书局编辑部."二十四史"（简体字本）. 北京：中华书局，2000：1905.

⑦ 范晔. 后汉书［M］//中华书局编辑部."二十四史"（简体字本）. 北京：中华书局，2000：1905.

⑧ 范晔. 后汉书［M］//中华书局编辑部."二十四史"（简体字本）. 北京：中华书局，2000：1920.

荐之上帝，以配祖考"者也。二曰雅颂乐，辟雍飨射之所用焉。则孝经所谓"移风易俗，莫善于乐"者也。三曰黄门鼓吹乐，天子宴群臣之所用焉。则诗所谓"坎坎鼓我，蹲蹲舞我"者也。其四曰短箫铙歌乐，军中之所用焉。①

不仅如此，政府还规定了不同音乐的使用场合，如合朔、立春、五供、上陵、冠、夕牲、耕、高禖、养老、先蚕、祓禊、立夏、请雨、拜皇太子、拜王公、桃印、黄郊、立秋、貙刘、案户、祠星知、卫士、立冬、冬至、腊、大傩、土牛、遣卫士、朝会等。不同的场合有不同的仪式活动，使用不同的音乐作品和音乐生产者。如《后汉书》志第五"礼仪中"载：

> 自立春至立夏尽立秋，郡国上雨泽。若少，（府）郡县各扫除社稷；其旱也，公卿官长以次行雩礼求雨。闭诸阳，衣皂，兴土龙，立土人舞僮二佾，七日一变如故事。反拘朱索〔萦〕社，伐朱鼓。祷赛以少牢如礼。②

> 日冬至、夏至，阴阳暑景长短之极，微气之所生也。故使八能之士八人，或吹黄钟之律间竽；或撞黄钟之钟；或度暑景，权水轻重，水一升，冬重十三两；或击黄钟之磬；或鼓黄钟之瑟，轸间九尺，二十五弦，宫处于中，左右为商、徵、角、羽；或击黄钟之鼓。先之三日，太史谒之。至日，夏时四孟，冬则四仲，其气至焉。

> 先气至五刻，太史令与八能之士（郎）〔即〕坐于端门左塾。（太子）〔大予〕具乐器，夏赤冬黑，列前殿之前西上，钟为端。守宫设席于器南，北面东上，正德席，鼓南西面，令晷仪东北。三刻，中黄门持兵，引太史令、八能之士入自端门，就位。二刻，侍中、尚书、御史、谒者皆陛。一刻，乘舆亲御临轩，安体静居以听之。太史令前，当轩溜北面跪。举手曰："八能之事以备，请行事。"制曰"可"。太史令稽首曰"诺"。起立少退，顾令正德曰："可行事。"正德曰"诺"。皆旋复位。正德立，命八能士曰："以次行事，间音以竽。"八能曰"诺"。五音各三十为阕。正德曰："合五音律。"先唱，五音并作，二

---

① 魏徵.隋书[M]//中华书局编辑部."二十四史"（简体字本）.北京：中华书局，2000：196.
② 范晔.后汉书[M]//中华书局编辑部."二十四史"（简体字本）.北京：中华书局，2000：2113.

十五阕，皆音以竽。讫，正德曰："八能士各言事。"八能士各书板言事。文曰："臣某言，今月若干日甲乙日冬至，黄钟之音调，君道得，孝道褒。"商臣，角民，徵事，羽物，各一板。否则召太史令各板书，封以皂囊，送西陛，跪授尚书，施当轩，北面稽首，拜上封事。尚书授侍中常侍迎受，报闻。以小黄门幡麾节度。太史令前（曰）〔白〕礼毕。制曰"可"。太史令前稽首曰"诺"。太史令八能士诣太官受赐。陛者以次罢。日夏至礼亦如之。①

先腊一日，大傩，谓之逐疫。其仪：选中黄门子弟年十岁以上，十二以下，百二十人为侲子。皆赤帻皂制，执大鼗。方相氏黄金四目，蒙熊皮，玄衣朱裳，执戈扬盾。十二兽有衣毛角。中黄门行之，冗从仆射将之，以逐恶鬼于禁中。夜漏上水，朝臣会，侍中、尚书、御史、谒者、虎贲、羽林郎将执事，皆赤帻陛卫。乘舆御前殿。黄门令奏曰："侲子备，请逐疫。"于是中黄门倡，侲子和，曰："甲作食殃，胇胃食虎，雄伯食魅，腾简食不祥，揽诸食咎，伯奇食梦，强梁、祖明共食磔死寄生，委随食观，错断食巨，穷奇、腾根共食蛊。凡使十二神追恶凶，赫女躯，拉女干，节解女肉，抽女肺肠。女不急去，后者为粮！"因作方相与十二兽舞。讙呼，周遍前后省三过，持炬火，送疫出端门；门外驺骑传炬出宫，司马阙门门外五营骑传火弃雒水中。百官官府各以木面兽能为傩人师讫，设桃梗、郁櫑、苇茭毕，执事陛者罢。苇戟、桃杖以赐公、卿、将军、特侯、诸侯云。②

东汉孝顺帝还规定"冬十月庚午，行礼辟雍，奏应钟，始复黄钟，作乐器随月律"③。

国家制定的各级祭祀活动更彰显了这种音乐生产方式的规范性、严格性和垄断性。如针对大丧仪中明器的使用，政府规定：

槃匜一具。杖、几各一。盖一。钟十六，无虡。镈四，无虡。磬十六，无虡。埙一，箫四，笙一，篪一，柷一，敔一，瑟六，琴一，

---

① 范晔. 后汉书［M］//中华书局编辑部. "二十四史"（简体字本）. 北京：中华书局，2000：2120.

② 范晔. 后汉书［M］//中华书局编辑部. "二十四史"（简体字本）. 北京：中华书局，2000：2121-2122.

③ 范晔. 后汉书［M］//中华书局编辑部. "二十四史"（简体字本）. 北京：中华书局，2000：176.

竽一，筑一，坎侯一。①

政府主导下的音乐生产对生产者拥有绝对的权力，即音乐生产者等同于生产资料，归帝王所有，由帝王提供生活资料、工资俸禄、衣食住行。以皇权为主的封建政府可以根据需要随意地调配、增删、处理、罢免音乐生产者，如汉初宫廷音乐生产者不到200人，到汉武帝时期为了采诗夜诵、满足自己的娱乐需求，仅乐府中的音乐生产者就达到800多人。宣帝时期祝宰乐人竟然达到12 147人，足见其规模庞大。当然，到汉哀帝时期，因"郑声淫而乱乐，圣王所放"，又大力删减乐人，乐府中的音乐生产者又减少到300多人。并规定"诸侯王奴婢二百人，列侯、公主百人，关内侯、吏民三十人"，"掖庭宫人年三十以下，出嫁之。官奴婢五十以上，免为庶人"②。东汉孝安帝为了禁奢侈，也下诏令太仆、少府减黄门鼓吹。③

从音乐生产的组织方式来说，汉代宫廷设立了两个组织机构：太乐和乐府。太乐主要掌管雅乐，也即政府所需仪式性音乐的生产归属太乐统一管理。东汉将太乐改为大予乐，其主官大予乐令主掌伎乐。凡国家祭祀、大飨音乐生产均由其组织，工资是六百石。乐府则主要进行俗乐（宴飨之乐）的生产，当然，由于宴飨之乐成分的复杂性，再加上汉代乐府规模庞大、人员众多，所以乐府也兼管部分雅乐生产。为了满足帝王个人所需，也有黄门和掖庭作为音乐生产的组织机构和乐人的管理机构，进行音乐生产。

2. 王侯政治体系下的音乐生产

所谓王侯政治体系下的音乐生产，即整个音乐生产是在地方王侯的统治区域内完成，由地方王侯君主领导下的政治体系统一规划、统一组织，由王侯供养的专业乐人参与，由王侯政府统一采购生产资料，生产的主要目的是为王侯娱乐服务或为了献媚帝王的外交服务。这种音乐生产方式的基础是国家政治体系下的地方王侯自治，是春秋战国之际诸侯政治体系下音乐生产方式的遗存。虽经过第一个封建王朝的过渡，但秦毕竟立国时间

---

① 范晔. 后汉书［M］//中华书局编辑部. "二十四史"（简体字本）. 北京：中华书局，2000：2135.

② 班固. 汉书［M］//中华书局编辑部. "二十四史"（简体字本）. 北京：中华书局，2000：235.

③ 范晔. 后汉书［M］//中华书局编辑部. "二十四史"（简体字本）. 北京：中华书局，2000：140.

较短,所以诸多奴隶社会的政治结构依然保留在汉代政治构架之中。因此,汉立国之初为了加强中央集权,实施了分封制度,将有重大军功者、政绩者、帝王自己的兄弟、儿子等分封为雄踞一方的王侯,形成了国中之国。如西汉分封的异姓诸侯王有汉、楚、赵、齐、雍、塞、翟、燕、魏、韩等。东汉更胜前代,频繁分封世袭王侯,如光武十王、孝明八王、宣帝八王等,其他侯爵更是数不胜数。

这种地方王侯之国是世袭制,除了皇权规定不参与国家政事之外,均享有独立的经济管理权力,其统治区域内本质上是一个相对封闭的、自我循环的经济体。它以此为基础,形成了一种新的具有地域性的音乐生产方式。

3. 民间风俗影响下的音乐生产

汉代音乐生产的主体是宫廷,民间的音乐生产主要是依托地域风俗而形成,其虽然不是社会音乐生产的主体,但也是一种比较典型的生产方式,对后世音乐发展产生了重要的影响。

汉初政府组织的各种祭祀活动,表面上是以帝王诏令的形式加以确立的,但从祭祀内容可知,政府的祭祀活动有着悠久传统的民间风俗祭祀活动痕迹。因此,这种民间风俗影响下的音乐生产本质上是以不同地域世代沿承的民风民俗为基础,如祭祀习俗、巫祝活动、婚丧嫁娶等日常生活习俗。

《汉书》卷二十五上"郊祀志上"记载:

> 后四岁,天下已定,诏御史令丰治枌榆社,常以时,春以羊彘祠之。令祝立蚩尤之祠于长安。长安置祠祀官、女巫。其梁巫祠天、地、天社、天水、房中、(当)〔堂〕上之属;晋巫祠五帝、东君、云中君、巫社、巫祠、族人炊之属;秦巫祠杜主、巫保、族累之属;荆巫祠堂下、巫先、司命、施糜之属;九天巫祠九天:皆以岁时祠宫中。其河巫祠河于临晋,而南山巫祠南山、秦中。①

民间风俗影响下的音乐生产,其生产者具有广泛性、复杂性,既包括专业乐人、巫祝,也包括具有音乐技能的劳动人民。它体现了音乐生产的普遍参与性原则,其存在极大地满足了社会民众的日常生活娱乐需求。其

---

① 班固. 汉书[M]//中华书局编辑部."二十四史"(简体字本). 北京:中华书局,2000:1008.

生产资料根据活动内容而不同，可以由国家或地方政府提供，可以由商贾提供，也可以是民众自发组织。生产的形式相对自由，没有严格的政府管辖和限制，所有的音乐生产者均统一于约定俗成的乡规，民众作为音乐生产者主要是获得精神自娱。值得注意的是，民间祭祀、巫祝及婚丧嫁娶等仪式活动也具有一定的商业性，部分音乐生产者主要通过祭祀音乐生产来获得物质保障和生产资料来源。

汉代四夷之国的音乐生产也可纳入这一生产方式，最主要的原因是在四夷邦国之内，歌舞成为民众日常生活中的重要内容，无论是宗教活动还是婚丧之仪，都有自发性的音乐生产，其本质是地域风俗。如《后汉书》卷八十五"东夷列传"载：

> 夫馀国，在玄菟北千里。……以腊月祭天，大会连日，饮食歌舞，名曰"迎鼓"。是时断刑狱，解囚徒。有军事亦祭天，杀牛，以蹄占其吉凶。行人无昼夜，好歌吟，音声不绝。①
>
> 高句骊，……其俗淫，皆絜净自憙，暮夜辄男女群聚为倡乐。好祠鬼神、社稷、零星，以十月祭天大会，名曰"东盟"。其国东有大穴，号襚神，亦以十月迎而祭之。②

4. 私家音乐生产

私家音乐生产是伴随着官宦、商贾、文人蓄伎行为的出现而产生的，其标志着音乐消费的主体由封建帝王开始向其他社会阶层转变。私家音乐作为一种新型生产方式，其产生有着一定的社会原因。

经过秦末战争的严重冲击，西汉初年社会经济百废待兴，汉高祖刘邦在经济上制定了重农抑商政策，在政治上推行了分封制，从而有力地促进了社会的稳定和生产力的恢复。但随着经济的发展，政府对商业的限制逐渐放宽，在文帝时期，通关梁，弛山泽之禁，纵民得铸钱、冶铁、煮盐，于是"富商大贾周流天下，交易之物莫不通，得其所欲"。③ 在此基础上，一大批工商兼营的盐铁商人、手工业大户及贩运业的行商坐贾们发展起来，

---

① 范晔. 后汉书 [M]//中华书局编辑部. "二十四史"（简体字本）. 北京：中华书局，2000：1899-1900.
② 范晔. 后汉书 [M]//中华书局编辑部. "二十四史"（简体字本）. 北京：中华书局，2000：1901.
③ 冷鹏飞. 中国古代社会商品经济形态研究 [M]. 北京：中华书局，2002：52.

富甲一方。《史记·货殖列传》载，当时著名的富商有大治铁家蜀郡卓氏、程郑，南阳孔氏，鲁曹邴氏；大盐商有齐刀间、东郭咸阳；手工业大商有张氏、浊氏；贩运业有洛阳师史、关中田氏、安陵氏等。这些富可敌国的商贾除了买田置地、扩大经营之外，还运用大量的资金来购买乐伎，满足自己的日常娱乐需求，甚至将私家音乐作为炫耀财力的重要手段。

汉代中后期私营工商业的繁盛导致地方豪强权贵的财力、物力、人力迅速膨胀，加上地方割据政府、世袭封爵的力量增强，严重影响到了中央集权的统治。于是中央政府采取了一系列抑制私营、推行官营的措施，这在很大程度上抑制了地方商贾、豪绅的发展，却导致了拥有行政权力的王侯将相、地方官员私家财产的增加，促进了民间商业与官僚、地主经济的结合，由此形成了官商一体的现象。如《汉书》卷八十一载，汉成帝时期，丞相张禹"内殖货财，家以田为业。及富贵，多买田至四百顷，皆泾、渭溉灌，极膏腴上贾"。拥有如此家产，再加上"禹性习知音声，内奢淫"，就蓄养大量私家部伎，宴飨宾朋、弟子，后堂丝竹管弦不断。其生活状况是"……置酒设乐与弟子相娱。禹将崇入后堂饮食，妇女相对，优人筦弦铿锵极乐，昏夜乃罢"①。显然，这是典型的官商结合型人物的私家蓄伎音乐生产案例。

东汉官商结合的模式更为典型，社会上出现了"四民兼业"现象，即儒生、官僚、地主、商人四位一体的现象更为普遍，如东汉樊氏、郭氏、阴氏、马防兄弟、梁氏家族等。这些"四民兼业"者既拥有政治权利，又拥有经济权利，正如《晋书》卷五十六所说："秦汉以来，风俗转薄，公侯之尊，莫不殖园圃之田，而收市井之利，渐冉相放，莫以为耻。"关键问题是这些四民兼业者在封建农业经济的主体框架下已经形成了豪强地主田庄经济模式。据《后汉书》及《四民月令》相关文献记载，地主田庄之内是一个相对封闭的自我循环经济体，田庄之内从事农林牧渔业、手工业、商业等多种经营，是社会经济模式的缩影，通过多种经营模式，基本能够满足田庄居民生产生活需要。②豪强地主则不劳而获，蓄养着大量的歌舞生产人员，以满足自己及田庄内部所需。

因此，拥有政治和经济特权的官员豪绅和富甲一方的商贾成为社会音

---

① 班固. 汉书 [M] //中华书局编辑部. "二十四史"（简体字本）. 北京：中华书局，2000：2495.

② 冷鹏飞. 中国古代社会商品经济形态研究 [M]. 北京：中华书局，2002：59-60.

乐生产的最大恩主，他们利用自己雄厚的经济实力蓄养大量音乐生产者，这些具有奴婢性质的专业音乐生产者完全属于商贾豪绅的私有产品，任由恩主处置。音乐的生产内容以恩主的喜好和日常所需为主，女乐是最主要的内容，生产目的是满足恩主的声色之娱。其音乐生产资料由恩主来购买，生产过程及生产者的衣食住行均由恩主来负担。因此，音乐生产者和产品成为恩主的私有财产，也成为恩主们相互炫耀财力的一种工具。

（二）音乐生产目的

1. 宴飨娱乐

两汉音乐生产的目的之一是宴飨娱乐。依据社会阶层学理论，宴飨娱乐可以分为宫廷宴飨、官宦宴飨、商贾宴飨及文人宴飨娱乐四个主要层面。

（1）宫廷宴飨

《后汉书》卷二"显宗孝明帝纪"载，显宗闰月甲午，南巡至南阳，祠旧宅。礼毕，"召校官弟子作雅乐，奏《鹿鸣》，帝自御埙篪和之，以娱嘉宾。"这显然是帝王参与音乐生产的案例，此时，音乐生产的目的主要是"以娱嘉宾"。[①]

当然，帝王宴飨音乐娱乐需求庞大，既包括帝王宫廷宴请群臣的音乐需求、帝王宴请地方诸侯、外域来使的音乐需求，也包括帝王在内庭中与嫔妃们一起宴飨的音乐娱乐需求等。

（2）官宦宴飨

《汉书》卷三十九"萧何曹参传"载："相舍后园近吏舍，吏舍日饮歌呼。从吏患之，无如何，乃请参游后园。闻吏醉歌呼，从吏幸相国召按之。乃反取酒张坐饮，大歌呼与相和。"[②]《汉书》卷八十一"匡张孔马传"又载，禹置酒设乐与弟子相娱，尤其是与自己喜爱的弟子崇一起宴饮娱乐，常常是"妇女相对，优人筦弦铿锵极乐，昏夜乃罢"。[③]此类音乐生产目的显然是满足官宦的娱乐需求。

汉代盛行的"以舞相属"音乐活动，其根本目的也是实现宾主双方的

---

① 范晔. 后汉书［M］//中华书局编辑部."二十四史"（简体字本）. 北京：中华书局，2000：77.

② 班固. 汉书［M］//中华书局编辑部."二十四史"（简体字本）. 北京：中华书局，2000：1563.

③ 班固. 汉书［M］//中华书局编辑部."二十四史"（简体字本）. 北京：中华书局，2000：2495.

宴飨娱乐。《史记·魏其武安侯列传》记载魏其侯窦婴摆家宴招待灌夫和丞相田蚡,通过"以舞相属",宾主相娱并联络三人感情,刚直的灌夫与位极人臣的田蚡之间的关系得到和解。① 《汉书》卷七十七"盖诸葛刘郑孙毋将何传"载,平恩侯许伯入第,宴请丞相、御史、将军、中二千石人员,酒酣乐作,长信少府檀长卿为了娱乐宾主,起舞跳"沐猴与狗斗,坐皆大笑"。② 这也是宴飨之中"以舞相属"的内容之一。

东汉时期宴飨娱乐除了大量的歌舞伎乐人员之外,一些拥有音乐技能的文士也成为娱乐表演的主要对象,如东汉末年,董卓每次集宴,都令蔡邕鼓琴赞事,以娱宾客。③

(3) 商贾宴飨

《史记》卷一百一十七"司马相如列传"载,临邛富商卓王孙在宴飨之上,邀宾客司马相如演奏琴乐,司马相如受邀即席演奏一曲,④ 这显然是商贾宴飨的典型代表。当然,商贾宴飨娱乐更多的是使用自我蓄养的歌伎奴婢,表演内容则主要是丝竹女乐。

(4) 文人宴飨

《汉书》记载,平通侯杨恽被贬为庶人之后,隐居山林,过着"田家作苦,岁时伏腊,亨羊炰羔,斗酒自劳"的生活。因"家本秦也,能为秦声。妇,赵女也,雅善鼓瑟。奴婢歌者数人",常常"酒后耳热,仰天拊缶而呼乌乌"。⑤ 显然,无论是自己的"秦声"还是妻子的"瑟乐",甚至是奴婢歌者的音乐生产,根本目的是家庭宴飨娱乐,以满足自己的耳目之娱。

音乐生产除了满足宴飨娱乐之外,很多情况下文人贵族的音乐娱乐并没有发生在宴飨之中,而是通过单纯的音乐生产实现自我娱乐目的,或体现一种自然生活状态。如《后汉书》卷五十三"周黄徐姜申屠列传"载,

---

① 司马迁. 史记[M]//中华书局编辑部."二十四史"(简体字本). 北京:中华书局,2000:2185.

② 班固. 汉书[M]//中华书局编辑部."二十四史"(简体字本). 北京:中华书局,2000:2422.

③ 范晔. 后汉书[M]//中华书局编辑部."二十四史"(简体字本). 北京:中华书局,2000:1355.

④ 司马迁. 史记[M]//中华书局编辑部."二十四史"(简体字本). 北京:中华书局,2000:2287-2288.

⑤ 班固. 汉书[M]//中华书局编辑部."二十四史"(简体字本). 北京:中华书局,2000:2183.

汉代隐士"遭时则放声灭迹,巢栖茹薇。其不遇也,则裸身大笑,被发狂歌"①。当然,音乐自娱也有多种方式,如《后汉书》卷六十下"蔡邕列传"载,蔡邕择良木制作焦尾琴显然也是为了满足自我娱乐需要。史载:

> 初,邕在陈留也,其邻人有以酒食召邕者,比往而酒以酣焉。客有弹琴于屏,邕至门试潜听之,曰:"嘻!以乐召我而有杀心,何也?"遂反。将命者告主人曰:"蔡君向来,至门而去。"邕素为邦乡所宗,主人遽自追而问其故,邕具以告,莫不怃然。弹琴者曰:"我向鼓弦,见螳螂方向鸣蝉,蝉将去而未飞,螳螂为之一前一却。吾心耸然,惟恐螳螂之失之也,此岂为杀心而形于声者乎?"邕莞然而笑曰:"此足以当之矣。"②

显然,此段文献虽然描绘了蔡邕因错听琴声而误解他人一事,但却真实地反映了文人自娱之生活。

2. 礼仪

礼仪也是音乐生产的目的之一。自西周以来,乐与礼密不可分,在某种程度上,乐是礼的一部分,也是礼的一种体现。汉代继承了礼乐传统,在音乐生产中,强调部分音乐的主要生产目的是实现礼的功能,尤其是在汉初封建制度初建、百废待兴阶段,统治者更加强调乐的礼仪目的。对此,《史记》卷二十四"乐书"就明确阐释了此种思想:

> 王者功成作乐,治定制礼。其功大者其乐备,其治辨者其礼具。干戚之舞,非备乐也;亨孰而祀,非达礼也。五帝殊时,不相沿乐;三王异世,不相袭礼。乐极则忧,礼粗则偏矣。及夫敦乐而无忧,礼备而不偏者,其唯大圣乎?天高地下,万物散殊,而礼制行也;流而不息,合同而化,而乐兴也。春作夏长,仁也;秋敛冬藏,义也。仁近于乐,义近于礼。乐者敦和,率神而从天;礼者辨宜,居鬼而从地。故圣人作乐以应天,作礼以配地。礼乐明备,天地官矣。③

---

① 范晔. 后汉书 [M] //中华书局编辑部. "二十四史"(简体字本). 北京:中华书局,2000:1182.

② 范晔. 后汉书 [M] //中华书局编辑部. "二十四史"(简体字本). 北京:中华书局,2000:1355.

③ 司马迁. 史记 [M] //中华书局编辑部. "二十四史"(简体字本). 北京:中华书局,2000:1049.

因此，上至国家祭祀、帝王出行巡幸、款待来使，下至臣僚出行、民众婚丧嫁娶的音乐活动都强调音乐生产的礼仪性目的。为了配合礼仪，即便是在制造乐器时也强调规范性。如斫琴时需要遵循"琴长八尺一寸，正度也。弦大者为宫，而居中央，君也。商张右傍，其馀大小相次，不失其次序，则君臣之位正矣"①。一旦社会政治、经济等因素导致音乐生产的礼仪性目的有所减弱的时候，帝王则会自觉通过各种途径加强此类音乐生产的礼制功能。如《汉书》卷八"宣帝纪"载，宣帝在五凤二年（前56年）秋八月，进一步强调："夫婚姻之礼，人伦之大者也；酒食之会，所以行礼乐也。"②

汉代音乐生产的礼仪目的在国家祭祀音乐中体现得更为明显。据《史记》《汉书》《后汉书》等史料记载，无论是何种祭祀活动，其音乐生产的内容、曲目，以及乐器形式、乐器数量、乐器排列都具有严格的规定。如《后汉书》志第六"礼仪下"载，国之大丧时要求：

> 羽林孤儿、巴俞擢歌者六十人，为六列。铎司马八人，执铎先……东园武士执事下明器。……樊箄一具。杖、几各一。盖一。钟十六，无虡。镈四，无虡。磬十六，无虡。埙一、箫四、笙一、篪一、祝一、敔一、瑟六、琴一、竽一、筑一、坎侯一。③

即便是赐乐行为也体现出了强烈的礼仪目的。《后汉书》卷十九"耿弇列传"载，汉章帝永元二年（90年），光禄勋秉去世的时候，皇帝赐以未棺、玉衣，将作大匠穿冢，假鼓吹，五营骑士三百余人送葬。④由于臣僚的显赫功劳而赐予场面宏大的鼓吹音乐，显然不是为了实现娱乐目的，而是体现礼仪之功能。

3. 情感表达

情感诉求是人类音乐发展的基本动因，也是音乐生产的主要目的。因

---

① 司马迁. 史记［M］//中华书局编辑部. "二十四史"（简体字本）. 北京：中华书局，2000：1080.

② 班固. 汉书［M］//中华书局编辑部. "二十四史"（简体字本）. 北京：中华书局，2000：186.

③ 范晔. 后汉书［M］//中华书局编辑部. "二十四史"（简体字本）. 北京：中华书局，2000：2134–2135.

④ 范晔. 后汉书［M］//中华书局编辑部. "二十四史"（简体字本）. 北京：中华书局，2000：477.

为生活在不同阶层的人们有着不同的社会经历,情感内容极其多样,所以表达手法也丰富多彩。

《史记》卷七"项羽本纪"载,项王被困垓下,兵少食尽,夜闻汉军四面皆楚歌。此种情境之下,项王则夜不能寐,愁饮帐中。情到深处则歌数阕,以致"泣数行下,左右皆泣,莫能仰视"。① 由此可见,帝王愁到深处自多情,歌舞则是此时表达情感的最佳手段。

《史记》卷八"高祖本纪"也记载了汉高祖以歌舞生产来表现荣归故里的喜悦之情、思乡之情,其云:

> 高祖还归,过沛,留。置酒沛宫,悉召故人父老子弟纵酒,发沛中儿得百二十人,教之歌。酒酣,高祖击筑,自为歌诗曰:"大风起兮云飞扬,威加海内兮归故乡,安得猛士兮守四方!"令儿皆和习之。高祖乃起舞,慷慨伤怀,泣数行下。②

《汉书》卷四十"张陈王周传"载汉高祖因吕后阻拦,无法废太子而立戚夫人之子,导致戚夫人心中困苦。"戚夫人泣涕,上曰:'为我楚舞,吾为若楚歌。'歌曰:'鸿鹄高飞,一举千里。羽翼以就,横绝四海。横绝四海,又可奈何!虽有矰缴,尚安所施!'歌数阕,戚夫人嘘唏流涕。"③ 此种情景把帝王与爱妾不能左右政治的无奈、悲苦之情通过音乐淋漓尽致地表现出来。

综上,这些音乐活动的案例本质上都是帝王通过音乐生产实现了情感表达的目的。

除了帝王之外,一些文人清客更是将音乐生产作为实现情感表达的主要方式之一。《史记》卷一百一十七"司马相如列传"载,司马相如做客临邛富商卓王孙家,以一曲《凤求凰》打动卓王孙之女文君,就是典型的案例。逸士们则常常通过音乐生产自娱,再通过自娱来实现抒发情志的目的。《后汉书》卷八十三"逸民列传"明确记载,梁鸿与妻子以隐士为榜样,共入霸陵山中,以耕织为业,弹琴以自娱。过京师时,作《五噫之歌》曰:

---

① 司马迁. 史记 [M] //中华书局编辑部."二十四史"(简体字本). 北京:中华书局, 2000:236.

② 司马迁. 史记 [M] //中华书局编辑部."二十四史"(简体字本). 北京:中华书局, 2000:274.

③ 班固. 汉书 [M] //中华书局编辑部."二十四史"(简体字本). 北京:中华书局,2000:1576.

"陟彼北芒兮，噫！顾览帝京兮，噫！宫室崔嵬兮，噫！人之劬劳兮，噫！辽辽未央兮，噫！"① 梁鸿以此表达对时事的感慨和对隐居生活的追求。

很多情况下，王子、诸侯亲自从事音乐生产也是为了表达情感。《汉书》卷五十三"景十三王传"载：

> 昭信欲擅爱，曰："王使明贞夫人主诸姬，淫乱难禁。请闭诸姬舍门，无令出敖。"使其大婢为仆射，主永巷，尽封闭诸舍，上籥于后，非大置酒召，不得见。去怜之，为作歌曰："愁莫愁，居无聊。心重结，意不舒。内薄郁，忧哀积。上不见天，生何益！日崔隤，时不再。愿弃躯，死无悔。"令昭信声鼓为节，以教诸姬歌之，歌罢辄归永巷，封门。②

当王侯面临生死抉择的时候，音乐生产就成为情感表达的有效途径。《汉书》卷六十三"武五子传"载，燕王因担忧叛乱之事兵败，心中忧懑，置酒万载宫，会宾客、群臣、妃妾坐饮。王自歌曰："归空城兮，狗不吠，鸡不鸣，横术何广广兮，固知国中之无人！"华容夫人起舞曰："发纷纷兮置渠，骨籍籍兮亡居。母求死子兮，妻求死夫。裴回两渠间兮，君子独安居！"坐者皆泣。③

《后汉书》卷十下"皇后纪下"载，董卓为了篡位，强令弘农王饮鸩自杀。在此绝境之下，王乃与妻唐姬及宫人饮宴别。酒行，王悲歌，唐姬起舞而歌，坐者皆歔欷。④ 由此，在生命垂危之际，不论是弘农王自己进行的音乐生产，还是唐姬，以及参与诀别宴的所有音乐人员的音乐生产，都包含一个目的，即抒发对被迫自杀的强烈不满和愤慨之情。

一些旅居异地，甚至是被俘、投敌之官员，身在异乡也常常进行音乐生产，以表现国仇家恨或思乡之情。如《汉书》卷五十四"李广苏建传"载李广之子李陵被俘投敌，旅居匈奴，听闻自己家人被汉武帝杀掉，心情

---

① 范晔. 后汉书[M]//中华书局编辑部."二十四史"（简体字本）. 北京：中华书局，2000：1868-1869.

② 班固. 汉书[M]//中华书局编辑部."二十四史"（简体字本）. 北京：中华书局，2000：1853.

③ 班固. 汉书[M]//中华书局编辑部."二十四史"（简体字本）. 北京：中华书局，2000：2084.

④ 范晔. 后汉书[M]//中华书局编辑部."二十四史"（简体字本）. 北京：中华书局，2000：299-300.

悲痛，但又因背叛旧主而心生矛盾。听闻苏武即将返回汉室，于是置酒诀别。酒宴之上，陵起舞而歌，泣下数行。①

4. 军事

通过音乐实现军事功能也是汉代音乐生产的主要目的之一。而这种音乐生产对于国家政治具有重要意义。正如《史记》卷二十四"乐书"所云：

> 夫乐者，先王之所以饰喜也；军旅铁钺者，先王之所以饰怒也。故先王之喜怒皆得其齐矣。喜则天下和之，怒则暴乱者畏之。先王之道礼乐可谓盛矣。②

通过音乐生产实现军事功能主要体现在以下四个方面。

其一，通过音乐生产提高军队的有效化管理，音乐成为军队在战争中进行调度的主要手段，也成为战争战术的一部分。《后汉书》卷三十八"张法滕冯度杨列传"载：

> 琁初举孝廉，稍迁，灵帝时为零陵太守。是时苍梧、桂阳猾贼相聚，攻郡县，贼众多而琁力弱，吏人忧恐。琁乃特制马车数十乘，以排囊盛石灰于车上，系布索于马尾，又为兵车，专毂弓弩，克（共）〔期〕会战。乃令马车居前，顺风鼓灰，贼不得视，因以火烧布，〔布〕然马惊，奔突贼阵，因使后车弓弩乱发，钲鼓鸣震。③

显然，鸣金收兵、击鼓行进，钲鼓齐鸣等音乐生产构成了战争音乐消费的重要内容。

《后汉书》卷四十七"班梁列传"也记载了著名将领班超利用音乐进行战争并取得胜利的情景，彰显了军队音乐生产的实用性目的：

> 初夜，遂将吏士往奔虏营。会天大风，超令十人持鼓藏虏舍后，约曰："见火然，皆当鸣鼓大呼。"馀人悉持兵弩夹门而伏。超乃顺风纵火，前后鼓噪。虏众惊乱，超手格杀三人，吏兵斩其使及从士三十

---

① 班固. 汉书[M]//中华书局编辑部."二十四史"（简体字本）. 北京：中华书局，2000：1877.
② 司马迁. 史记[M]//中华书局编辑部."二十四史"（简体字本）. 北京：中华书局，2000：1069.
③ 范晔. 后汉书[M]//中华书局编辑部."二十四史"（简体字本）. 北京：中华书局，2000：865–866.

馀级，馀众百许人悉烧死。①

《后汉书》卷四十七"班梁列传"还有类似记载：

> 后三年，忠说康居王借兵，还据损中，密与龟兹谋，遣使诈降于超。超内知其奸而外伪许之。忠大喜，即从轻骑诣超。超密勒兵待之，为供张设乐。酒行，乃叱吏缚忠斩之。因击破其众，杀七百馀人，南道于是遂通。②

这种音乐生产是军中宴飨娱乐，但此宴飨音乐实际上是战争的一种手段，即通过宴飨音乐生产实现了军事目的。

其二，军队宴飨娱乐、仪式的主要内容。通过音乐生产来实现军队各级将领及士兵的宴飨娱乐功能，同时，部队在进行阅兵、出征、凯旋等重大活动中常常运用音乐来实现其庄重的礼仪作用。如《后汉书》卷四十下"班彪列传下"载，永平之际，帝王检阅军队时，仪式庄严，宴飨规模庞大：

> 是日也，天子受四海之图籍，膺万国之贡珍，内抚诸夏，外接百蛮。乃盛礼乐供帐，置乎云龙之庭，陈百僚而赞群后，究皇仪而展帝容。于是庭实千品，旨酒万钟，列金罍，班玉觞，嘉珍御，大牢飨。尔乃食举雍彻，太师奏乐，陈金石，布丝竹，钟鼓铿锵，管弦晔煜。抗五声，极六律，歌九功，舞八佾，韶武备，太古毕。四夷间奏，德广所及，僸佅兜离，罔不具集。万乐备，百礼暨，皇欢浃，群臣醉，降烟熅，调元气，然后撞钟告罢，百僚遂退。③

其三，军队祭祀的主要内容。通过祭祀音乐生产，达到祈福、求胜或推行个人崇拜的目的。《后汉书》卷十一"刘玄刘盆子列传"载：

> 初，王莽败，唯未央宫被焚而已，其馀宫馆一无所毁。……军中常有齐巫鼓舞祠城阳景王，以求福助。巫狂言景王大怒，曰："当为县

---

① 范晔. 后汉书 [M] //中华书局编辑部. "二十四史"（简体字本）. 北京：中华书局，2000：1060.

② 范晔. 后汉书 [M] //中华书局编辑部. "二十四史"（简体字本）. 北京：中华书局，2000：1065.

③ 范晔. 后汉书 [M] //中华书局编辑部. "二十四史"（简体字本）. 北京：中华书局，2000：918-919.

官,何故为贼?"有笑巫者辄病,军中惊动。①

其四,通过音乐生产实现联络、安抚、奖励将领的作用。汉代常常通过赐乐的形式,将音乐作为管理、笼络军队将领的一种重要手段。如《后汉书》卷四十七"班梁列传"载,汉章帝建初八年(83年),拜超为将兵长史,假鼓吹幢麾。② 当然,这种赐乐行为在西汉并不常见,但到东汉之际则日益明显。

5. 政治

实现政治功能也是音乐生产的一种主要目的。《史记》卷七"项羽本纪"载,鸿门宴上,项羽与刘备宴饮之际,"项庄拔剑起舞,项伯亦拔剑起舞"③。表面上是娱乐宾主,实际上则刀光剑影,借此来实现政治目的。

当然,通过音乐生产实现政治目的则有多种形式。如将音乐生产作为索要官爵、疆土或财产的一种有效手段。《史记》卷五十九"五宗世家"集解注:

> 景帝后二年,诸王来朝,有诏更前称寿歌舞。定王但张袖小举手。左右笑其拙,上怪问之,对曰:"臣国小地狭,不足回旋。"帝以武陵、零陵、桂阳属焉。④

显然,长沙定王在帝王的宴飨中,通过"以舞相属",巧妙地实现了自己想拓展疆土的意愿。

音乐生产还可以作为进攻敌人的有效手段,实现某种政治企图。如汉高祖刘邦驾崩后,吕后为了巩固吕氏权势,就将吕家之女嫁于刘氏诸侯,以便掌控。不料吕家之女一怒之下,杀了一名刘氏诸侯,这引发了吕氏与刘氏之间的战火。为化解此事,吕后设宴请来刘氏和吕氏两大家族,希望借此消除两家的仇恨。但刘章在宴会上借助酒酣"以舞相属"的环节,斩

---

① 范晔. 后汉书 [M] //中华书局编辑部. "二十四史"(简体字本). 北京:中华书局,2000:313,319.
② 范晔. 后汉书 [M] //中华书局编辑部. "二十四史"(简体字本). 北京:中华书局,2000:1063.
③ 司马迁. 史记 [M] //中华书局编辑部. "二十四史"(简体字本). 北京:中华书局,2000:222.
④ 司马迁. 史记 [M] //中华书局编辑部. "二十四史"(简体字本). 北京:中华书局,2000:162.

杀吕氏女，实施政治打击报复，以致吕后也无计可施。①

《汉书》卷五十四"李广苏建传"记载了匈奴王单于为了劝降苏武，"为武置酒设乐"让李陵劝降。② 这种音乐生产显然是将音乐作为游说敌人的一种手段。

从史料来看，音乐生产还是帝王笼络臣僚的一种主要方式。《后汉书》卷一下"光武帝纪下"载，东汉为了巩固疆土、笼络北海王，就"赐东海王彊虎贲、旄头、钟虡之乐"。③ 东汉中后期，帝王赐乐现象更为普遍，音乐生产频频作为帝王实现政治意图、彰显与民同乐、与官员同乐的基本方式之一。《后汉书》载：

> 甲子，西巡狩，幸长安，祠高庙，遂有事于十一陵。历览馆邑，会郡县吏，劳赐作乐。④

> 每所到幸，辄会郡县吏人，劳赐作乐。⑤

> 冬十月戊申，幸章陵，祠旧宅。癸丑，祠园庙，会宗室于旧庐，劳赐作乐。戊午，进幸云梦，临汉水而还。⑥

> 三年春二月丙子，……壬辰，宗祀五帝于汶上明堂。癸巳，告祀二祖、六宗，劳赐郡县，作乐。⑦

> 冬十月，行幸长安。壬午，新丰上言凤皇集西界亭。丁亥，会三辅守、令、掾史于长安，作乐。⑧

> 冬十月甲申，行幸长安，所过鳏、寡、孤、独、贫不能自存者赐

---

① 班固. 汉书［M］//中华书局编辑部."二十四史"（简体字本）. 北京：中华书局，2000：1544.

② 班固. 汉书［M］//中华书局编辑部."二十四史"（简体字本）. 北京：中华书局，2000：1876.

③ 范晔. 后汉书［M］//中华书局编辑部."二十四史"（简体字本）. 北京：中华书局，2000：54.

④ 范晔. 后汉书［M］//中华书局编辑部."二十四史"（简体字本）. 北京：中华书局，2000：71.

⑤ 范晔. 后汉书［M］//中华书局编辑部."二十四史"（简体字本）. 北京：中华书局，2000：99.

⑥ 范晔. 后汉书［M］//中华书局编辑部."二十四史"（简体字本）. 北京：中华书局，2000：130.

⑦ 范晔. 后汉书［M］//中华书局编辑部."二十四史"（简体字本）. 北京：中华书局，2000：159.

⑧ 范晔. 后汉书［M］//中华书局编辑部."二十四史"（简体字本）. 北京：中华书局，2000：160.

粟，人五斛。庚子，幸未央宫，会三辅郡守、都尉及官属，劳赐作乐。①

6. 生存需求、商业利益及其他个人欲望

汉代音乐艺人通过音乐生产实现单纯的商业目的并不多见。从本质上来说，部分艺人通过音乐生产来满足个人基本物质生活所需，也体现出了音乐生产的商业目的。而这种基本的物质需求也是大部分音乐艺人从事音乐生产的基本动力。据《史记》记载，汉兴，富商大贾周流天下，聚集于京师。"关中之地，于天下三分之一，而人众不过什三；然量其富，什居其六。"② 但是，中山之地则地薄人众，贫富的巨大差距导致部分贫民"仰机利而食"。所采取的手段是"丈夫……为倡优。女子则鼓鸣瑟，跕屣，游媚贵富，入后宫，遍诸侯"③。显然，中山之地农民通过从事音乐生产，游弋于商贾、官宦、王侯之家，其根本目的是获得生活资料。

当然，这在汉代尤其是东汉时代并不是个案，而是普遍现象。因为贫富差距，为了获得更好的生活、更多的商业利益，贫民之地就出现了"今夫赵女郑姬，设形容，揳鸣琴，揄长袂，蹑利屣，目挑心招，出不远千里，不择老少者，奔富厚也"。

由于乐人地位低贱，生活完全依托于恩主，所以一旦失去恩主供养而没有新的恩主出现就会丧失生活来源，甚至失去生命。《后汉书》卷十一"刘玄刘盆子列传"有关于此种事件的记载，其云：

> 时掖庭中宫女犹有数百千人，自更始败后，幽闭殿内，掘庭中芦菔根，捕池鱼而食之，死者因相埋于宫中。有故祠甘泉乐人，尚共击鼓歌舞，衣服鲜明，见盆子叩头言饥。盆子使中黄门禀之米，人数斗。后盆子去，皆饿死不出。④

这一方面说明乐人无论地位高低，其音乐生产的基本目的是满足生存

---

① 范晔. 后汉书 [M] //中华书局编辑部. "二十四史"（简体字本）. 北京：中华书局，2000：178.
② 司马迁. 史记 [M] //中华书局编辑部. "二十四史"（简体字本）. 北京：中华书局，2000：2466 - 2467.
③ 司马迁. 史记 [M] //中华书局编辑部. "二十四史"（简体字本）. 北京：中华书局，2000：2468.
④ 范晔. 后汉书 [M] //中华书局编辑部. "二十四史"（简体字本）. 北京：中华书局，2000：321.

需要；另一方面也说明乐人生活之悲惨。

在满足个人基本生活需求的基础上，部分音乐生产者开始追求商业利益，而有些乐人则追求个人的政治利益，实现个人社会地位、社会身份属性的提升和变化。据《史记》卷九十七"郦生陆贾列传"载，孝武皇后卫子夫，出身低微，年少为平阳公主蓄养的歌唱人员，因歌唱表演而得到汉武帝的垂青，最后被封为皇后，获得了个人生涯中最高的政治回报。①

汉武帝时期的另一位音乐人员李夫人身份更为低微，出身倡籍，因歌舞而获得皇帝厚爱，封为夫人。后其兄李延年、其妹皆为帝王进行音乐生产表演，并借此使其家族获得极高的社会地位，如李延年被封为协律都尉，其妹妹也入宫被封为夫人，其兄李广利被封为海西侯。②

汉成帝时期的赵飞燕，初为阳阿公主家的私婢，自幼学歌舞，后因为帝王表演歌舞而入宫，初为婕妤，后为皇后。③

由此可见，这些音乐生产者在一定的平台之上，可以通过音乐生产而实现个人利益的最大化。

7. 外交

由于社会政治的需要，部分音乐生产的目的是满足国家之间的外交利益，成为国家间交往的一种媒介。当然，这种音乐生产与社会政治经济的兴衰、国家外交策略的变化有着密切关系。如西汉国内统一、经济繁荣、国力强盛，一些四夷之国纷纷投奔，成为属国。正如《后汉书》卷八十五"东夷列传"所云："自中兴之后，四夷来宾，虽时有乖畔，而使驿不绝。"④

在这一过程中，为了献媚中央王朝或从中央王朝得到一定的利益，四夷邦国常常将音乐作为一种重要内容进贡给中央王朝。此时，音乐生产的根本目的是国家外交需要。如《史记》卷一百二十三"大宛列传"载，汉

---

① 司马迁. 史记 [M] //中华书局编辑部. "二十四史"（简体字本）. 北京：中华书局，2000：2087 – 2088.

② 班固. 汉书 [M] //中华书局编辑部. "二十四史"（简体字本）. 北京：中华书局，2000：2909.

③ 班固. 汉书 [M] //中华书局编辑部. "二十四史"（简体字本）. 北京：中华书局，2000：2933.

④ 范晔. 后汉书 [M] //中华书局编辑部. "二十四史"（简体字本）. 北京：中华书局，2000：1899.

初，安息王"以大鸟卵及黎轩善眩人献于汉"。① 《后汉书》卷八十六载，永宁元年（301年）"掸国王雍由调复遣使者诣阙朝贺，献乐及幻人，能变化吐火，自支解，易牛马头。又善跳丸，数乃至千。"②

中央王朝为了答谢四夷邦国，常以音乐表演来回馈前来进贡的邦国，或者为了拉拢邦国也以音乐作为礼品进行赐赠。如《后汉书》卷八十六"南唐西南夷列传"载，永宁二年（302年）元会之际，汉安帝特作乐于庭，以回馈掸国王雍向中央王朝进贡音乐的行为。同书卷八十五"东夷列传"又载，武帝灭朝鲜，以高句骊为县，使属玄菟，赐鼓吹伎人。③ 同书卷八十九"南匈奴列传"载，建武二十六年（50年），光武帝遣中郎将段郴、副校尉王郁使南单于……诏赐单于冠带、衣裳……乐器鼓车，棨戟甲兵，饮食什器。④

和亲是汉代统治者联络四夷邦国的一种重要外交手段，《汉书》卷九十六下"西域传下"载，汉宣帝时，乌孙公主遣女来至京师学鼓琴，后下嫁龟兹王。"元康元年，遂来朝贺。王及夫人皆赐印绶。夫人号称公主，赐以车骑旗鼓，歌吹数十人，绮绣杂缯琦珍凡数千万。"⑤

有时，汉代统治者为了威慑四夷邦国，炫耀自我武功，也常常宴请四夷邦国来使，音乐生产就成为"览示汉富厚"的重要手段。正如《史记》卷一百二十三"大宛列传"所载：

> 于是大觳抵，出奇戏诸怪物，多聚观者，行赏赐，酒池肉林，令外国客遍观（名）〔各〕仓库府藏之积，见汉之广大，倾骇之。及加其眩者之工，而觳抵奇戏岁增变，甚盛益兴，自此始。⑥

---

① 司马迁. 史记［M］//中华书局编辑部."二十四史"（简体字本）. 北京：中华书局，2000：2406.
② 范晔. 后汉书［M］//中华书局编辑部."二十四史"（简体字本）. 北京：中华书局，2000：1926.
③ 范晔. 后汉书［M］//中华书局编辑部."二十四史"（简体字本）. 北京：中华书局，2000：1901.
④ 范晔. 后汉书［M］//中华书局编辑部."二十四史"（简体字本）. 北京：中华书局，2000：1990.
⑤ 班固. 汉书［M］//中华书局编辑部."二十四史"（简体字本）. 北京：中华书局，2000：2885.
⑥ 司马迁. 史记［M］//中华书局编辑部."二十四史"（简体字本）. 北京：中华书局，2000：2406.

《后汉书》卷八十五"东夷列传"载：

> 顺帝永和元年，其王来朝京师，帝作黄门鼓吹、角抵戏以遣之。①

为了实现外交之炫耀国力目的，汉室的音乐生产耗费极高。据《汉书》卷九十六下"西域传下"载，自文景之治之后，汉代统治者常常：

> 设酒池肉林以飨四夷之客，作巴俞都卢、海中砀极、漫衍鱼龙、角抵之戏以观视之。及赂遗赠送，万里相奉，师旅之费，不可胜计。②

8. 祭祀风俗

历代以来，祭祀都是音乐生产的主要目的之一。汉代也不例外，汉代在国家层面上推行礼乐制度，建立了一系列祭祀仪式规定。正如《汉书》卷二十二"礼乐志"所云：

> 汉兴，乐家有制氏，以雅乐声律世世在大乐官，但能纪其铿锵鼓舞，而不能言其义。高祖时，叔孙通因秦乐人制宗庙乐。大祝迎神于庙门，奏嘉至，犹古降神之乐也。皇帝入庙门，奏永至，以为行步之节，犹古采荠、肆夏也。乾豆上，奏登歌，独上歌，不以筦弦乱人声，欲在位者遍闻之，犹古清庙之歌也。登歌再终，下奏休成之乐，美神明既飨也。皇帝就酒东厢，坐定，奏永安之乐，美礼已成也。又有房中祠乐，高祖唐山夫人所作也。周有房中乐，至秦名曰寿人。凡乐，乐其所生，礼不忘本。高祖乐楚声，故房中乐楚声也。孝惠二年，使乐府令夏侯宽备其箫管，更名曰安世乐。
>
> 高（祖）庙奏武德、文始、五行之舞；孝文庙奏昭德、文始、四时、五行之舞；孝武庙奏盛德、文始、四时、五行之舞。武德舞者，高祖四年作，以象天下乐已行武以除乱也。文始舞者，曰本舜招舞也，高祖六年更名曰文始，以示不相袭也。五行舞者，本周舞也，秦始皇二十六年更名曰五行也。四时舞者，孝文所作，以（明）示天下之安和也。盖乐已所自作，明有制也；乐先王之乐，明有法也。孝景采武德舞以为昭德，以尊大宗庙。至孝宣，采昭德舞为盛德，以尊世宗庙。

---

① 范晔. 后汉书[M]//中华书局编辑部."二十四史"（简体字本）. 北京：中华书局，2000：1900.

② 班固. 汉书[M]//中华书局编辑部."二十四史"（简体字本）. 北京：中华书局，2000：2893.

> 诸帝庙皆常奏文始、四时、五行舞云。高祖六年又作昭容乐、礼容乐、昭容者，犹古之昭夏也，主出武德舞。礼容者，主出文始、五行舞。舞人无乐者，将至至尊之前不敢以乐也；出用乐者，言舞不失节，能以乐终也。大氐皆因秦旧事焉。①

西汉中后期一直到东汉，国家祭祀之风更为盛行，这从《汉书》卷二十五下"郊祀志下"所载可看出，其云："哀帝即位，寝疾，博征方术士，京师诸县皆有侍祠使者，尽复前世所常兴诸神祠官，凡七百馀所，一岁三万七千祠云。"② 如此庞大的祭祀对象，为此而进行的音乐生产必然数不胜数。如东汉末年王莽篡位之后，以方士苏乐言，起八风台于宫中。作乐其上，并以乐为黄门郎，主持鬼神淫祀。帝王的这种尚祀风俗导致军队中也出现了祭祀音乐现象，这在一定程度上促进了民间祭祀用乐之风的盛行。

汉代民间祭祀风俗盛行，可以从《史记》卷十二"孝武本纪"所记载公卿们的议论中可以看出，其云："民间祠尚有鼓舞之乐，今郊祠而无乐，岂称乎？"公卿曰："古者祀天地皆有乐，而神祇可得而礼。"③ 显然，民间祭祀用乐已经成为一种固定习俗。《汉书》卷二十七下之上"五行志下之上"载，汉哀帝时期，"京师郡国民常常聚会里巷阡陌，设（祭）张博具，歌舞祠西王母。"④《后汉书》卷七十六"循吏列传"载，东汉良吏涣死之后，当地民众思其美德，"为立祠安阳亭西，每食辄弦歌而荐之。"⑤ 显然，民间祭祀之风已经成为音乐生产的重要推动力之一。

在汉代文献中，那些归属汉政府的四夷属国更是强调音乐祭祀。如《后汉书》载：

---

① 班固. 汉书 [M] //中华书局编辑部. "二十四史"（简体字本）. 北京：中华书局，2000：892-893.
② 班固. 汉书 [M] //中华书局编辑部. "二十四史"（简体字本）. 北京：中华书局，2000：1044.
③ 司马迁. 史记 [M] //中华书局编辑部. "二十四史"（简体字本）. 北京：中华书局，2000：331.
④ 班固. 汉书 [M] //中华书局编辑部. "二十四史"（简体字本）. 北京：中华书局，2000：1195.
⑤ 范晔. 后汉书 [M] //中华书局编辑部. "二十四史"（简体字本）. 北京：中华书局，2000：1669.

濊北……常用十月祭天，昼夜饮酒歌舞，名之为"舞天"。①

马韩人……常以五月田竟祭鬼神，昼夜酒会，群聚歌舞，舞辄数十人相随蹋地为节。十月农功毕，亦复如之。诸国邑各以一人主祭天神，号为"天君"。又立苏涂，建大木以县铃鼓，事鬼神。其南界近倭，亦有文身者。②

乌桓者，本东胡也……俗贵兵死，敛尸以棺，有哭泣之哀，至葬则歌舞相送。③

9. 教化

《礼记》曾云："移风易俗莫善于乐。"汉代为了巩固政权，采纳了董仲舒的建议，推行"罢黜百家，独尊儒术"的文化政策。因此，汉代在政治上继承了儒家的音乐思想，强调音乐生产的教化目的。对此，《史记》卷二十四"乐书"明确表达了此种思想，其云："是故先王之制礼乐也，非以极口腹耳目之欲也，将以教民平好恶而反人道之正也。"④并进一步解释：

是故先王制礼乐，人为之节：衰麻哭泣，所以节丧纪也；钟鼓干戚，所以和安乐也；婚姻冠笄，所以别男女也；射乡食飨，所以正交接也。礼节民心，乐和民声，政以行之，刑以防之。礼乐刑政四达而不悖，则王道备矣。⑤

汉代政府为了实现音乐的教化目的，鼓励地方政府、官吏修治学官，春秋乡射，陈钟鼓管弦。地方官员为了推行帝王诏令，积极进行音乐生产，以实现教化目标。如《后汉书》载，南阳太守子德主治南阳时，"时郡学久废，德乃修起横舍，备俎豆黻冕，行礼奏乐。又尊飨国老，宴会诸儒"。如

---

① 范晔. 后汉书 [M]//中华书局编辑部. "二十四史"（简体字本）. 北京：中华书局，2000：1903-1904.

② 范晔. 后汉书 [M]//中华书局编辑部. "二十四史"（简体字本）. 北京：中华书局，2000：1905.

③ 范晔. 后汉书 [M]//中华书局编辑部. "二十四史"（简体字本）. 北京：中华书局，2000：2015-2016.

④ 司马迁. 史记 [M]//中华书局编辑部. "二十四史"（简体字本）. 北京：中华书局，2000：1043.

⑤ 司马迁. 史记 [M]//中华书局编辑部. "二十四史"（简体字本）. 北京：中华书局，2000：1045.

此音乐活动导致"百姓观者,莫不劝服"。①

(三) 音乐产品类型

汉代音乐产品种类繁多,根据史料来看,汉代音乐常分为四类,即所谓"汉乐四品",但具体是哪四品,文献并没有统一称谓。最早提到"汉乐四品"的是《后汉书》志第五"礼仪中"中梁代刘昭的注所引,其云:

> 蔡邕礼乐志曰:"汉乐四品:一曰大予乐,典郊庙、上陵、殿诸食举之乐。郊乐,易所谓'先王以作乐崇德,殷荐上帝',周官'若乐六变,则天神皆降,可得而礼也'。宗庙乐,虞书所谓'琴瑟以咏,祖考来假',诗云'肃雍和鸣,先祖是听'。食举乐,王制谓'天子食举以乐',周官'王大食则令奏钟鼓'。二曰周颂雅乐,典辟雍、飨射、六宗、社稷之乐。辟雍、飨射,孝经所谓'移风易俗,莫善于乐',礼记曰'揖让而治天下者,礼乐之谓也'。社稷,〔诗〕所谓'琴瑟击鼓,以御田祖'者也。礼记曰'夫乐施于金石,越于声音,用乎宗庙、社稷,事乎山川、鬼神',此之谓也。三曰黄门鼓吹,天子所以宴乐群臣,诗所谓'坎坎鼓我,蹲蹲舞我'者也。其短箫、铙歌,军乐也。其传曰'黄帝、岐伯所作,以建威扬德,风劝士'也。盖周官所谓'王〔师〕大(捷)〔献〕则令凯乐,军大献则令凯歌'也。②

但此注仅介绍了汉乐三品。徐天麟《东汉会要》则将"短箫铙歌"称为第四品。《隋书》《通典》《通志》等史料均记载"汉乐四品"是,一曰大予乐,二曰雅颂乐,三曰黄门鼓吹乐,四曰短箫铙歌乐。但《宋书》则有所不同,称"汉乐四品"一是郊庙神灵,二是天子宴飨,三是大射辟雍,四是短箫铙歌。

虽然历代文献对"汉乐四品"的记载并不一致,但是它们分类的基本依据是音乐产品的功能。因此,从音乐生产、消费角度出发,参考音乐产品的使用功能和性质,汉代音乐产品主要分为娱乐性音乐、仪式性音乐、宗教性音乐、教化性音乐、军事性音乐及以实物体现的乐器六类,下文分而述之。

---

① 范晔. 后汉书 [M]//中华书局编辑部. "二十四史"(简体字本). 北京:中华书局,2000:687.

② 范晔. 后汉书 [M]//中华书局编辑部. "二十四史"(简体字本). 北京:中华书局,2000:2124-2125.

1. 娱乐性音乐

娱乐性音乐主要是以娱人为目的的音乐产品，主要运用场合是宴飨。它包括自娱性音乐、众娱性音乐、他娱性音乐。

所谓自娱性音乐，即在某种情境之下，通过音乐生产实现自我娱乐。如《汉书》卷六十六"公孙刘田王杨蔡陈郑传"载，平通侯杨恽被贬为庶人之后，隐居山林，常常酒后仰天拊缶而歌舞，以达到自我娱乐的目的。① 汉代文人常常通过鼓琴来实现自娱，帝王将相有时也进行自娱式音乐表演。

所谓众娱性音乐，即音乐产品常常需要多人合作进行，通过一个或几个音乐产品达到众娱目的。这其中最典型的是汉代在贵族宴飨之中兴起的"以舞相属"的音乐形式，即宴飨至高潮时，主人先起舞，舞罢，以舞相属于某客人，该客人紧接着起舞，以作酬答，然后再属舞于另一人，如此以往接连不断，使酒宴气氛变得活跃。

他娱性音乐产品最为多见，基本表现是社会各阶层恩主通过专业乐人的音乐表演而实现娱乐目的。这既包括帝王将相宴飨娱乐中的乐人表演，又包括文人商贾宴飨之中的乐人表演。此类音乐产品的基本特质是"乐以佐食"。史料对此记载尤多，如《史记》卷一百一十七"司马相如列传"载临邛富商卓王孙酒宴之上邀请司马相如鼓琴，以娱宾客；《汉书》卷七十七"盖诸葛刘郑孙毋将何传"载平恩侯许伯入第时宴请朝中大臣时，酒酣乐作，长信少府檀长卿跳《沐猴与狗斗》，坐皆大笑；② 《汉书》卷八十一"匡张孔马传"载禹常置酒设乐与弟子相娱，优人筦弦铿锵极乐，昏夜乃罢；③《后汉书》卷六十下"蔡邕列传"载，董卓每每集宴之际，辄令邕鼓琴赞事，以娱宾客；④ 等等。

当然，帝王在特定场合之下也亲自参与音乐生产，借此娱乐宾客。如《后汉书》卷二"显宗孝明帝纪"载，显宗南巡之际，在祠旧宅的活动中，

---

① 班固. 汉书[M]//中华书局编辑部. "二十四史"（简体字本）. 北京：中华书局，2000：2183–2184.

② 司马迁. 史记[M]//中华书局编辑部. "二十四史"（简体字本）. 北京：中华书局，2000：2422.

③ 班固. 汉书[M]//中华书局编辑部. "二十四史"（简体字本）. 北京：中华书局，2000：2495.

④ 范晔. 后汉书[M]//中华书局编辑部. "二十四史"（简体字本）. 北京：中华书局，2000：1355.

亲自御埙篪以和雅乐《鹿鸣》之曲，以娱嘉宾。①

《汉书》《后汉书》《乐府诗集》记载了大量用于宴飨的音乐作品，在此不再赘述。另外，由于汉代鼓吹乐的繁盛，所以宫廷及贵族常常将鼓吹乐作为宴飨音乐主要内容。《后汉书》注引蔡邕《礼乐志》云，汉乐有四品，其三为黄门鼓吹，是"天子所以宴乐群臣，诗所谓'坎坎鼓我，蹲蹲舞我'者也"。汉室有黄门倡，隶属乐府，技艺高超，专为帝王宴飨表演，深得帝王喜爱。《唐六典》曾记载东汉隶属少府的黄门鼓吹人员有 135 人，足见当时此类音乐生产之盛。

2. 宗教性音乐

两汉时期宗教音乐产品尤为繁多，究其原因是由于从国家到地方，形成了一系列的祭祀风俗。如汉哀帝时期由国家主持的祭祀活动一年之内多达 37 000 次，而民间的祭祀活动可能更是数不胜数，受此风影响连军中也风行祭祀活动。如此众多的宗教活动必然推动大量与此相适应的宗教音乐的产生。

据《汉书》卷二十二"礼乐志"载，汉高祖时，叔孙通因秦乐人制宗庙乐，其中大祝迎神于庙门，奏《嘉至》；皇帝入庙门，奏《永至》；乾豆上，奏《登歌》；《登歌》之后，下奏《休成》之乐。皇帝就酒东厢，坐定，奏《永安》之乐。高庙所用乐舞有《武德》《文始》《五行》，孝文庙所奏有《昭德》《文始》《四时》《五行》，孝武庙所奏有《盛德》《文始》《四时》《五行》等。这些仪式性音乐在表演形式、乐人队列规模、服饰、曲调旋律、乐器数量、乐器组合形式等方面都有着严格的规定。高祖唐山夫人有创作《房中祠乐》，孝惠二年（前 193 年）乐府令夏侯宽备其箫管，更名曰《安世乐》，共有十七乐章。② 据记载，汉代制作的《郊祀歌》有十九章：一是《练时日》、二是《帝临》、三是《青阳》、四是《朱明》、五是《西颢》、六是《玄冥》、七是《惟泰元》、八是《天地》、九是《日出入》、十是《天马》、十一是《天门》、十二是《景星》、十三是《齐房》、十四是《后皇》、十五是《华爗爗》、十六是《五神》、十七是《朝陇首》、十八是

---

① 范晔. 后汉书 [M]//中华书局编辑部. "二十四史"（简体字本）. 北京：中华书局，2000：77.

② 班固. 汉书 [M]//中华书局编辑部. "二十四史"（简体字本）. 北京：中华书局，2000：892-894.

《象载瑜》、十九是《赤蛟》。①

汉武帝时又令李延年创制大量音乐作品用以郊祠,"于是塞南越,祷祠泰一、后土,始用乐舞,益召歌儿,作二十五弦及箜篌瑟自此起。"②

东汉明帝时期规定,立春之日,祭青帝句芒,歌《青阳》,八佾舞《云翘》之舞;立夏之日,祭赤帝祝融,歌《朱明》,八佾舞《云翘》之舞;立秋十八日,祭黄帝后土,歌《朱明》,八佾舞《云翘》《育命》之舞;立秋之日,祭白帝蓐收,歌《西皓》,八佾舞《育命》之舞;立冬之日,祭黑帝玄冥,歌《玄冥》,八佾舞《育命》之舞。③

汉代也有清庙之歌,其与其他娱乐性音乐产品有着显著区别,《史记》卷二十三"礼书"记载其特点是"一倡而三叹,县一钟尚拊膈,朱弦而通越"。④

汉代民间宗教活动因祭祀对象不同而呈现多样化,基本表现是人们在宗教活动中载歌载舞。作为宗教活动的一部分,民间丧葬习俗中也形成了大量的音乐作品。汉代将这一类作品称为"挽歌"。比较有代表性的音乐产品有《薤露》《蒿里》《长歌》《短歌》等。晋代崔豹撰所撰《古今注》载:

> 《薤露》《蒿里》,并丧歌也。出田横门人。横自杀,门人伤之,为之悲歌。言人命如薤上之露,易晞灭也。亦谓人死魂魄归乎蒿里。故有二章,一章曰:"薤上朝露何易晞,露晞明朝还复滋,人死一去何时归。"其二曰:"蒿里谁家地?聚敛魂魄无贤愚,鬼伯一何相催促,人命不得少踟蹰。"至孝武时,李延年乃分为二曲。《薤露》送王公贵人,《蒿里》送士大夫庶人。使挽柩者歌之,世呼为挽歌。
>
> 《长歌》《短歌》,言人生寿命长短定分,不可妄求也。⑤

---

① 班固. 汉书 [M] //中华书局编辑部. "二十四史"(简体字本). 北京:中华书局,2000:898-911.

② 司马迁. 史记 [M] //中华书局编辑部. "二十四史"(简体字本). 北京:中华书局,2000:331.

③ 范晔. 后汉书 [M] //中华书局编辑部. "二十四史"(简体字本). 北京:中华书局,2000:2161.

④ 司马迁. 史记 [M] //中华书局编辑部. "二十四史"(简体字本). 北京:中华书局,2000:1031.

⑤ 崔豹. 古今注 [M] //上海古籍出版社. 汉魏六朝笔记小说大观. 上海:上海古籍出版社,1999:238.

3. 教化性音乐

汉代推行"罢黜百家，独尊儒术"的文化政策，因此，政府在对待音乐的态度上宣扬儒家礼乐思想，强调音乐的教化作用，认为"是故先王之制礼乐也，非以极口腹耳目之欲也，将以教民平好恶而反人道之正也"①。为此，常常召集儒生雅吹击磬，或"召校官弟子作雅乐，奏鹿鸣"②。

《汉书》卷六十四下"严朱吾丘主父徐严终王贾传下"记载了汉武帝下诏制作教化之乐一事，起因是故丞相史严安上书曰：

> 今天下人民用财侈靡，车马衣裘宫室皆竞修饰，调五声使有节族，杂五色使有文章，重五味方丈于前，以观欲天下。彼民之情，见美则愿之，是教民以侈也。③

为了移风易俗，改变社会的奢靡之风，汉宣帝"欲兴协律之事"，魏丞相积极推荐知音善鼓雅琴者渤海赵定、梁国龚德来从事此项工作。益州刺史王襄也欲宣风化于众庶，请王褒创作《中和》《乐职》《宣布》诗，依《鹿鸣》之声习而歌之，并加以推广。汉宣帝听闻大加赏赐，并云："此盛德之事!"④

据《汉书》卷三十"艺文志"记载，类似的音乐产品有：《雅歌诗》4篇、《雅琴赵氏》7篇、《雅琴师氏》8篇、《雅琴龙氏》99篇等。而实际上，汉代从帝王到地方官员委托各级乐官、专业乐人制作的雅乐产品，包括继承、改编前代雅乐作品，新创制作品都属于此类。

4. 军事性音乐

军事性音乐作品是为了军事活动而生产的音乐类型，它一方面是指作为固定的军事管理信号而广泛使用的乐器如钲、鼓、锣等；另一方面也包括专门为军队宴飨、出行、战争、祭祀、庆典、凯旋等重大事务而创作的各种音乐作品，这其中最具代表性的是鼓吹乐。

---

① 司马迁. 史记 [M]//中华书局编辑部. "二十四史"（简体字本）. 北京：中华书局，2000：1043.

② 范晔. 后汉书 [M]//中华书局编辑部. "二十四史"（简体字本）. 北京：中华书局，2000：77.

③ 班固. 汉书 [M]//中华书局编辑部. "二十四史"（简体字本）. 北京：中华书局，2000：2121.

④ 班固. 汉书 [M]//中华书局编辑部. "二十四史"（简体字本）. 北京：中华书局，2000：2129.

鼓吹乐历代被称为军乐，由于具有"悲壮之音，足以动人，军旅卤薄，势不能废"的特点，所以为历代帝王重视。据《乐府诗集》云：

> 鼓吹曲，一曰短箫铙歌。刘瓛定军礼云："鼓吹未知其始也，汉班壹雄朔野而有之矣。鸣笳以和箫声，非八音也。骚人曰'鸣篪吹竽'是也。"蔡邕《礼乐志》曰："汉乐四品，其四曰短箫铙歌，军乐也。黄帝岐伯所作，以建威扬德、风敌劝士也。"《周礼·大司乐》曰："王师大献，则令奏恺乐。"《大司马》曰："师有功，则恺乐献于社。"郑康成云："兵乐曰恺，献功之乐也。"《春秋》曰："晋文公败楚于城濮。"《左传》曰："振旅恺以入。"《司马法》曰："得意则恺乐、恺歌以示喜也。"《宋书·乐志》曰："雍门周说孟尝君：'鼓吹于不测之渊。'说者云：'鼓自一物，吹自竽籁之属，非箫鼓合奏，别为一乐之名也。'然则短箫铙歌，此时未名鼓吹矣。"应劭《汉卤簿图》，唯有骑执箛，箛即笳，不云鼓吹。①

《两朝志》载，汉代规定，帝王出行，大驾千七百九十三人，法驾千三百五人，小驾千三十四人，人数多于前。銮驾九百二十五人。② 足见鼓吹卤薄的规模之大。同时，王公大臣、地方官员出行也必备鼓吹。如四川成都出土的汉画像砖、南阳汉画像砖上的大量图案刻画了帝王和官员出行的仪仗鼓吹乐队，其中既有骑吹也有横吹。因为鼓吹成了身份的标志，所以汉代帝王常常将仪仗性鼓吹作为礼物赏赐、配备给各级官员。如《后汉书》记载，凡将军皆赐鼓吹，汉武帝时期，七郡皆假以鼓吹。

据《宋书》记载，汉短箫铙歌曲有十八首，分别是《朱鹭》《思悲翁》《艾如张》《上之回》《翁离》《战城南》《巫山高》《上陵》《将进酒》《君马黄》《芳树》《有所思》《雉子》《圣人出》《上邪》《临高台》《远如期》《石留》。《乐府诗集》称汉代除了《宋书》所载十八曲之外，还有《务成》《玄云》《黄爵》《钓竿》四曲。③

骑吹，有箫笳者为骑吹，军队车驾从行、路上所奏之乐。1952年四川成都青杠坡二号墓出土的汉画像砖中刻画了骑吹的场景。画面上两排六骑，

---

① 郭茂倩. 乐府诗集 [M]. 北京：中华书局，1979：223.
② 脱脱，等. 宋史 [M] //中华书局编辑部. "二十四史"（简体字本）. 北京：中华书局，2000：2206.
③ 郭茂倩. 乐府诗集 [M]. 北京：中华书局，1979：225.

有五人奏乐，前排两骑中一人击建鼓，一人吹排箫；后排一人击铙，一人吹筇，一人吹排箫。1954年在成都扬子山一号墓出土的画像砖也是刻画的两排六骑的鼓吹乐队。

横吹，有鼓角者为横吹，军中马上所奏之乐。《古今注》载，胡乐也。张博望入西域，传其法于西京。唯得《摩诃》《兜勒》二曲。李延年因胡曲更造新声二十八解，乘舆以为武乐。后汉以给边将军。和帝时，万人将军得用之。《乐府解题》记载了汉代的横吹曲，流传于世的有《黄鹄》《陇头》《出关》《入关》《出塞》《入塞》《折杨柳》《黄覃子》《赤之扬》《望行人》《关山月》《洛阳道》《长安道》《梅花落》《紫骝马》《骢马》《雨雪》《刘生》，共计十八曲。①

黄门鼓吹，一说是从骑吹演变而来，隶属黄门冗从仆射，其主要职责是作为乘舆的礼乐仪仗，平时有持兵护卫之责。②《西京杂记》载："汉朝舆驾祠甘泉汾阴，备千乘万骑……黄门前部鼓吹。"③ 当然，由于帝王的喜好，隶属乐府之黄门倡的参与，黄门鼓吹后来逐渐分化，一部分成为宴飨之乐，正如《古今注》所云："汉乐有《黄门鼓吹》，天子所以宴乐群臣。"④

5. 乐器生产

汉代乐器生产种类多样、数目惊人，乐器制造工艺复杂，乐器生产队伍庞大。具体来说，汉代政府主导下的乐器生产主要集中在以下几个方面。

第一，青铜类乐器生产。自商代以来，大型的钟磬乐器是国家音乐生产的重要组成部分，也是音乐生产、消费成本最高的领域。由于帝王的娱乐、政治等需要，以及科技的发展，钟磬乐器在商周、春秋时期达到鼎盛，出现了曾侯乙编钟这样的惊世之作。很多学者认为秦汉以来的封建社会，社会娱乐步入了以歌舞伎乐为主体的阶段，钟磬之乐已经衰亡，但从历史事实来看，这一时期钟磬音乐的生产依然在国家音乐生产中占据着重要地位，并且耗资巨大。考古出现的汉代钟磬乐器众多，代表性的有章丘洛庄汉墓出土乐器。

洛庄汉墓乐器是1999年6月被发现的，从出土的封泥及文物特征推断，

---

① 郭茂倩. 乐府诗集［M］. 北京：中华书局，1979：311.
② 孙尚勇. 黄门鼓吹考［J］. 黄钟（中国. 武汉音乐学院学报），2002（04）：12-13.
③ 刘歆. 西京杂记［M］//上海古籍出版社. 汉魏六朝笔记小说大观. 上海：上海古籍出版社，1999：110.
④ 崔豹. 古今注［M］//上海古籍出版社. 汉魏六朝笔记小说大观. 上海：上海古籍出版社，1999：239.

墓主人极有可能是西汉初期吕后侄子吕国国王吕台，时间应在公元前186年左右。① 其中的第14号陪葬坑中所出土的全部是乐器，从种类来看有木瑟、悬鼓、建鼓、小鼓、錞于、钲、铃、编钟、编磬等计150件乐器，是迄今中国音乐考古史上发现乐器数量最多的一次，有力地说明了汉代乐器制造业的发达。这其中最具代表性的是编钟和编磬。

洛庄汉墓编钟共计1套19件，其中甬钟5件、钮钟14件，原悬挂于木架簨虡之上，出土时钟架已朽烂。5件甬钟体呈合瓦形，较圆，腔体短阔。钟壁较厚，泡形枚共36个。舞部、于口皆内敛，腔体中部凸起，使编钟的体腔显更为浑圆。甬部中间饰素带纹两周，间以阳线弦纹一周，旋饰莲瓣纹。舞部四周、两铣、于口外沿皆饰较宽的素带纹，枚饰指纹，余部皆饰由三角雷纹组成的米字形方格纹。编钟腔内四侧鼓部置楔形音梁，内唇及音梁之上多有调音刻凿痕。洛庄汉墓所出土双音性能极佳的编钟，改变了此前有研究者所认为先秦时期"一钟双音"的制作技术在秦汉以后已经失传的观点，同时证明了，先秦时期以双音技术为核心的编钟制造技术在汉初得到了继承。②

洛庄汉墓所出土的编磬共计6套107件，其中20件为一套的共有4套，14件为一套的有1套，13件为一套的1套。洛庄编磬的形制与先秦编磬相比，并没有大的差别，均由石灰岩制成，大多数为深灰色，造型相同，大小各异。大部分编磬的磬底有铭文，如"鲁加左一""鲁加右八""益瓦左一""益瓦右八""息右七"等。由此可见，这些编磬来自不同的诸侯国，并非同一地区生产，形制亦有大有小，最小的通长约21厘米，最大的通长约68厘米。

第二，古琴的生产。古琴在汉代成为文人的必备乐器，极为流行，因此这一时期很多文人开始系统总结琴的制作方法，并最终确立了七弦琴的形制。如西汉枚乘著《七发》不仅总结了当时古琴制造过程，还明确地提到琴徽及其制作材料："龙门之桐……使琴挚斫以为琴，野茧之丝以为弦，孤子之钩以为隐，九寡之珥以为约。"③ 东汉桓谭在其著作《新论》中也记载了神农氏斫琴的过程。

---

① 崔大庸. 洛庄汉墓陪葬坑出土封泥及墓主初考 [N]. 中国文物报，2001-03-14.
② 王清雷. 揭秘汉代的"地下音乐厅"：章丘洛庄乐器（上）[J] 广播歌选，2010（3）：66-67.
③ 枚乘. 七发 [M]. 北京：中华书局，1959：37-38.

当然，从文献来看，琴的生产并不是由专业的乐工来完成，而是由善鼓琴的文士来制作。如《后汉书》卷六十下"蔡邕列传第五十下"载，当时名士蔡邕"妙操音律""善鼓琴"[①]，"吴人有烧桐以爨者，邕闻火烈之声，知其良木，因请而裁为琴，果有美音，而其尾犹焦，故时人名曰'焦尾琴'焉"[②]。

宋代虞汝明著《古琴疏》中，记载有东汉医圣张仲景斫琴"古猿"与"万年"的故事：

> 张机字仲景，南阳人，受业于张伯祖，精于治疗。一日入桐柏觅药草，遇一病人求诊，仲景曰："子之腕有兽脉，何也？"其人以实具对，乃峄山穴中老猿也。仲景出囊中丸药畀之，一服辄愈。明日，其人肩一巨木至，曰："此万年桐也，聊以相报。"仲景斫为二琴，一曰古猿，一曰万年。[③]

这两则故事都提到了汉代琴为桐木制成，说明汉代琴家斫琴，已非常重视琴体材质的选择。

见于文献记载的汉代及前朝的名琴有很多，诸如清角，黄帝之琴；号钟，齐桓公琴；绕梁，楚庄王琴；绿绮，司马相如琴；焦尾，蔡邕琴；凤皇，赵飞燕琴等。目前考古发现汉代的实物琴，于1973年12月出土于长沙市东郊马王堆三号汉墓。该琴木质琴体近长方形，由琴身和底板两部分组成半箱分体式，通体素面。琴身通长85厘米，通高13.3厘米，宽12.0~12.6厘米，外表髹黑漆，琴面圆鼓，首端表面有弹奏留下的摩擦痕迹，无徽，底平。音箱部分长51.1厘米，宽11.3~12.7厘米，尾板较窄而上翘。音箱表面，首端横亘1条岳山，岳山右侧有7个弦孔。内底剜有"T"形凹槽，在"T"形凹槽相当于轸沟的部位，安置有7个调弦的角质轸子，轸子上有2孔。尾板下面附有雁足。琴身音箱底下附底板，底板形制大小基本与音箱底面吻合；其表面也有"T"形凹槽与琴身音箱内底的凹槽相对应。音箱"T"形凹槽长44.7厘米，相当于轸沟部位宽10.8厘米，长3.7厘米，

---

① 范晔. 后汉书 [M] //中华书局编辑部. "二十四史"（简体字本）. 北京：中华书局，2000：1338.

② 范晔. 后汉书 [M] //中华书局编辑部. "二十四史"（简体字本）. 北京：中华书局，2000：1354-1355.

③ 陶宗仪. 说郛 [M] 卷一百，涵芬楼影印本。

其余部分长 41.0 厘米，宽 3.8 厘米。①

长沙马王堆三号汉墓出土的琴是首次发现的西汉实物琴，琴面与底板分别用软硬不同材质的桐木和梓木制成。符合《淮南子》修务训中"山桐之琴，涧梓之腹"的记载，与后世斫琴用材无异。② 琴首横有岳山 1 条，右侧有 7 个弦孔，音箱底部已有类似于"龙池"的"T"形凹槽和相当于"轸池"的部位，并用 7 个角质弦轴来上弦和调音。表明此时七弦制已定型，大概尚未发明徽制，或者当时运用不够普遍。③

第三，外来乐器的生产。两汉时期，随着中原音乐文化与西域及其他民族文化交流日益频繁，诸多外民族乐器逐渐通过人群的流动而进入中原，由于人们的喜爱，外来乐器的大量生产也成了推动这些异域乐器本土化的重要因素。在这些乐器中，比较有代表性的是琵琶、箜篌、羌笛、笳、角等。

琵琶：汉代琵琶的产生有两个源头，一说是来自中国古代的弦鼗；一说来自西域、天竺。如严可均的《全上古三代秦汉三国六朝文》所载：

> 世本不载作者，闻之故老云：汉遣乌孙公主嫁昆弥，念其行道思慕，故使工人知音者载琴、筝、筑、箜篌之属，作马上之乐。今观其器，中虚外实，天地之象也；盘圆柄直，阴阳之序也；柱十有二，配律吕也；四弦，法四时也。以方语目之，故云琵琶，取其易传于外国也。杜挚以为嬴秦之末，盖苦长城之役，百姓弦鼗而鼓之。二者各有所据，以意断之，乌孙近焉。④

源自弦鼗者，又称秦汉子，即今天的阮。源自胡中者，汉代文献常记写为"枇杷"或"批把"，如东汉刘熙《释名》卷第七云："枇杷，本出於胡中，马上所鼓也。推手前曰批，引手却曰把，象其鼓时，因以为名也。"⑤ 结合考古资料来看，源自外域的琵琶有两种：通过波斯传入中原的是曲项琵琶，四弦四柱；通过西域传入中原的是五弦琵琶，音箱呈梨形。

---

① 《中国音乐文物大系》总编辑部. 中国音乐文物大系Ⅱ·湖南卷 [M]. 郑州：大象出版社，2006：210–211.
② 李纯一. 中国上古出土乐器综论 [M]. 北京：文物出版社，1996：451.
③ 中国科学院考古研究所，湖南省博物馆写作小组. 马王堆二、三号汉墓发掘的主要收获 [J]. 考古，1975：(01)：56.
④ 严可均. 全上古三代秦汉三国六朝文 [M]. 北京：中华书局，1958：3432.
⑤ 刘熙. 释名 [M]. 愚若，点校. 北京：中华书局，2020：96–97.

箜篌：亦称坎侯，班固《汉书补注》说武帝"令乐人侯晖依琴作坎侯，言其坎坎应节奏也。侯以姓冠章耳"。① 按照常任侠先生的说法，箜篌的字形，是汉以后新造的，即比照箫、篪、笛等乐器名加上"竹"字头写作"箜篌"。② 箜篌在汉代广为盛行，汉代乐府诗《孔雀东南飞》就描绘了焦仲卿的妻子"十五弹箜篌，十六诵诗书"③，说明箜篌在当时的普及性。

从文献及出土文物来看，汉代生产的箜篌有两种，即竖箜篌和卧箜篌。一般认为卧箜篌源自中国本土，被称为"箜篌瑟"，如《汉书》卷二十五上"郊祀志上"云：汉武帝"塞南越，祷祠泰一、后土，始用乐舞。益召歌儿，作二十五弦及箜篌瑟自此起"。④ 竖箜篌为外来器，也称"胡箜篌"。《后汉书》志第十三"五行一"载："灵帝好胡服、胡帐、胡床、胡坐、胡饭、胡空侯、胡笛、胡舞，京都贵戚皆竞为之，此服妖也。"⑤ 显然，汉灵帝所喜好的"胡空侯"就是竖箜篌。

羌笛：本是汉代边疆地区羌族的吹管乐器，后传入内地。学界一般认为羌笛是一种"双笛"，但其孔数不一，如据东汉马融《长笛赋》引丘仲之言，说"近世双笛从羌起……易京君明贤识音律，故本四孔加以一。君明学加孔后出，是谓商声五音毕"。而东汉许慎《说文解字》中则云："羌笛，三孔。"应劭《风俗通》也说"羌笛与笛，二器不同，长于古笛，有三孔，大小异，故谓之双笛"。因此，羌笛很有可能原来就有三孔、四孔两种形制。1974年甘肃居延甲渠侯官遗址出土两汉之交的竹笛，从其出土地和残端存三个圆形指孔看，与羌笛三孔的记载似乎相合和相近。⑥

笳：亦称胡笳，最初与角一样都是当时从事游牧狩猎的西北方少数民族的乐器。汉时传入中原，因具有较强的艺术表现力，成为汉鼓吹乐中的主要乐器之一。蔡邕之女蔡文姬曾创作有《胡笳十八拍》的长诗，以抒发情志，足见这一乐器在当时的盛行。

角：亦称胡角，最初为西北少数民族地区的乐器，传入中原后被鼓吹

---

① 班固. 汉书补注［M］. 北京：商务印书馆，1959：2126.
② 常任侠. 汉唐间西域音乐艺术的东渐［J］. 音乐研究，1980（02）：6-49.
③ 丁福保. 全汉三国晋南北朝诗［M］. 北京：中华书局，1959：81.
④ 班固. 汉书［M］//中华书局编辑部. "二十四史"（简体字本）. 北京：中华书局，2000：1023.
⑤ 范晔. 后汉书［M］//中华书局编辑部. "二十四史"（简体字本）. 北京：中华书局，2000：2226.
⑥ 李纯一. 中国上古出土乐器综论［M］. 北京：文物出版社，1996：366.

乐所采用，是鼓吹乐特别是横吹的主奏乐器。从现存的一些汉画像雕砖来看，汉代鼓吹乐中所用的角体积较大，说明它的制作材料可能已经脱离了天然动物角，改由人工制成。

第二节　两汉时期的音乐传播、消费

一、音乐传播、消费的主要场所

（一）宫廷

两汉是中古音乐发展的重要时期，这一阶段的音乐发展特征是以宫廷歌舞伎乐为主体。因此，宫廷是音乐传播、消费的主要场所之一。据《隋书》卷十三"音乐上"记载，汉明帝时期将音乐分为四品，其中三品的传播消费场所是宫廷，如大予乐为宫廷郊庙上陵之所用；雅颂乐为宫廷辟雍飨射之所用；黄门鼓吹乐为天子宴群臣之所用。① 不仅如此，汉高祖乐楚声，在内庭设房中之乐，以满足自己娱乐所需。还有专门的食举乐，也是在宫廷之内传播、消费。

为了满足宫廷音乐消费，汉代政府设立了庞大的音乐机构，以国家供养的形式储备了大量的音乐专业生产者及音乐管理者，如汉高祖从老家沛县带回小儿歌者120人，在宫廷中加以训练。高祖崩，令这些乐人以四时歌舞宗庙。② 汉武帝时期以李延年为协律都尉，大肆扩建乐府，最多时乐府人员有800多人，采诗夜诵有赵代秦楚之讴，通过创作、改编、培训等多种形式在宫廷内部生产、传播音乐，为帝王音乐消费服务。汉哀帝时期乐府人员依然保存有829人，经过大规模的罢免行动，最后剩下的乐人还有389人。不仅如此，宫廷音乐消费还蓄养内庭人才、黄门倡等，由此可见宫廷音乐消费规模之大。

（二）官宦庭院

除了帝王之外，这些拥有政治权利和经济权利的王侯将相也是音乐消

---

① 魏徵. 隋书［M］//中华书局编辑部. "二十四史"（简体字本）. 北京：中华书局，2000：196.

② 司马迁. 史记［M］//中华书局编辑部. "二十四史"（简体字本）. 北京：中华书局，2000：1038.

费的主力军。因此，在奢乐之风盛行的背景下，贵族官员、王侯贵戚的官宦庭院也成为音乐传播、消费的主要场所之一。

官宦庭院作为音乐传播、消费之地主要有两种情况，其一是贵族官员的私家音乐消费，其主要体现在贵族官员在内庭通过私家蓄伎或帝王所赐乐伎进行音乐消费，有时也自娱自乐，形成音乐生产、消费主体同一性特征。如《汉书》卷六十六"公孙刘田王杨蔡陈郑传"载：

> 夫人情所不能止者，圣人弗禁，故君父至尊亲，送其终也，有时而既。臣之得罪，已三年矣。田家作苦，岁时伏腊，亨羊炰羔，斗酒自劳。家本秦也，能为秦声。妇，赵女也，雅善鼓瑟。奴婢歌者数人，酒后耳热，仰天拊缶而呼乌乌。其诗曰："田彼南山，芜秽不治，种一顷豆，落而为萁。人生行乐耳，须富贵何时！"是日也，拂衣而喜，奋袖低卬，顿足起舞，诚淫荒无度，不知其不可也。①

《汉书》卷八十一"匡张孔马传"载禹置酒设乐与弟子相娱。尤其是与自己喜爱的弟子崇一起宴饮娱乐，常常是"妇女相对，优人筦弦铿锵极乐，昏夜乃罢"。②

其二是贵族官员的行政性音乐消费，其音乐消费的场所在官宦之家，但音乐消费的动机则是官场的日常活动或应酬所需。最为典型的是宴飨之中的"以舞相属"形式。这种音乐的生产主体是参与宴飨的宾主，即社会上层的贵族官员、音乐传播消费主体也是参与宴飨的贵族官员，它体现的是音乐生产消费主体同一性。如《汉书》卷七十七"盖诸葛刘郑孙毋将何传"载：

> 平恩侯许伯入第，丞相、御史、将军、中二千石皆贺，……酒酣乐作，长信少府檀长卿起舞，为沐猴与狗斗，坐皆大笑。③

显然，除了具有显著交谊性的音乐之外，官宦之家的音乐消费还呈现出极强的娱乐性，大量的音乐生产者在贵族宴飨之上进行音乐表演。有时

---

① 班固. 汉书 [M] //中华书局编辑部. "二十四史"（简体字本）. 北京：中华书局，2000：2183-2184.

② 班固. 汉书 [M] //中华书局编辑部. "二十四史"（简体字本）. 北京：中华书局，2000：2495.

③ 班固. 汉书 [M] //中华书局编辑部. "二十四史"（简体字本）. 北京：中华书局，2000：2422.

候，部分文人琴家也常常作为官宦宴飨音乐传播的主体，成为音乐消费的对象。如东汉时期董卓每次集宴，都令蔡邕鼓琴赞事，以娱宾客。①

（三）商贾之家

商贾之家作为音乐传播消费的主要场所得益于两点：其一是汉代由于政治原因，商贾众多，财力雄厚，有些甚至富可敌国。再加上社会奢乐之风盛行，因此，拥有雄厚财力的商贾们往往都蓄养大量伎乐人员，成为社会专业音乐人员的恩主。正如《后汉书》卷四十九"王充王符仲长统列传"所描绘："汉兴以来，相与同为编户齐民，而以财力相君长者，世无数焉。"②

其二是到了东汉时期，商贾与官员结合紧密，甚至融为一体，大量的达官贵族既拥有强大的政治权利，又拥有雄厚的经济实力，他们常常拥有良田万顷，构成了典型的封建式庄园主。庄园内部构成了一个从经济到文化的相对独立循环系统，无数蓄养乐人在其间进行音乐生产与传播，庄园主则成为音乐消费的主要对象。如《汉魏六朝笔记大观》西京杂论"袁广汉园林之侈"载，"茂陵富人袁广汉，藏镪巨万，家僮八九百人。于北邙山下筑园，东西四里，南北五里，激流水注其内。构石为山，高十馀丈，连延数里。"③因此，商贾之家的音乐消费主要体现在以蓄养乐伎为表演主体，以宴飨娱乐为表现内容而进行的音乐传播消费。

当然，商贾之家的音乐消费还体现在邀请以音乐为善的文人墨客们作为音乐表演主体，目的是彰显商贾之地位。如《汉书》卷五十七上"司马相如传"载临邛富人常在宴飨之际邀请司马相如等文人弹琴助兴。④

（四）官民风俗祭祀之地

汉代政府重视官方祭祀行为，其音乐传播、消费之所主要集中在政府所规定的各种祭祀场所，包括宫廷祭祀场所、地方政府祭祀场所等。如汉哀帝时期京师诸县皆有诸神祠官，凡七百余所，一年之中进行 37 000 次祭

---

① 范晔. 后汉书 [M] //中华书局编辑部. "二十四史"（简体字本）. 北京：中华书局，2000：1355.

② 范晔. 后汉书 [M] //中华书局编辑部. "二十四史"（简体字本）. 北京：中华书局，2000：1112.

③ 刘歆. 西京杂记 [M] //上海古籍出版社. 汉魏六朝笔记小说大观 [M]. 上海：上海古籍出版社，1999：96.

④ 班固. 汉书 [M] //中华书局编辑部. "二十四史"（简体字本）. 北京：中华书局，2000：1924.

祀活动。① 东汉末年祭祀场所更是遍及宫廷内外，史载，王莽崇鬼神淫祀，至其主政末年，自天地六宗以下至诸小鬼神，凡一千七百所，足足比汉哀帝时期多了一千所。②

汉代奢乐之风也影响到了普通民众的日常生活，尤其是婚丧嫁娶等重要活动均有音乐传播与消费。这些民间风俗活动展开之地也成了民间音乐传播、消费的主要场所。如晋代干宝《搜神记》"嘉会挽歌"条记载：

> 汉时，京师宾婚嘉会，皆作魁㯉，酒酣之后，续以挽歌。魁㯉，丧家之乐；挽歌，执绋相偶和之者。天戒若曰："国家当急殄悴，诸贵乐皆死亡也。"自灵帝崩后，京师坏灭，户有兼尸虫而相食者。魁㯉、挽歌，斯之效乎？③

显然，开展音乐生产的民间祭祀场所既可以是京师里巷街道，亦可以是江河之岸。如《汉书》卷二十七下之上"五行志"载，哀帝建平四年夏"京师郡国民聚会里巷仟佰，设（祭）张博具，歌舞祠西王母"④。《后汉书》卷八十四"列女传"载，汉安二年五月五日，绍兴孝女曹娥的父亲盱在县江溯涛婆娑迎神祭祀溺水而死。⑤

（五）军队之中

军队历来都是音乐传播、消费的主要场所，汉代尤盛，究其原因，主要表现在以下几个方面。

其一，汉代政治稳定、疆域统一，丝绸之路的形成促进了汉朝政府与边疆少数民族的交流，源自胡地的鼓吹乐传入内地，并迅速在汉代勃发，广受人们喜爱。由此，以鼓吹乐为主的军乐形成，导致军队成为鼓吹乐的主要消费之地。

其二，汉代统治者为了巩固政权采取赐乐的形式来笼络人心，鼓吹乐

---

① 班固. 汉书 [M] //中华书局编辑部. "二十四史"（简体字本）. 北京：中华书局，2000：1044.

② 班固. 汉书 [M] //中华书局编辑部. "二十四史"（简体字本）. 北京：中华书局，2000：1048-1049.

③ 干宝. 搜神记 [M] //上海古籍出版社. 汉魏六朝笔记小说大观. 上海：上海古籍出版社，1999：330-331.

④ 班固. 汉书 [M] //中华书局编辑部. "二十四史"（简体字本）. 北京：中华书局，2000：1195.

⑤ 范晔. 后汉书 [M] //中华书局编辑部. "二十四史"（简体字本）. 北京：中华书局，2000：1888.

以其仪仗性、威严性、艺术性及流行性成为赐乐的最佳内容。尤其是东汉以来的赐乐行为，促使鼓吹乐进一步在军队中盛行。

其三，汉代奢侈之风、祭祀之风的盛行影响了军队，军队中出现了奢乐现象和祭祀音乐活动。如《后汉书》卷十一"刘玄刘盆子列传"载："军中常有齐巫鼓舞祠城阳景王，以求福助。"① 因此，部分歌舞伎乐在军队中广为流布，军队也成为歌舞伎乐、祭祀音乐的消费者。

二、音乐的传播、消费的方式、对象

（一）宴飨音乐表演

在宴飨之中进行音乐表演是汉代音乐传播、消费的主要方式。前文已述，两汉时期的宴飨可以分为宫廷宴飨、官宦宴飨、商贾宴飨及文人宴飨四种类型，下面分而述之。

第一，宫廷宴飨。在宫廷宴飨之中，音乐的表演者即音乐的传播者，是消费对象。音乐的消费者是帝王及其所宴请的不同阶层的群体，包括帝王的皇后、嫔妃、皇室子女、外戚，也包括各级官员、儒生、四夷王侯、属国来使等。由于是宴飨，强调乐以佐食目的，所以表演内容主要以女乐歌舞为主。宴飨音乐的表演者以国家音乐机构中的职业乐人为主体，皇帝内廷宴飨的表演者主要是乐府人员和掖庭材人、上林苑乐人及黄门倡。如《汉书》卷九十六下"西域传"载，汉宣帝时"设酒池肉林以飨四夷之客，作巴俞都卢、海中砀极、漫衍鱼龙、角抵之戏以观视之。"②

在特定的宴飨场合中，音乐的生产者、传播者和消费者没有明确界限，具有同一性，即宴飨之中音乐的生产者、传播者就是音乐的消费者。如《后汉书》卷二"显宗孝明帝"载，显宗在南阳祭祀旧宅的宴飨之中，亲自演奏埙、篪，以娱嘉宾。③ 在内庭之中更是如此，如《汉书》卷四"张陈王周传"载，在某次宴飨之中，高祖刘邦亲自演唱楚歌，戚夫人为之伴舞，

---

① 范晔. 后汉书 [M] //中华书局编辑部. "二十四史"（简体字本）. 北京：中华书局，2000：319.

② 班固. 汉书 [M] //中华书局编辑部. "二十四史"（简体字本）. 北京：中华书局，2000：2893.

③ 范晔. 后汉书 [M] //中华书局编辑部. "二十四史"（简体字本）. 北京：中华书局，2000：77.

以至歌舞数阕。①

第二，官宦宴飨。官宦宴飨之中进行的音乐消费，其消费者是参与宴飨的各级官员、贵族、王侯，消费对象既有官方专业乐人，也有官员蓄养的私家乐伎，消费内容主要是女乐歌舞。当然，汉代官宦宴飨之中除了歌舞伎乐人员之外，还存在一种由参与宴飨的达官贵族们表演的交谊性音乐。在此类宴飨活动中，音乐的生产者、传播者、消费者三者合一，均是参与宴飨的贵族、官宦人员，一般乐人是无法参与其中。如《史记》卷六十六"公孙刘田王杨蔡陈郑传"所载魏其侯窦婴摆家宴以招待灌夫和丞相田蚡，三人在酒宴之中以舞相属，以期达到宾主欢娱、友情加深的目的。②

当然，还有一种情况是，音乐的生产、传播者不是职业乐籍人员，也不是所蓄乐伎，而是社会地位较高的文士，他们往往盛名一方、文采超群，又多才多艺。宴飨之际，这些以琴艺、文采著称的文人常被邀请赴宴，作为宾客之一来为其他宾客和主人演奏乐曲，以祝雅兴。此时，音乐的消费者就是参与宴飨的宾主双方，音乐的传播者就是被邀请的文人。比较典型的例子是蔡邕常常作为门客在董卓的宴会上为宾主弹琴助兴。③

第三，商贾宴飨。在汉代商贾宴飨之中，音乐的生产者、传播者主要是商贾们所蓄养的歌伎，这些歌伎本质上是商贾精心培养的具有音乐才能的奴婢、贱妾，地位比较卑微。音乐的消费者是参与宴飨的商贾或商贾所邀请的贵族官员、文士。但是，到了东汉时期，商贾渐渐与官员融为一体，形成了具有权势的庄园主、官员豪绅，这类音乐消费的主要内容是女乐。

当然，与官宦宴飨一样，商贾们也常常在宴飨之中邀请文士来演奏助兴，如汉代著名文人司马相如在临邛富商卓王孙在宴飨之上演奏琴乐，以娱宾客。④ 此时，音乐生产者、传播者就由低等乐伎演变为具有较高社会地位的文士。

第四，文人宴飨。在文士宴飨之中，音乐的生产者、传播者有歌舞伎

---

① 班固．汉书［M］//中华书局编辑部．"二十四史"（简体字本）．北京：中华书局，2000：1576．

② 司马迁．史记［M］//中华书局编辑部．"二十四史"（简体字本）．北京：中华书局，2000：2185．

③ 范晔．后汉书［M］//中华书局编辑部．"二十四史"（简体字本）．北京：中华书局，2000：1355．

④ 班固．汉书［M］//中华书局编辑部．"二十四史"（简体字本）．北京：中华书局，2000：1924．

乐人员，也有文士自己，音乐的消费者则是文士。更多情况下，文人宴飨使音乐生产、传播、消费呈现出三者合一的特征。

（二）庆典仪式

庆典仪式也是音乐传播、消费的一种主要方式。汉代庆典仪式既包括国家重要节日、宗庙活动、出行巡视、军事大典，也包括各级官员出行、祭典等。在庆典仪式中，音乐的传播者是国家礼乐机构所管辖的音乐人员，包括乐府人员。比较典型的是鼓吹、卤薄从业者。音乐的消费者是参与庆典仪式的王侯将相、各级官员、外国来使等。当然，此类音乐具有典型的礼仪性，其传播、消费不是以娱乐为主，而是强调秩序与威严。

（三）祭祀

祭祀也是音乐传播、消费的一种主要方式。汉代祭祀活动非常普遍，上至明堂、宗庙、郊祀、四望等国家祭祀、军中祭祀、各级政府主持下的祭祀，下至民间淫祀等。在国家祭祀中，音乐传播者是乐府中的职业乐人，消费者是主持、参与祭祀的帝王、官员，以及旁观人员。在地方政府主持下的祭祀活动中，音乐的传播者既有专业乐人，也有非职业乐人，这些非职业乐人往往是具有音乐技能的巫祝人员。音乐的消费者是一个广泛的群体，包括政府组织者、各级参与人员。军中祭祀相对比较少见，仅从《汉书》记载的史料来看，常常是个别军士组织，由巫祝人员引领进行音乐传播的一种形式。民间祭祀活动多样，音乐传播者是主持祭祀活动的巫祝人员，他们往往具有音乐技能，将音乐与祭祀活动融为一体，音乐的消费者是参与祭祀活动的人们。在少数民族地域，除了巫祝人员之外，参与者也常常载歌载舞，此种情况下，音乐的生产、传播、消费呈现出三者合一的现象。

（四）婚丧嫁娶

汉代在经历了"文景之治"之后，国力强盛、经济繁荣。社会上兴起了奢靡之风，尤其是在婚丧嫁娶的重要活动中。如《后汉书》卷四十九"王充王符仲长统列传"载：

> 而今京师贵戚，衣服饮食，车舆庐第，奢过王制，固亦甚矣。且其徒御仆妾，皆服文组彩牒，锦绣绮纨，葛子升越，筒中女布。犀象珠玉，虎魄玳瑁，石山隐饰，金银错镂，穷极丽靡，转相夸咤。其嫁娶者，车軿数里，缇帷竟道，骑奴侍童，夹毂并引。富者竞欲相过，贫

者耻其不逮，一飨之所费，破终身之业。……郡县豪家，生不极养，死乃崇丧。或至金缕玉匣，檽梓梗楠，多埋珍宝偶人车马，造起大冢，广种松柏，庐舍祠堂，务崇华侈。①

因此，在婚丧嫁娶中的音乐表演成为汉代音乐消费的主要方式之一。在此情况下，音乐的传播者既有专业乐人，也有非职业乐人。如王侯将相、贵戚官员之家婚丧嫁娶仪式中主要是职业乐人，民间则大多是非职业乐人。音乐的消费基本都是婚丧嫁娶的主人及其宾朋，音乐的表演内容主要是以仪式性为主，娱乐性为辅。从现存汉代考古资料来看，在王侯将相、贵戚官员甚至富商丧葬活动中的音乐消费还包括陪葬的乐器，与音乐活动相关的雕砖、壁画、乐楼，等等。

(五) 赐乐

汉代，尤其是东汉以来，帝王赐乐成为一种常态化的音乐传播、消费方式。根据上文研究，帝王赐乐主要有以下三种形式。

其一是为了政治需要将音乐伎乐人员、乐器赏赐给有功之人、贵戚、帝王喜爱之人或归依的四夷属国。此种情形，音乐的传播通过皇帝的赐乐行为得以实现，音乐的消费者既包括赐乐者，也包括受赐者。

其二是帝王在重要臣僚死去之后以明器、鼓吹的形式进行赏赐，以彰显死去臣僚葬礼之隆重。如《后汉书》卷十九"耿弇列传"载，永元二年(90年)，光禄勋秉去世的时候，皇帝赐以朱棺、玉衣，将作大匠穿冢，假鼓吹，五营骑士三百余人送葬。② 此种情况下，音乐的传播是通过皇帝的赐乐行为得以实现的，音乐的消费是通过帝王所赐音乐人员的表演和陪葬乐器得以实现的，消费者则是受赐者及其家属。

其三是帝王出行巡视之际，与地方官员进行宴飨活动，在宴飨之中赏赐地方官员一同进行音乐欣赏，作为对地方官员辛勤为政的鼓励，即"劳作赐乐"。此种情况下，音乐的传播者是帝王所赐的乐人，音乐的消费者是帝王和参与宴飨的地方官员。

---

① 范晔. 后汉书 [M] //中华书局编辑部. "二十四史"（简体字本）. 北京：中华书局，2000：1103 - 1104.
② 范晔. 后汉书 [M] //中华书局编辑部. "二十四史"（简体字本）. 北京：中华书局，2000：477.

(六) 献乐

献乐也是汉代音乐传播、消费的一种方式。汉代献乐有两种形式：一种方式是地方属国献乐，这是最为常见的一种。如《汉书》卷九十六上"西域传"载：

> 武帝始遣使至安息，王令将将二万骑迎于东界。东界去王都数千里，行比至，过数十城，人民相属。因发使随汉使者来观汉地，以大鸟卵及犁靬眩人献于汉，天子大说。①

《后汉书》卷八十六"南蛮西南夷列传"载：

> 永宁元年，掸国王雍由调复遣使者诣阙朝贺，献乐及幻人，能变化吐火，自支解，易牛马头。又善跳丸，数乃至千。②

究其原因，汉代作为一个统一的封建王朝，经历汉初的文治武功之后，国力强盛。这促使四夷邦国纷纷归依，形成多个属国。在中央政府与属国的交往之中，地方属国将音乐作为向中央政府进贡的一种形式。在这种情况下，音乐的传播是通过献乐行为得以实现的，音乐的消费则是通过所献乐人的表演得以实现的，消费者则是接受献乐者。这种音乐的传播、消费在很大程度上促进了中外音乐的交流与融合。

另外一种形式是地方政府、王侯向帝王献乐。如《汉书》卷五十三"景十三王传"载：

> 武帝时，献王来朝，献雅乐，对三雍宫及诏策所问三十馀事。其对推道术而言，得事之中，文约指明。③

(七) 游宴

所谓游宴，即文人、赋家、隐士常常相携游览名山大川，在游览途中、山水佳丽之境设宴，以文会友、以琴会友的宴飨音乐活动。对此，汉代史

---

① 班固. 汉书 [M] //中华书局编辑部. "二十四史"（简体字本）. 北京：中华书局，2000：2867.

② 范晔. 后汉书 [M] //中华书局编辑部. "二十四史"（简体字本）. 北京：中华书局，2000：1926.

③ 班固. 汉书 [M] //中华书局编辑部. "二十四史"（简体字本）. 北京：中华书局，2000：1840.

料明确提出了"游宴"一词,如《后汉书》卷六十一"左周黄列传"云:

> 飈字巨胜,少尚玄虚,以父任为郎,自免归家。……常隐处窜身,慕老聃清静,杜绝人事,巷生荆棘,十有馀岁。至延熹二年,乃开门延宾,游谈宴乐,及秋而梁冀诛,年终而飈卒,时年五十。蔡邕以为知命。①

这说明在汉代游宴之风已经形成,到六朝时期风靡一时,成为文人日常生活的主要内容。

在游宴之中,音乐的传播者与消费者均是参与游宴的文人墨客。他们往往具有高超的音乐技能,尤其是琴乐。当然,目前没有明确证据表明汉代文人在游宴之中携带私家乐伎,但根据六朝时期的文人游宴风尚来看,汉代游宴也应该有私家乐伎参与其中。

三、音乐生产、传播、消费的经济成本

(一)音乐生产、传播、消费的经济成本表征

由于史料记载有限,无法以具体数据罗列当时的音乐消费的经济成本,只能以粗略描述的形式展现当时的音乐消费成本高昂的现象。归纳起来,这一现象表现在以下几个方面。

第一,帝王不计成本的奢乐行为。从《汉书》卷七十二"王贡两龚鲍传"记载的一组前后代宫廷的消费数据可以看出汉代中后期宫廷音乐消费的奢靡程度及其高昂成本。②(表4-1)

---

① 范晔. 后汉书[M]//中华书局编辑部. "二十四史"(简体字本). 北京:中华书局,2000:1372.
② 班固. 汉书[M]//中华书局编辑部. "二十四史"(简体字本). 北京:中华书局,2000:2301-2302.

表4-1 汉代中后期宫廷情况

前代有关宫廷建设的规定	高祖、孝文、孝景时期的宫廷建制	武帝至元帝时期的宫廷情况
宫女不过九人,秣马不过八匹;墙涂而不雕,木摩而不刻,车舆器物皆不文画,苑囿不过数十里,……什一而税,无它赋敛徭戍之役。	宫女不过十馀,厩马百馀匹。孝文皇帝衣绨履革,器亡雕文金银之饰。	今大夫僭诸侯,诸侯僭天子,……方今齐三服官作工各数千人,一岁费数钜万。蜀广汉主金银器,岁各用五百万。三工官官费五千万,东西织室亦然。厩马食粟将万匹。臣禹尝从之东宫,见赐杯案,尽文画金银饰,非皆所以赐食臣下也。东宫之费亦不可胜计。天下之民所为大饥饿死者,是也。……武帝时,又多取好女至数千人,以填后宫。……昭帝幼弱,……又皆以后宫女置于园陵,……至孝宣皇帝时……取女皆大过度,诸侯妻妾或至数百人,豪富吏民畜歌者至数十人,……及众庶葬埋,皆虚地上以实地下。

上述数据是汉元帝时期谏大夫贡禹的谏言,结合其他文献记载汉武帝增扩乐府多达800人的史实,可以证明贡禹所述应该是准确的。更为重要的是,贡禹明确指出了官方的音乐消费成本,强调政府所供养的诸官奴婢有十万余人,主要从事戏游之事,一年的耗费是五六巨万,而所有这些费用都来源于良民之赋税。①

《汉书》卷九十六下"西域传下"对汉元帝本人奢乐行为的描述,也进一步证明了大臣贡禹的谏言是准确的。如"设酒池肉林以飨四夷之客,作巴俞都卢、海中砀极、漫衍鱼龙、角抵之戏以观视之"。包括"及赂遗赠送"费用"不可胜计",以致"民力屈,财力竭"。②

具有讽刺意味的是,在帝王面前极力谏言,不满当前整个社会的奢靡、奢乐状况,要求帝王带头进行节俭的谏大夫贡禹也违背了自己的谏言,过着奢靡的音乐享乐生活。如《汉书》卷八十一"匡张孔马传"载:

> 禹为人谨厚,内殖货财,家以田为业。及富贵,多买田至四百顷,皆泾、渭溉灌,极膏腴上贾。它财物称是。禹性习知音声,内奢淫,

---

① 范晔. 后汉书[M]//中华书局编辑部."二十四史"(简体字本). 北京:中华书局,2000:2305.

② 班固. 汉书[M]//中华书局编辑部."二十四史"(简体字本). 北京:中华书局,2000:2893.

身居大第，后堂理丝竹筦弦。①

由此可知，汉代的奢乐之风已经深入这个社会的各个群体。汉代中后期的帝王是"目极角抵之观，耳穷郑、卫之声。入则耽于妇人，出则驰于田猎。荒废庶政，弃亡人物，澶漫弥流，无所底极"。所管辖城市以及臣民则是：

> 豪人之室，连栋数百，膏田满野，奴婢千群，徒附万计。船车贾贩，周于四方；废居积贮，满于都城。琦赂宝货，巨室不能容；马牛羊豕，山谷不能受。妖童美妾，填乎绮室；倡讴（妓）〔伎〕乐，列乎深堂。宾客待见而不敢去，车骑交错而不敢进。三牲之肉，臭而不可食；清醇之酎，败而不可饮。②

东汉宫廷也是如此，汉灵帝时期，宦官吕强曾说："后宫彩女数千馀人，衣食之费，日数百金。"③"食肉衣绮，脂油粉黛，不可赀计。"④《后汉书》卷六十二"荀韩钟陈列传"也记载了延熹九年（166年）宫廷的音乐消费成本，其云：

> 臣窃闻后宫采女五六千人，从官侍使复在其外。冬夏衣服，朝夕禀粮，耗费缣帛，空竭府藏，征调增倍，十而税一，空赋不辜之民，以供无用之女，百姓穷困于外，阴阳隔塞于内。⑤

当然，这些音乐消费成本都是以政府的苛捐杂税为基础的，也是建立在整个社会中普通民众万人饥寒的痛苦之上的。

第二，王侯将相的奢靡蓄伎享乐行为及其背后的高额财力支出。帝王的奢乐行为严重影响到汉代上层社会，醉心娱乐的现象在王侯贵族之间竟

---

① 班固．汉书［M］//中华书局编辑部．"二十四史"（简体字本）．北京：中华书局，2000：2495．

② 范晔．后汉书［M］//中华书局编辑部．"二十四史"（简体字本）．北京：中华书局，2000：1111-1112．

③ 范晔．后汉书［M］//中华书局编辑部．"二十四史"（简体字本）．北京：中华书局，2000：1707．

④ 范晔．后汉书［M］//中华书局编辑部．"二十四史"（简体字本）．北京：中华书局，2000：1460．

⑤ 范晔．后汉书［M］//中华书局编辑部．"二十四史"（简体字本）．北京：中华书局，2000：1389．

相出现，广蓄乐伎成为他们挥金如土的标记。如：

《史记》卷六十六"公孙刘田王杨蔡陈郑传"载，武安侯田蚡骄横奢靡，治宅甲诸第，田园极膏腴，常常"市买郡县器物相属于道。前堂罗钟鼓，立曲旃；后房妇女以百数"。①

《史记》卷六十三"武五子传"又载，吕后专政时期，危及刘氏宗族，丞相陈平为自保，乃以五百金给绛侯寿，用来进行音乐享乐，并以奴婢百人，车马五十乘，钱五百万，送给谋臣陆生作为饮食费，以便能够通过陆生贿赂汉室公卿，来保障自己的利益。②

根据《汉书》卷五十九"张汤传"记载，世袭的安世侯，其家庭消费是"食邑万户，……家童七百人"。③而其他各侯爵为"争为奢侈，赂遗珍宝，四面而至"，常常是"后廷姬妾，各数十人，僮奴以千百数，罗钟馨，舞郑女，作倡优，狗马驰逐"，居住条件也是"大治第室，起土山渐台，洞门高廊阁道，连属弥望"。④ 东汉颍阳侯马防和新息侯马援兄弟更为豪奢，不仅奴婢各千人以上，而且资产巨亿，常常购买京师膏腴美田，大起第观，连阁临道，弥亘街路。日常生活是"多聚声乐，曲度比诸郊庙"。⑤ 马融作为外戚豪家，也是"多列女倡歌舞于前"。⑥

广蓄乐伎现象的背后是巨大的财力支撑。《汉书》卷六十六"公孙刘田王杨蔡陈郑传"记载了音乐消费需要以金钱为后盾的生动案例：杨恽因故隐居田园，三年期间蓄养奴婢歌者数人，常常酒宴娱乐，奋袖低卬，顿足起舞，荒淫无度。是什么原因支撑恽娱乐不止？原因是他父亲是丞相杨敞，所以家中"幸有馀禄，方籴贱贩贵，逐什一之利"。⑦

---

① 司马迁．史记［M］//中华书局编辑部．"二十四史"（简体字本）．北京：中华书局，2000：2182．

② 司马迁．史记［M］//中华书局编辑部．"二十四史"（简体字本）．北京：中华书局，2000：2085．

③ 班固．汉书［M］//中华书局编辑部．"二十四史"（简体字本）．北京：中华书局，2000：2011．

④ 班固．汉书［M］//中华书局编辑部．"二十四史"（简体字本）．北京：中华书局，2000：2958．

⑤ 范晔．后汉书［M］//中华书局编辑部．"二十四史"（简体字本）．北京：中华书局，2000：573．

⑥ 范晔．后汉书［M］//中华书局编辑部．"二十四史"（简体字本）．北京：中华书局，2000：1428．

⑦ 范晔．后汉书［M］//中华书局编辑部．"二十四史"（简体字本）．北京：中华书局，2000：2184．

东汉时期也是如此，仅仅窦氏三侯"多取掖庭宫人，作乐饮宴，旬月之间，赀财亿计"。①

当然，东汉时期宦官的音乐消费也是极其奢侈，据《后汉书》卷七十八"宦者列传"载：

> 自明帝以后，……小黄门二十人，……子弟支附，过半于州国。南金、和宝、冰纨、雾縠之积，盈仞珍臧；嫱媛、侍儿、歌童、舞女之玩，充备绮室。狗马饰雕文，土木被缇绣。皆剥割萌黎，竞恣奢欲。②

> 其后四侯转横，天下为之语曰："左回天，具独坐，徐卧虎，唐两堕。"皆竞起第宅，楼观壮丽，穷极伎巧。金银罽毦，施于犬马。多取良人美女以为姬妾，皆珍饰华侈，拟则宫人，其仆从皆乘牛车而从列骑。又养其疏属，或乞嗣异姓，或买苍头为子，并以传国袭封。兄弟姻戚皆宰州临郡，辜较百姓，与盗贼无异。③

建宁时期，宦官更是奢靡无度：

> 前后请夺人宅三百八十一所，田百一十八顷。起立第宅十有六区，皆有高楼池苑，堂阁相望，饰以绮画丹漆之属，制度重深，僭类宫省。又豫作寿冢，石椁双阙，高庑百尺，破人居室，发掘坟墓。虏夺良人，妻略妇子，及诸罪衅，请诛之。④

当然，这种奢侈用乐的现象不是某一个人的行为，而是整个社会人的共同行为。正如《汉书》卷六十四下"严朱吾丘主父徐严终王贾传下"中丞相史严安曾上书所说：

> 今天下人民用财侈靡，车马衣裘宫室皆竞修饰，调五声使有节族，杂五色使有文章，重五味方丈于前，以观欲天下。彼民之情，见美则

---

① 范晔. 后汉书 [M] //中华书局编辑部. "二十四史"（简体字本）. 北京：中华书局，2000：1466.
② 范晔. 后汉书 [M] //中华书局编辑部. "二十四史"（简体字本）. 北京：中华书局，2000：1695.
③ 范晔. 后汉书 [M] //中华书局编辑部. "二十四史"（简体字本）. 北京：中华书局，2000：1702.
④ 范晔. 后汉书 [M] //中华书局编辑部. "二十四史"（简体字本）. 北京：中华书局，2000：1704.

愿之,是教民以侈也。①

第三,商贾群体的音乐消费经济支出。由于经济繁荣,汉代商贾众多,诸多商贾富甲天下,拥有雄厚的财力,大肆购买乐人奴婢,以充实后庭。如《史记》卷一百一十七"司马相如列传"载,"临邛中多富人,而卓王孙家僮八百人,程郑亦数百人"。尤其卓氏,常常宴请宾朋,每次赴宴者数百之众。宴飨之中所用乐伎不仅技艺高超,而且穿着极为奢华。正如司马相如所云:

> 于是郑女曼姬,被阿锡,揄纻缟,杂纤罗,垂雾縠;襞积褰绉,纡徐委曲,郁桡谿谷;衯衯裶裶,扬袘恤削,蜚纤垂髾;扶与猗靡,噏呷萃蔡,下摩兰蕙,上拂羽盖,错翡翠之威蕤,缪绕玉绥;缥乎忽忽,若神仙之仿佛。②

如此场面,每次宴飨耗费丝毫不亚于帝王将相。

第四,对音乐生产者的经济性赏赐行为。帝王、臣僚及各类群体在进行音乐享乐时,挥金如土,对音乐生产者进行经济性赏赐也是一种普遍现象。《汉书》卷六十三"武五子传"载:胥(广陵厉王)好倡乐逸游,欲谋权篡位,请楚地女巫李女须进行巫祝活动,对孝武帝下咒。"多赐女须钱,使祷巫山。……及昌邑王征时,复使巫祝诅之。后王废,胥寖信女须等,数赐予钱物"。③ 此条文献虽然没有记载赐钱之数目,但是这种巫祝活动关系到广陵厉王夺取皇权的重大事件,显然不会少。

《汉书》又载,驸马都尉董贤家中举办宾婚及见亲之礼的时候,一次性给仓头奴婢,人均十万钱,足见其财力雄厚。这也说明在普通官宦富商的音乐消费中,恩主的赐赠是一种普遍形式,也是乐人收入的一种主要来源。④

第五,音乐生产者的俸禄支出。政府管理下的职业乐人还享受一定的

---

① 班固. 汉书[M]//中华书局编辑部."二十四史"(简体字本). 北京:中华书局,2000:2121.

② 司马迁. 史记[M]//中华书局编辑部."二十四史"(简体字本). 北京:中华书局,2000:2295.

③ 班固. 汉书[M]//中华书局编辑部."二十四史"(简体字本). 北京:中华书局,2000:2086.

④ 班固. 汉书[M]//中华书局编辑部."二十四史"(简体字本). 北京:中华书局,2000:2595.

俸禄，这也是国家经济支出的重要组成部分。据《汉书》卷十九上"百官公卿表"记载可知，汉代掌管音乐的太常机构中，太乐令、丞，博士等年薪在六百石以上。① 乐府管理官员（令、丞），考工室（有关乐器制造的令丞），黄门、御府、永巷（后改为掖庭）的令丞，都有着固定的俸禄。②

汉代宫廷女性人员虽然社会地位较高，但是很多都是乐籍出身，如赵飞燕姐妹二人、李延年的妹妹等。部分人员是以音乐为专长被选入宫，如卫子夫。这些后宫嫔妃的一个主要功能是以音乐色艺娱乐帝王，又因音乐色艺而被帝王封为不同的政治级别。由于是帝王宠幸之人，她们拥有很高的工资待遇。据《汉书》卷九十七上"外戚传"载，汉后宫有皇太后、太皇太后、皇后、夫人、美人、良人、八子、七子、长使、少使、伈仔、妷娥、傛华、充依之号，各有爵位。元帝时增加昭仪之号，凡十四等，具体俸禄如下：

> 昭仪位视丞相，爵比诸侯王。伈仔视上卿，比列侯。妷娥视中二千石，比关内侯。傛华视真二千石，比大上造。美人视二千石，比少上造。八子视千石，比中更。充依视千石，比左更。七子视八百石，比右庶长。良人视八百石，比左庶长。长使视六百石，比五大夫。少使视四百石，比公乘。五官视三百石。顺常视二百石。无涓、共和、娱灵、保林、良使、夜者皆视百石。上家人子、中家人子视有秩斗食云。五官以下，葬司马门外。③

这也从一个侧面反映了宫廷音乐消费的成本支出情况。

第六，音乐生产者的日常消费支出。除了工资待遇之外，这些后宫中具有爵位的人员衣食住行也极为奢华。《汉书》卷九十七下"外戚传"载，当时的昭仪居住昭阳舍，其中庭彤朱，而殿上髹漆，切皆铜沓黄金涂，白玉阶，壁带往往为黄金釭，函蓝田璧，明珠、翠羽饰之。

乐人的穿着消费也是极其奢华。据《汉书》卷四十八"贾谊传"载，当时民众卖僮，是为了给婢妾提供"绣衣丝履偏诸缘"；倡优卖艺献身是为

---

① 班固. 汉书［M］//中华书局编辑部. "二十四史"（简体字本）. 北京：中华书局，2000：613.
② 班固. 汉书［M］//中华书局编辑部. "二十四史"（简体字本）. 北京：中华书局，2000：616－617.
③ 班固. 汉书［M］//中华书局编辑部. "二十四史"（简体字本）. 北京：中华书局，2000：2898.

了"白縠之表,薄纨之里,緁以偏诸,美者黼绣";而乐人向往的这种服饰成本极高,所谓"夫百人作之不能衣一人"。①

不仅仅是所穿之衣,乐人所佩戴的帽子也非常讲究。如《后汉书》载,汉代宫廷在祠天地五郊、明堂的时候:

> 舜弁,一名晃。广八寸,长尺二寸,如爵形,前小后大,缯其上似爵头色,有收持笄,所谓夏收殷冔者也。……云翘舞乐人服之。……建华冠,以铁为柱卷,贯大铜珠九枚,制以缕鹿。……祠宗庙大予、八佾、四时、五行乐人服之。……②

第七,乐器生产成本支出。音乐生产的兴盛导致乐器生产也是一笔高昂的经济消费。《后汉书》卷三"肃宗孝章帝纪"载,汉肃宗"时以作乐器费多,遂独行十月迎气乐也"③。说明制作乐器费用太过高昂,以致帝王也不得不减少用乐场次。

第八,婚丧嫁娶中的音乐生产、消费支出。汉代社会丧葬仪式的音乐消费也非常多,成本极其高昂。所谓"贵戚近亲,奢纵无度,嫁娶送终,尤为僭侈"。④ 具体消费行为如《后汉书》卷二"显宗孝明帝纪"所云:

> 今百姓送终之制,竞为奢靡。生者无担石之储,而财力尽于坟土。伏腊无糟糠,而牲牢兼于一奠。糜破积世之业,以供终朝之费,子孙饥寒,绝命于此,岂祖考之意哉!⑤

《后汉书》卷四十九"王充王符仲长统列传"还进一步强调当时无论是京师贵戚,还是郡县豪家,都竞相豪奢,导致"一飨之所费,破终身之

---

① 班固. 汉书［M］//中华书局编辑部."二十四史"(简体字本). 北京:中华书局,2000:1723.

② 范晔. 后汉书［M］//中华书局编辑部."二十四史"(简体字本). 北京:中华书局,2000:2504,2507.

③ 范晔. 后汉书［M］//中华书局编辑部."二十四史"(简体字本). 北京:中华书局,2000:97.

④ 范晔. 后汉书［M］//中华书局编辑部."二十四史"(简体字本). 北京:中华书局,2000:93.

⑤ 范晔. 后汉书［M］//中华书局编辑部."二十四史"(简体字本). 北京:中华书局,2000:78-79.

业"。①

第九，乐舞生产、消费的其他成本支出。贵族官员的音乐消费或蓄伎行为，不仅消耗大量的经济财力，有时候也会导致杀身之祸。如《后汉书》卷四十二"光武十王列传"载，"错为太子时，爱康鼓吹妓女宋闰，使医张尊招之不得，错怒，自以剑刺杀尊"。②《后汉书》又载，五原太守王智为蔡邕践行，酒酣之际，王智起舞属邕，但蔡邕因看不惯王智的为人，而不起舞为报，王智先是辱骂蔡邕，后又向朝廷密告，导致蔡邕不得不亡命江海，远迹吴会二十余载。③

以生命作为音乐生产、传播、消费代价的还包括一些祭祀音乐活动。汉安二年（143年）会稽上虞孝女曹娥的父亲曹盱作为专职巫祝人员，在迎神、弦歌的过程中溺水而亡。④

（二）音乐生产、传播、消费高昂成本产生的原因

汉代音乐生产、传播、消费高昂成本的形成原因主要体现在以下三个方面。

其一，音乐生产者人数众多，需要雄厚的经济基础和庞大的经济支出。前文已述，仅从史料记载就可以看出两汉时期音乐生产者队伍的庞大。如西汉初年，礼乐制度还未完备，除了继承秦时的部分音乐管理机构之外，音乐生产者队伍并没有得到大规模的扩充。随后，汉高祖回沛县招募了120名年幼乐人，进行专业的培训。⑤ 这120人的专业队伍延续到孝惠帝、文帝时期，成为高祖庙堂的专门祭祀音乐人员。如《史记》卷二十二"汉兴以来将相名臣年表"载："孝惠元年，为高祖立庙于沛城成，置歌儿一百二十人。"⑥ 显然，这120人的建制持续三代，从其生活到专业培训必然耗费大

---

① 范晔. 后汉书 [M] //中华书局编辑部. "二十四史"（简体字本）. 北京：中华书局，2000：1103.
② 范晔. 后汉书 [M] //中华书局编辑部. "二十四史"（简体字本）. 北京：中华书局，2000：967.
③ 范晔. 后汉书 [M] //中华书局编辑部. "二十四史"（简体字本）. 北京：中华书局，2000：1354.
④ 范晔. 后汉书 [M] //中华书局编辑部. "二十四史"（简体字本）. 北京：中华书局，2000：1888.
⑤ 司马迁. 史记 [M] //中华书局编辑部. "二十四史"（简体字本）. 北京：中华书局，2000：274.
⑥ 司马迁. 史记 [M] //中华书局编辑部. "二十四史"（简体字本）. 北京：中华书局，2000：982-983.

量的物质资料。如果考虑到《汉书》卷七十二"王贡两龚鲍传"所云"至高祖、孝文、孝景皇帝,循古节俭,宫女不过十馀,厩马百馀匹"①,120人的音乐队伍在当时显得极为庞大,足见汉初帝王们对音乐的重视,正因为这种重视才导致帝王以国家行为的方式不计成本地对音乐生产进行投入。

但是,这120人的音乐生产者还仅仅是宫廷音乐人员的冰山一角。《史记》载,汉代正月祠太一甘泉的时候,所用僮男僮女歌者有70人。汉武帝时期,乐府人员有800多人,汉成帝时期扩展到1 000多人,汉哀帝时期有829人,即便经过删减,仍然保存有389人。当然,这还不包括掖庭材人、房中乐人、四夷属国所献异域乐人和帝王赐赠给各级官员、属国的乐人。如此庞大的乐人队伍,从衣食住行到音乐培训教习到音乐生产,从所使用乐器到乐器生产等,都需要大量的财力来维持。因此,汉代音乐生产的繁荣与国力、经济实力有着密切的相关性。

其二,音乐生产表演频繁,产品类型多样,需要庞大的生产资料和雄厚的财力支持。从目前对汉代音乐文化的研究成果来看,汉代音乐生产表演极为频繁,如宴飨之乐既有帝王与皇室成员、后宫嫔妃的内庭之宴;有款待来使、王侯将相、地方官员、贵族外戚等为政之宴;有帝王出行巡幸与地方文人、官员在一起、彰显与民同乐之宴;有帝王关怀下属体察民情之宴;也有召集儒生研讨经学的雅宴。地方官员、王侯将相、商贾文人也竞相蓄伎宴乐,多不可数。

不仅如此,汉代祭祀音乐表演也极为频繁,仅太一甘泉一祀,音乐表演需要"以昏时夜祠,到明而终"。而且一年四季表演内容均不相同,要求"春歌青阳,夏歌朱明,秋歌西皞,冬歌玄冥"②。《汉书》记载更为惊人,哀帝时期,从京师到地方,凡七百余所,一年之内竟有37 000次祭祀活动。③ 此种状况一直持续到西汉末年。王莽时期更为庞大,"自天地六宗以下至诸小鬼神"均行祭祀,频繁的祭祀活动连祭祀所用三牲鸟兽都不够用,

---

① 班固. 汉书[M]//中华书局编辑部."二十四史"(简体字本). 北京:中华书局,2000:2301.

② 司马迁. 史记[M]//中华书局编辑部."二十四史"(简体字本). 北京:中华书局,2000:1039.

③ 班固. 汉书[M]//中华书局编辑部."二十四史"(简体字本). 北京:中华书局,2000:1044.

权以"鸡当鹜雁,犬当麋鹿"。① 依此推测,汉代的音乐消费何其巨大。

当然,这还不包括《史记》卷一百二十九"货殖列传"所描绘的情形:"今夫赵女郑姬,设形容,揳鸣琴,揄长袂,蹑利屣,目挑心招,出不远千里,不择老少者,奔富厚也。"② 这说明民间的游艺乐人、非职业乐人的流动演出更是不可胜数。

频繁的音乐表演、不同的消费群体必然导致与此相适应的音乐产品的生产。前文已述,汉代音乐产品按照使用功能可以分为宴飨音乐、祭祀音乐、仪式音乐、鼓吹音乐(包括军乐)、食举乐、房中乐,以及在民间兴起的相和歌等。而乐器从宫廷所用大型钟磬之乐到丝竹管弦、鼓吹乐器、外来乐器等,都需要耗费巨大的财力物力。

其三,音乐生产、传播、消费的场所变化较大,音乐场所的建设也需要雄厚的经济支出。前文已述,汉代音乐人员众多、音乐产品内容多样、表演频率繁复,众多的音乐人员需要专门的居住场所,众多的音乐表演也需要专业的表演舞台。宴飨之乐的表演场所既包括皇宫、内苑、帝王巡幸之处,也包括贵族官员、商贾的庭院,文士的游宴之所,这些显然无法统计其具体数字。仅就官方主导的祭祀场所来看,也至上千。以《汉书》卷七十三"韦贤传"所载为例:

> 初,高祖时,令诸侯王都皆立太上皇庙。至惠帝尊高帝庙为太祖庙,景帝尊孝文庙为太宗庙,行所尝幸郡国各立太祖、太宗庙。至宣帝本始二年,复尊孝武庙为世宗庙,行所巡狩亦立焉。凡祖宗庙在郡国六十八,合百六十七所。而京师自高祖下至宣帝,与太上皇、悼皇考各自居陵旁立庙,并为百七十六。又园中各有寝、便殿。日祭于寝,月祭于庙,时祭于便殿。寝,日四上食;庙,岁二十五祠;便殿,岁四祠。又月一游衣冠。而昭灵后、武哀王、昭哀后、孝文太后、孝昭太后、卫思后、戾太子、戾后各有寝园,与诸帝合,凡三十所。一岁祠,上食二万四千四百五十五,用卫士四万五千一百二十九人,祝宰

---

① 班固. 汉书[M]//中华书局编辑部."二十四史"(简体字本). 北京:中华书局,2000:1049.
② 司马迁. 史记[M]//中华书局编辑部."二十四史"(简体字本). 北京:中华书局,2000:2473.

乐人万二千一百四十七人，养牺牲卒不在数中。①

正因前代帝王的重视，后继者日渐扩大，奢靡之风的盛行在场所建设上体现得尤为充分，《汉书》卷六十五"东方朔传"载：

> 今陛下以城中为小，图起建章，左凤阙，右神明，号称千门万户；木土衣绮绣，狗马被缋罽；宫人簪瑇瑁，垂珠玑；设戏车，教驰逐，饰文采，丛珍怪；撞万石之钟，击雷霆之鼓，作俳优，舞郑女。②

连以节俭自诩的王莽也大兴土木，建设大量豪奢的祭祀之地。如《汉书》卷九十九下"王莽传"载：

> 莽乃博征天下工匠诸图画，以望法度算，乃吏民以义入钱谷助作者，骆驿道路。坏彻城西苑中建章、承光、包阳、犬台、储元宫及平乐、当路、阳禄馆，凡十馀所，取其材瓦，以起九庙。是月，大雨六十馀日。令民入米六百斛为郎，其郎吏增秩赐爵至附城。九庙：一曰黄帝太初祖庙，二曰帝虞始祖昭庙，三曰陈胡王统祖穆庙，四曰齐敬王世祖昭庙，五曰济北愍王王祖穆庙，凡五庙不堕云；六曰济南伯王尊祢昭庙，七曰元城孺王尊祢穆庙，八曰阳平顷王戚祢昭庙，九曰新都显王戚祢穆庙。殿皆重屋。太初祖庙东西南北各四十丈，高十七丈，馀庙半之。为铜薄栌，饰以金银雕文，穷极百工之巧。带高增下，功费数百钜万，卒徒死者万数。③

综上，正因为上述三个方面的原因，汉代音乐生产、传播、消费的成本极其高昂。

（三）音乐生产、传播、消费的经济基础

从上文论述来看，汉代无论是帝王将相、各级官员，还是豪绅商贾、普通民众，都崇尚乐舞娱乐，竞相攀比，极尽奢华。因此音乐生产、消费表象的背后必然是令人咋舌的经济支出，问题是，两汉之际的社会经济发

---

① 班固. 汉书[M]//中华书局编辑部."二十四史"（简体字本）. 北京：中华书局，2000：2331.

② 班固. 汉书[M]//中华书局编辑部."二十四史"（简体字本）. 北京：中华书局，2000：2157.

③ 班固. 汉书[M]//中华书局编辑部."二十四史"（简体字本）. 北京：中华书局，2000：3053-3054.

展是否具备了这种条件？整个社会群体进行的奢靡音乐消费的经济基础是什么？

根据《史记》卷三十"平准书"载，汉代初年的国内情况是：

> 汉兴，接秦之坏，丈夫从军旅，老弱转粮饷，作业剧而财匮，自天子不能具钧驷，而将相或乘牛车，齐民无藏盖。①

经过历代帝王的励精图治，尤其是"文景之治"后，社会经济状况是：

> 汉兴七十馀年之间，国家无事，非遇水旱之灾，民则人给家足，都鄙廪庾皆满，而府库馀货财。京师之钱累巨万，贯朽而不可校。太仓之粟陈陈相因，充溢露积于外，至腐败不可食。众庶街巷有马，阡陌之间成群，而乘字牝者傧而不得聚会。守闾阎者食粱肉，为吏者长子孙，居官者以为姓号。故人人自爱而重犯法，先行义而后绌耻辱焉。当此之时，网疏而民富，役财骄溢，或至兼并豪党之徒，以武断于乡曲。宗室有土公卿大夫以下，争于奢侈，室庐舆服僭于上，无限度。物盛而衰，固其变也。②

《史记》卷一百二十九"货殖列传"亦云：

> 汉兴，海内为一，开关梁，弛山泽之禁，是以富商大贾周流天下，交易之物莫不通，得其所欲，而徙豪杰诸侯强族于京师。……故关中之地，于天下三分之一，而人众不过什三；然量其富，什居其六。③

汉代中后期的社会状况是：

> 豪人之室，连栋数百，膏田满野，奴婢千群，徒附万计。船车贾贩，周于四方；废居积贮，满于都城。琦赂宝货，巨室不能容；马牛羊豕，山谷不能受。妖童美妾，填乎绮室；倡讴（妓）〔伎〕乐，列乎深堂。宾客待见而不敢去，车骑交错而不敢进。三牲之肉，臭而不可

---

① 司马迁. 史记 [M] //中华书局编辑部. "二十四史"（简体字本）. 北京：中华书局，2000：1203.
② 司马迁. 史记 [M] //中华书局编辑部. "二十四史"（简体字本）. 北京：中华书局，2000：1205.
③ 司马迁. 史记 [M] //中华书局编辑部. "二十四史"（简体字本）. 北京：中华书局，2000：2466-2467.

食；清醇之酎，败而不可饮。①

当时商业的繁荣程度通过通邑大都一岁之内的情况可以看出：

> 通邑大都，酤一岁千酿，醯酱千瓨，浆千甔，屠牛羊彘千皮，贩谷粜千钟，薪稿千车，船长千丈，木千章，竹竿万个，其轺车百乘，牛车千两，木器髹者千枚，铜器千钧，素木铁器若卮茜千石，马蹄躈千，牛千足，羊彘千双，僮手指千，筋角丹沙千斤，其帛絮细布千钧，文采千匹，榻布皮革千石，漆千斗，蘖曲盐豉千荅，鲐鲞千斤，鲰千石，鲍千钧，枣栗千石者三之，狐貂裘千皮，羔羊裘千石，旃席千具，佗果菜千钟，子贷金钱千贯，……②

《后汉书》卷四十上"班彪列传"描绘了汉代京都长安的盛况，其云：

> 图皇基于亿载，度宏规而大起，肇自高而终平，世增饰以崇丽，历十二之延祚，故穷奢而极侈。建金城其万雉，呀周池而成渊，披三条之广路，立十二之通门。内则街衢洞达，闾阎且千，九市开场，货别隧分，人不得顾，车不得旋，阗城溢郭，傍流百廛，红尘四合，烟云相连。于是既庶且富，娱乐无疆，都人士女，殊异乎五方，游士拟于公侯，列肆侈于姬、姜。乡曲豪俊游侠之雄，节慕原、尝，名亚春、陵，连交合众，骋骛乎其中。③

因此，才有蜀卓氏用铁冶富，"富至僮千人。田池射猎之乐，拟于人君"；宛孔氏以铁冶为业，"其赢得过当，愈于纤啬，家致富数千金"；鲁人曹邴氏"以铁冶起，富至巨万"；"关中富商大贾，大抵尽诸田，田啬、田兰"；韦家栗氏，"安陵、杜杜氏，亦巨万"。④

当时即便是经营小的商业活动也能产生巨大利润，如雍乐贩脂得以千金；张氏卖浆，而得千万；郅氏洒削，而能鼎食；简微耳，浊氏胃脯，以

---

① 范晔. 后汉书 [M] //中华书局编辑部. "二十四史"（简体字本）. 北京：中华书局，2000：1112.

② 司马迁. 史记 [M] //中华书局编辑部. "二十四史"（简体字本）. 北京：中华书局，2000：2475.

③ 范晔. 后汉书 [M] //中华书局编辑部. "二十四史"（简体字本）. 北京：中华书局，2000：898.

④ 司马迁. 史记 [M] //中华书局编辑部. "二十四史"（简体字本）. 北京：中华书局，2000：2478 – 2481.

致连骑纵横；张里击钟亦可富庶。①

据《史记》所载，汉代"富人"的标准是：

> 故曰陆地牧马二百蹄，牛蹄角千，（集解汉书音义曰："百六十七头也……"）千足羊，泽中千足彘，（集解韦昭曰："二百五十头。"）水居千石鱼陂，（正义言陂泽养鱼，一岁收得千石鱼卖也。）山居千章之材。安邑千树枣；燕、秦千树栗；蜀、汉、江陵千树橘；淮北、常山已南，河济之间千树萩；陈、夏千亩漆；齐、鲁千亩桑麻；渭川千亩竹；及名国万家之城，带郭千亩亩钟之田，若千亩卮茜，千畦姜韭。②

文献所描绘的这种富庶程度相当于当时的千户侯的标准，但这依然不能明晰商贾的富庶程度，以及音乐消费的规模。对此，《史记》又进一步强调："千金之家比一都之君，巨万者乃与王者同乐。"③ 如此情景进一步导致西汉中期音乐奢靡成风，《汉书》卷十"成帝纪"载当时的情况是：

> 方今世俗奢僭罔极，靡有厌足。公卿列侯亲属近臣，四方所则，未闻修身遵礼，同心忧国者也。或乃奢侈逸豫，务广第宅，治园池，多畜奴婢，被服绮縠，设钟鼓，备女乐，车服嫁娶葬埋过制。吏民慕效，寖以成俗，……④

东汉时期，拥有权势、土地和财富的庄园主更是富可敌国，音乐消费可与帝王媲美。如《后汉书》卷三十四"梁统列传"载：

> 冀乃大起第舍，而寿亦对街为宅，殚极土木，互相夸竞。堂寝皆有阴阳奥室，连房洞户。柱壁雕镂，加以铜漆；窗牖皆有绮疏青琐，图以云气仙灵。台阁周通，更相临望；飞梁石蹬，陵跨水道。金玉珠玑，异方珍怪，充积臧室。远致汗血名马。又广开园囿，采土筑山，

---

① 司马迁. 史记[M]//中华书局编辑部."二十四史"（简体字本）. 北京：中华书局，2000：2481.

② 司马迁. 史记[M]//中华书局编辑部."二十四史"（简体字本）. 北京：中华书局，2000：2474.

③ 司马迁. 史记[M]//中华书局编辑部."二十四史"（简体字本）. 北京：中华书局，2000：2481.

④ 班固. 汉书[M]//中华书局编辑部."二十四史"（简体字本）. 北京：中华书局，2000：226.

十里九坂，以像二崤，深林绝涧，有若自然，奇禽训兽，飞走其间。冀寿共乘辇车，张羽盖，饰以金银，游观第内，多从倡伎，鸣钟吹管，酣讴竟路。或连继日夜，以骋娱恣。客到门不得通，皆请谢门者，门者累千金。又多拓林苑，禁同王家，西至弘农，东界荥阳，南极鲁阳，北达河、淇，包含山薮，远带丘荒，周旋封域，殆将千里。又起菟苑于河南城西，经亘数十里，……冀又起别第于城西，以纳奸亡。或取良人，悉为奴婢，至数千人，名曰"自卖人"。①

正因为有了如此的经济实力，才导致"世家子弟、富人或斗鸡走狗马，弋猎博戏，乱齐民"②。"游闲公子，饰冠剑，连车骑"以彰显富贵之容。正因为有了京师之地遍布"豪杰诸侯彊族"，关中之地富人占当地人口的60%，才导致贫困的中山之地"丈夫……为倡优。女子则鼓鸣瑟，跕屣，游媚贵富，入后宫，遍诸侯"。"赵女郑姬，设形容，揳鸣琴，揄长袂，蹑利屣，目挑心招，出不远千里，不择老少者，奔富厚也。"③

当然，富家商贾、民众的音乐消费是通过自己的经济活动的商业利润和个人收入进行开支，而政府的音乐消费开支则是通过赋税来实现的，如《汉书》卷二十四上"食货志"云：

> 有赋有税。税谓公田什一及工商衡虞之入也。赋共车马甲兵士徒之役，充实府库赐予之用。税给郊社宗庙百神之祀，天子奉养百官禄食庶事之费。④

《史记》卷一百二十九"货殖列传"亦载：

> 封者食租税，岁率户二百。千户之君则二十万，朝觐聘享出其中。庶民农工商贾，率亦岁万息二千（户），百万之家则二十万，而更徭租赋出其中。衣食之欲，恣所好美矣。⑤

---

① 范晔. 后汉书［M］//中华书局编辑部. "二十四史"（简体字本）. 北京：中华书局，2000：792-793.
② 班固. 汉书［M］//中华书局编辑部. "二十四史"（简体字本）. 北京：中华书局，2000：1216.
③ 司马迁. 史记［M］//中华书局编辑部. "二十四史"（简体字本）. 北京：中华书局，2000：2468，2473.
④ 班固. 汉书［M］//中华书局编辑部. "二十四史"（简体字本）. 北京：中华书局，2000：945.
⑤ 司马迁. 史记［M］//中华书局编辑部. "二十四史"（简体字本）. 北京：中华书局，2000：2474.

第三节 两汉时期音乐经济的总体特征

一、音乐生产、传播、消费的政府主体性

汉代音乐生产、传播、消费呈现出政府主体性的特征。所谓政府主体性，即在整个社会音乐生产、传播、消费过程中，以皇权为代表的政府居于主体地位。这表现在以下三个方面。

其一，整个社会音乐生产者生产资料主要归政府所有，私家音乐生产还没有达到与政府同等的地位。

其二，音乐生产者生产的音乐产品的所有权属于政府，音乐的消费主体是政府领域中的各级人员，尤其是皇室成员和各级王侯。

其三，音乐的流通渠道基本受政府控制，传播场所主要由政府指定，这包括宫廷、各级政府、军队中的各种音乐消费与传播。虽然部分民间音乐并不受政府限制，但是这一时期民间音乐的传播、流通还处于支流，无法与官方音乐生产消费相提并论。

二、音乐生产、传播、消费的阶层化

音乐生产、传播、消费的阶层化是奴隶社会和封建社会早期的典型特征，其基本理论依据是音乐属于社会文化的一部分，是人们的精神产品。而音乐的生产者、消费者属于社会中的人，具有明确的社会属性、阶级属性。因此，在阶级社会中，音乐生产、消费的整个过程必然会打上鲜明的阶级烙印。

从社会学的角度来看，汉代社会音乐的生产、传播、消费主要有皇权阶层、文士官员阶层、商贾阶层、归属乐籍的贱民阶层（包括奴婢乐人）及平民阶层。在音乐生产领域中，贱民阶层是音乐生产的主力，也是音乐的主要传播者。皇权阶层及皇权之下的后宫嫔妃们也是音乐生产和传播的一个重要群体。从文献来看，文士的音乐生产并没有构成社会音乐生产的重要支脉，音乐的消费主要集中在皇权贵族阶层。东汉时期，官商的结合及世袭制度的深化，形成了庄园主和田庄经济，一些官员、世袭的王侯、具有政治权利的商贾都是庄园主的组成部分，这就导致社会音乐消费的主

体逐渐演化成皇权阶层和庄园主阶层两大主体。

音乐生产、传播、消费的阶层化还体现在音乐产品具有一定的阶层性。如同样是祭祀活动，皇权制度下帝王祭祀活动具有严格的规定性，所用音乐、乐器规模有着严格的限定，所用音乐产品不仅有着严格制约，而且其创作方式、创作内容也严格遵守皇权意志，具有典型的庄严威仪性。或继承前代旧乐或改编创作新乐，无论何种形式，音乐的生产者均是政府管理下的职业乐人，有时帝王也是音乐生产者。但民间祭祀音乐相对自由，其音乐的创作、演出具有极大的随意性、群众性和风俗性。

三、音乐生产、传播、消费主体的多元化与综合性

两汉时期的音乐经济还呈现出音乐生产、传播、消费主体的多元化与综合性特征。所谓多元化是指音乐生产者、传播者不是单一的职业乐人，而呈现出多元化特征，职业乐人、非职业乐人、帝王将相、各级官员、庄园主、商贾文士、私家奴婢都参与了音乐生产，都是音乐生产者和音乐的传播者。对此，笔者在文中已有相关论述。

所谓综合性，是指音乐的消费者虽然主要是由皇权阶层、贵族官员、商贾构成的恩主，但这些恩主们不是单纯通过物质和经济投入，而是由专业乐人进行生产，从而进行消费。在很多情况下，如宴飨之中，恩主们自己参与音乐生产，消费的对象不是乐人，而是一种自娱或众娱形式，最为典型的是"以舞相属"的盛行。

四、音乐产品的类型化

汉代音乐产品呈现出类型化特征。所谓类型化，从音乐历史的纵向发展来看，正如元人所指出的"一代有一代之绝艺"，音乐产品属于社会化大生产的一部分，是人们物质和精神的综合产物，代表着人们的各种观念。因此，一个时代必然会有一个时代的音乐艺术形式。这必然导致每个时代的音乐产品都会呈现出类型化特征。

根据前文研究，汉代音乐产品的类型化特征极为明显，汉代官方将音乐分为四品，其一曰大予乐，其二曰雅颂乐，其三曰黄门鼓吹，其四曰短箫铙歌。但这仅仅是汉代音乐的一部分，综合各种文献来看，汉代音乐形式多样，见于记载的有大予乐、食举乐、房中乐、鼓吹乐、丧歌、相和歌、钟磬乐等。

这些音乐形式相互之间区别明显，类型化特征显著。在所有这些艺术形式中，能称得上"一代之绝艺"的应属鼓吹乐。这是由于汉代鼓吹乐具有几个典型特征：其一，形式多样化，有黄门鼓吹、横吹、骑吹、短箫铙歌等；其二，场合多样化，既有皇室宴飨、祭祀、巡幸、出行，也有各级官员的出行、宴飨及民间各种音乐活动；其三，功能多元化，既形成了具有极强观赏性、艺术性和感染力的短箫铙歌、黄门鼓吹，运用于宴飨食举之中，又有异国风情的横吹和威严礼仪性的骑吹；其四，乐曲内容及其遗存丰富化，从《汉书》《后汉书》《宋书》《乐府诗集》记载来看，汉代鼓吹乐曲目数量庞大，可以说是这一时期留存最多的艺术形式之一。

当然，鼓吹乐是汉代之"绝艺"，只是说鼓吹乐在汉代所有音乐形式中具有典型性和代表性，在社会整体音乐中居于主体地位。但是这并不否定其他音乐形式的地位，只能说相对而言，其他音乐形式处于次要地位。它们共同构成了汉代音乐生产消费的总体特征。

五、音乐产品的非商品性居于主体地位

音乐产品作为社会化大生产的一部分，归属于整个社会生产消费循环过程，但作为产品其生产目的并不一定是为了进入流通渠道，进行商品买卖。如果进行买卖则具有了商业属性或具有了商品属性，属于商品。汉代音乐产品虽然统一于整个社会生产过程，但是主体是产品而不是商品，其生产资料属于皇权政府及大庄园主为代表的封建权贵阶层所有，生产者也等同于生产资料，归皇权政府和庄园主所有。音乐生产者的生存是基于恩主的供养，而且大部分乐人属于权贵阶层的私家奴婢，音乐生产的目的也仅是为了满足恩主的娱乐需要。因此，在这种社会条件下，音乐的生产过程、生产性质与这一时期居于主体地位的庄园经济体制相适应，呈现出一种自我封闭式的内在循环，即音乐产品的非商品性居于主体地位。

还有一个值得注意的问题是，这一时期鲜有文献记载音乐生产者脱离恩主供养，而独立依靠音乐技能进行商业活动的事例。反观春秋战国时期则多有记载，显示了春秋战国时期在礼崩乐坏的情况下，音乐生产已经发展了它的商业性。虽然不能否认汉代音乐的商品性随着汉代商业经济的勃兴必然得到发展，但是深究这一现象的原因，一方面归因于史料记载的局限；另一方面也可能是汉代独特的政治经济结构所决定的。这一独特的政治经济条件是汉代在政治上推行侯爵世袭制，这为东汉以后的门阀制度的

形成奠定了基础;在经济上虽然西汉初期曾经放开商业行为,导致商贾遍地,但从西汉中期一直延续到东汉的抑商政策又导致商贾规模逐步萎缩,商业经济的繁荣主要依靠的是官商结合,也即官方主导、垄断了社会商业经济发展,庄园经济成为社会的主体经济模式。这种独特的政治、经济制度导致自由的音乐生产者很难单独依靠音乐生产而生存,必然依托一定的恩主进行各种音乐活动。

六、经济兴衰、政治环境与音乐发展、音乐生产者命运之间的互动性

音乐的生产与社会经济的发展、政治环境的变化休戚相关,汉代初期,政治孱弱、经济萧条,社会各种行业百废待兴,国家音乐生产也仅仅是继承秦代旧制,音乐生产者数量较少,音乐产品单一,帝王自己也缩衣节食,尽量减少音乐消费。但是,经历"文景之治",汉代政治稳定、国力强盛、经济繁荣、商贾林立,汉武帝就大兴土木,大量扩充音乐生产者的规模,音乐产品也日趋丰富多样,由此带来的音乐消费也日益膨胀,以致日费万金之巨。社会上各级政府官员、世袭的王侯、与政府勾结的商贾也大肆蓄养乐伎,日常宴飨、婚丧嫁娶等音乐消费极为奢靡,甚至与帝王媲美。这都显示了音乐的生产、消费与社会政治经济发展紧密相连。

正因为政府音乐消费太过奢侈,只要国家经济一旦衰落,罢免乐人、减少开支则是首当其冲的措施。如《汉书》卷八"宣帝纪"载,汉宣帝四年春正月,汉宣帝下诏令乐府减乐人,使归就农业,以减少政府开支。①

汉哀帝时期裁减乐府最为严重,究其原因,表面上是"郑声淫而乱乐,圣王所放,其罢乐府"②,实际上则是由于"制节谨度以防奢淫,为政所先,百王不易之道也。诸侯王、列侯、公主、吏二千石及豪富民多畜奴婢,田宅亡限,与民争利,百姓失职,重困不足。其议限列"。于是将乐府人员"大凡八百二十九人,其三百八十八人不可罢"。③ 不仅如此,哀帝还规定:

> 诸王、列侯得名田国中,列侯在长安及公主名田县道,关内侯、

---

① 班固. 汉书 [M] //中华书局编辑部. "二十四史"(简体字本). 北京:中华书局,2000:172.
② 班固. 汉书 [M] //中华书局编辑部. "二十四史"(简体字本). 北京:中华书局,2000:234.
③ 班固. 汉书 [M] //中华书局编辑部. "二十四史"(简体字本). 北京:中华书局,2000:913-914.

吏民名田，皆无得过三十顷。诸侯王奴婢二百人，列侯、公主百人，关内侯、吏民三十人。年六十以上，十岁以下，不在数中。贾人皆不得名田、为吏，犯者以律论。诸名田畜奴婢过品，皆没入县官。齐三服官、诸官织绮绣，难成，害女红之物，皆止，无作输。除任子令及诽谤诋欺法。掖庭宫人年三十以下，出嫁之。官奴婢五十以上，免为庶人。①

《后汉书》卷五"孝安帝纪"载，永初元年秋九月，孝安帝再次下诏，要求王公大臣：

> 禁奢侈，无作浮巧之物，殚财厚葬。……诏太仆、少府减黄门鼓吹，以补羽林士；厩马非乘舆常所御者，皆减半食……②

政府以节俭的名义减少音乐生产与消费，说明政府主导下的音乐生产、消费一方面受经济规律支配；另一方面也受政治因素支配，归根到底还是受经济支配。

当然，无论帝王如何重视音乐，整个社会的奢靡之风、蓄伎之风并没有改变汉代音乐生产者的卑贱社会地位和悲惨之命运。当他们失去恩宠、失去恩主的庇护之后，便犹如飘零之落叶任人处置，毫无生存权利。如《汉书》卷五十三"景十三王传"载：

> 宫人姬八子有过者，辄令裸立击鼓，或置树上，久者三十日乃得衣；或髡钳以铅杵舂，不中程，辄掠；或纵狼令啮杀之，建观而大笑；或闭不食，令饿死。凡杀不辜三十五人。③

> 立敬肃王小子偃为平干王，是为顷王，十一年薨。子缪王元嗣，二十五年薨。……病先令，令能为乐奴婢从死，迫胁自杀者凡十六人，暴虐不道。④

---

① 班固. 汉书[M]//中华书局编辑部."二十四史"（简体字本）. 北京：中华书局，2000：235.
② 范晔. 后汉书[M]//中华书局编辑部."二十四史"（简体字本）. 北京：中华书局，2000：140.
③ 班固. 汉书[M]//中华书局编辑部."二十四史"（简体字本）. 北京：中华书局，2000：1843.
④ 班固. 汉书[M]//中华书局编辑部."二十四史"（简体字本）. 北京：中华书局，2000：1847.

恩主有罪，乐人随之受到惩罚在汉代极为普遍，如《后汉书》卷五十五"帝章八王传"载："悝自杀。妃妾十一人，子女七十人，伎女二十四人，皆死狱中。"①

《后汉书》卷十一"刘玄刘盆子列传"还记载了东汉初年皇室音乐生产者在失去最大的恩主之后的悲惨生活及命运，其云：

> 时掖庭中宫女犹有数百千人，自更始败后，幽闭殿内，掘庭中芦菔根，捕池鱼而食之，死者因相埋于宫中。有故祠甘泉乐人，尚共击鼓歌舞，衣服鲜明，见盆子叩头言饥。盆子使中黄门禀之米，人数斗。后盆子去，皆饿死不出。②

综上，这些案例证明两汉时期的音乐生产、传播与消费都是建立在恩主雄厚的经济基础和权势之上的，恩主一旦失去这些赖以生存的物质基础，音乐消费也不复存在。

---

① 范晔. 后汉书 [M] //中华书局编辑部. "二十四史"（简体字本）. 北京：中华书局，2000：1214.

② 范晔. 后汉书 [M] //中华书局编辑部. "二十四史"（简体字本）. 北京：中华书局，2000：321.

后　记

　　历经多年,《中国音乐经济史》即将出版。回首往事，心潮难平。这部《中国音乐经济史》既是我从事音乐经济学研究的学术思考和孜孜探究的见证，也是前辈师长对我学术成长的关心和学术引领的见证。在音乐经济学领域从无到有的探索，一路艰辛，甘苦自知。

　　我起初研究的是中国古代音乐史，攻读博士期间却研究了戏曲音乐。也正是在攻读博士期间，受教于秦序研究员，常常在秦序师启人深思的谈话中沉迷于学术海洋，也深得秦序师的指引，开始关注古代音乐经济现象，但当时主要精力在完成博士论文上，并没有深入思考。工作后，我开始静下心来重温秦序师的诸多闪光理论和见地，决定从事新的研究领域，做音乐经济学领域的探索者。

　　彼时，音乐经济学是一个极为小众的领域，国内基本没有学者对此进行过系统研究，可资借鉴的重要成果除了几本艺术经济学的宏观论著，就只有李向民先生的《中国艺术经济史》和曾遂今先生的《音乐社会学》。很多学者认为研究古代音乐经济史就是对音乐史的重新梳理，没有什么创新意义；也有学者质疑不懂经济学如何研究音乐经济？2009 年，我申报的第一个有关音乐经济的课题——《中国古代音乐经济发展史研究》（教育部一般课题）获批立项，这是我博士毕业后进入高校工作的第一个课题，这给了我莫大的信心和支持。自此，我开始系统探索中国古代音乐经济现象，并由此构建了一个相对庞大的研究计划，想从古代音乐经济现象研究出发，再拓展到近现代、当代，再到区域音乐经济史，最后宏观梳理音乐经济学的理论与方法、论域与内容，最终建构出一个具有中国特色的音乐经济学理论体系。显然，三十刚出头的我在学术的道路上豪情万丈。

　　2011 年，作为浙江省首批之江青年社科学者，我获批了浙江省哲学社会科学之江青年专项课题——《江南音乐经济发展史研究》，由于课题结项时间要求只有1年，我不得不将精力集中在区域音乐经济史的研究上。所以，2017年我的第一本音乐经济史成果《江南音乐经济史》由商务印书馆出版，而《中国音乐经济史》的书稿自2009年开始撰写则一拖再拖，直到2018年才由苏州大学出版社出版了《中国音乐经济史（远古至南北朝卷）》。虽然教育部课题及时结项，但我一直希望能够写出一部通史性的著述，这也是我当时从事音乐经济学探索的一个重要规划和目标。

为了能够高效率完成《中国音乐经济史》书稿的撰写，我组建了一个学术团队，包括我的同门曹丽娜、倪高峰，以及我的硕士研究生张晨捷、黄坛笑、田瑞和博士研究生韩莉薇。组建这个团队的主要原因是基于上述几位都曾经在音乐经济史领域进行过探索，如曹丽娜的硕士论文是《唐代民间营利性乐舞的生产与流通》，倪高峰的硕士论文是《艺术经济研究：唐代宫廷乐舞生产、消费的经济基础》，张晨捷的硕士论文是《明代音乐经济研究》，黄坛笑的硕士论文是《宋代民间音乐活动中的商业化现象研究》，田瑞的硕士论文是《元代音乐经济研究》，而韩莉薇则是在我的指导下撰写了《清代音乐经济》。但是，当我把这些成果堆砌起来，进行纵向音乐经济史的梳理时，却遇到了很多问题，难以继续展开。原因有很多方面，一是因为我个人对音乐经济史研究的基本思路和观点的转变；二是基于音乐经济通史体例规范的局限；三是我撰写《江南音乐经济史》的一些新知。所以，在后续的撰写中，我把预先设计的思路和团队撰写的方式推倒重来，将江南音乐经济史的研究思路融入进来，并从远古开始逐一按历史时段去撰写和改写。需要特别指出的是，"隋唐时期的音乐经济"是借鉴和运用了倪高峰和曹丽娜的部分成果，因此两位学者也是这一章的作者；"元代的音乐经济"是在田瑞硕士论文的基础上补充完成的；"明代的音乐经济"是在张晨捷硕士论文的基础上补充完成的；"清代的音乐经济"是我和韩莉薇合作完成的。

2022年，该项目入选了国家新闻出版署"中华民族音乐传承出版工程精品出版项目"，这是对该研究的肯定。但由于我从事管理工作等原因，书稿的撰写进度相对缓慢，我在撰写过程中又对北朝和五代十国时期的音乐历史产生了浓厚的兴趣，认为里面有太多值得挖掘的内容，这导致对每一个历史时期的研究都要耗费至少半年时间。但出版工作有一定的时间限制，所以，这几年来我一直在努力写作，希望能够如期给读者呈现出一部相对系统和全面的音乐经济学领域的通史性著作。

虽然现在书稿完成并交付出版，但我心中依然有很多歉意，很多研究思路和研究心得没有系统展开。这让我常常痛苦和自责，深刻领悟了前辈学者"慎写史书"的劝告，通史性著述看似简单，实际撰写起来千难万难。

也许可以自我安慰，这一版书稿依然是我和我的团队在音乐经济学领域探索的一个阶段性成果汇报，书稿中的很多遗憾和不足，我们后续还有时间继续完善。将此书作为阶段性成果汇报，我也衷心地希望其出版能够得到学界同仁的宽容和理解，更希望学界同仁能够指正错误，以便我们今后继续完善和深化。希望这些不足和缺憾更加激励我们前进，更加坚定我在音乐经济学领域继续探索的信心。

最后，要衷心感谢参与此书编撰的同门和学生，是你们的思路给予了我很多启发，是你们的努力和前期成果完善了此书，谢谢！